데이터 시대의 사회과학

한국 사회 해법 찾기

이 도서의 국립중앙도서관 출판예정도서목록(CIP)은 서지정보유통지원시스템 홈페이지(http://seoji.nl.go.kr)와 국가자료공동목록시스템(http://www.nl.go.kr/kolisnet)에서 이용하실 수 있습니다. CIP제어번호: CIP2020005196(양장), CIP2020005197(무선)

데이터 시대의 사회과학

Social Science in the Digital Age

한국 사회 해법 찾기

Searching for Solutions to Social Problems in the Korean Society

| 조화순 엮음 |

한울
아카데미

차례

머리말

1차 산업혁명이 증기기관으로 대표되고, 2차 산업혁명은 석탄과 석유를 기반으로 했으며, 3차 산업혁명은 컴퓨터와 인터넷의 발달이 주도한 것이라면 최근 회자되는 4차 산업혁명의 주역은 데이터다. 활용 가능한 데이터 자원은 폭발적으로 증가하고 있으며, 대량의 데이터를 처리하고 분석할 수 있는 능력도 고도화되고 있다. 4차 산업혁명기에 나타나고 있는 데이터의 양적 증가와 분석 기법의 비약적 발전은 사회과학에 커다란 기회로 다가오고 있다.

사회과학자들은 오래전부터 다양한 데이터를 활용해 인간의 행위와 사회의 작동 원리를 규명해 왔다. 전통적으로 널리 활용해 왔던 설문조사 데이터와 행정 데이터는 사회과학자들이 인간과 사회에 대한 이해를 넓혀나가는 데 큰 도움을 주었지만 한계가 뚜렷했다. 설문조사로는 사회과학자들이 궁금해 하는 모든 사항에 접근할 수 없고, 사람들이 남긴 말이나 글과 같은 데이터들은 수량화하기 어려워 통계 분석을 적용하기도 어려웠다. 설문조사 데이터가 갖는 본질적 한계로 인해 인과추론(causal inference)에도 무리가 있었다. 행정 데이터만으로는 미시적인 단위까지 분석하기 어려웠다. 인과 효과를 검증하기 위해 실험(experiment)을 활용할 필요가 있지만 비용의 문제를 비롯한 여러 제약 조건 때문에 적극적으로 활용하기는 힘들었다.

그러나 사람들이 인터넷을 통해 연결되고 사람들의 행위가 여러 가지 형태로 기록되는 지금, 사회과학자들은 그동안 풀지 못했던 문제를 풀 수 있는 기회를 맞이하고 있다. 인터넷에 쌓여 있는 수많은 온라인·소셜미디어 데이터를 대량으로 수집해 분석할 수 있게 되었고 온라인을 통해 상대적으로 저렴한 비용으로 다양한 방식의 실험을 수행할 수도 있게 되었다. 그리고 대인면접 설문조사에서 물어보기 곤란한 질문도 인터넷을 매개로 하면 훨씬 편하게 던질 수 있다. 또한 비약적으로 발전한 데이터 활용 능력은 사회과학이론을 발전시키는 데는 물론이고, 사회의 여러 문제를 해결하는 데 크게 기여하고 있다. 이러한 흐름에 맞추어 정부 기관과 기업, 언론에서도 빅데이터 분석을 활발히 시도하고 있다. 그러나 이런 기관에서 수행하는 상당수의 빅데이터 분석은 다분히 기술적(descriptive)인 측면에 머무르고, 어떤 사회 현상의 발생을 충분히 설명하지 못하고 있다.

어떤 현상의 발생 원인을 논리적이고 체계적으로 설명하기 위해 사회과학자들은 사회과학이론을 활용한다. 빅데이터 분석이 활발해지면서 한때는 '이론의 종말'을 이야기하는 사람들도 있었지만, 단지 데이터를 분석하는 것만으로는 어떤 데이터를 수집해야 하고 그 결과를 어떻게 해석해야 할지 알기 어렵다. 세상에 아무리 많은 데이터가 존재한다고 하더라도, 문제의 설정과 분석 결과의 해석 과정에서 여전히 사회과학적 관점은 필수적이다. '무엇을 관찰해야 할지 결정해 주는 것은 바로 이론'이라는 알버트 아인슈타인(Albert Einstein)의 말이 여전히 유효한 것이다. 주로 데이터를 수집하고 전달하는 역할에 전념하는 데이터 엔지니어(data engineer)나 분석과 설명에 초점을 맞추는 데이터 분석가(data analyst)와는 달리 데이터 '과학자(data scientist)'는 바로 우리가 풀어야 할 문제를 제대로 선정하고, 데이터의 분석 결과에 논리적이고 실천적인 해석을 더하여 사회의 문제를 풀어낼 수 있다는 점에서 차이가 있다.

네트워크 사회의 도래는 많은 사회과학자로 하여금 온라인과 오프라인 세계에서 나타나는 사회적 양극화와 획일화 문제에 관한 관심을 불러일으켰고, 최근에는 이러한 문제들이 온라인과 오프라인의 경계를 넘나들며 동시에 일어나는 '다중극화(multi polarization)' 현상이 한국의 사회문제로 주목받고 있다. 예를 들어, 한국 사회의 세대 갈등이나 일베(일간베스트) 이용자와 비이용자 간의 갈등, 젠더 갈등 등은 단순히 하나의 요인으로 환원하여 설명할 수 있는 것이 아니라 정치적 성향과 세대, 성별과 같은 여러 가지 측면에서 발생하는 획일화와 양극화가 중첩되어 나타나는 것이다. 다중극화의 특성을 가진 사회문제를 해결하기 위해서는 기존의 문제해결 방식만으로는 충분한 해법을 제시하기 어렵게 된 것이다. 따라서 사회과학 내에서도 발전된 데이터 수집 및 분석 방법으로 문제를 파악하고 해결하는 것이 더욱더 중요해졌다.

이 책은 최근 활발히 활용되고 있는 빅데이터 분석, 네트워크 분석, 온라인 실험 등의 방법을 적극적으로 활용하여 우리 사회가 직면한 문제를 과학적으로 풀어내는 디지털 사회과학(digital social science)을 추구해 온 성과들이다. 정치학, 사회학, 언론학, 물리학 등 다양한 학문적 배경을 가진 저자들은 최신의 데이터 분석 방법을 활용하여 사회과학자들은 물론 시민들 또한 관심을 가지고 있는 우리 사회의 현실적 문제에 접근하고 이를 분석하여 이 책에 담았다. 한층 더 형태가 다양해진 데이터, 발전된 데이터 분석 기술과 사회과학이 만난 디지털 사회과학이 기존의 전통적인 연구 방법으로는 충분히 규명하기 어려웠던 문제들을 파헤쳐나가는 모습을 확인할 수 있을 것이다. 이 책을 통해 데이터를 중심으로 사회문제를 진단하고 해결하는 사회과학적 접근 방식의 발전에 도움이 되고자 한다.

조화순, 이병재, 김승연의 **제1장 '데이터로 뉴스 댓글과 여론 읽기'**는 한국인의 뉴스 소비 생활에서 큰 비중을 차지하는 뉴스 댓글에 대한 분석이다. 거의 모든 뉴스가 포털 사이트를 통해 유통되고 포털 사이트의 뉴스 서비스가 기사에 댓글 서비스를 제공하는 한국의 미디어 환경에서 댓글은 여론 형성에 지대한 영향을 미치고 있다. 바로 이러한 속성 때문에 포털 사이트의 뉴스 댓글과 댓글에 대한 추천 수를 조작하려는 시도도 있었다. 저자들은 베스트 댓글에 나타난 반응의 이념적 편향성에 따라 독자들이 기사의 내용에 대해 어떤 생각을 갖게 되는지를 온라인 실험을 통해 분석했다. 이 실험은 실험 참가자를 세 집단으로 나누고, 각각의 집단에 가상의 포털 사이트 뉴스 기사와 댓글 화면을 보여준 후 그에 대한 반응을 살펴보았다. 모든 집단에는 특정한 정치 이념에 편향되지 않은 내용의 기사가 동일하게 제공되었고, 댓글은 보수적 성향의 댓글, 진보적 성향의 댓글, 중립적 댓글을 집단별로 각각 보여준 뒤 해당 기사의 편향성 정도를 피험자들이 평가하도록 했다. 실험 결과는 베스트 댓글이 특정 이념을 지지할 때 사람들은 기사의 실제 내용과 관계없이 보도 내용을 편파적이라고 인식하는 경향이 있는 것으로 나타났다. 실험 결과에 따르면 댓글은 뉴스를 읽는 사람들이 뉴스 내용의 이념적 방향성을 추정하는 사회적 단서로 작용하여 보도의 내용을 적대적으로 인식하게 만든다. 저자들은 뉴스 댓글이 가진 문제점을 해결하기 위해서 중립적인 뉴스 편집 알고리즘과 포털 사이트의 뉴스 서비스 방식 개선, 포털 사이트 뉴스 댓글에 관련된 정책의 보완이 필요하다고 주장한다.

제2장 '메갈리아의 두 딸들: 연대에서 분열로'는 한국의 온라인 페미니즘이 발흥했던 공간인 메갈리아라는 커뮤니티에 나타난 담론에 주목했다. 이 장은 메갈리아가 개설된 날부터 사실상 활동이 중단된 시기까지 사이트 내에 게시된 16만 2000건의 모든 게시물을 분석 대상으로 했다. 저자 송준모와 강정한은 메갈리아 내부의 담론을 살펴보기 위해 문서를 특정한 개수의 주제로 나누어주는 기계학습 알고리즘인 구조적 토픽 모형(Structural Topic Model)과,

문장을 구성하는 단어들의 위치를 신경망 구조를 통해 예측하고 각 단어 사이의 관계를 수치화하여 계산하는 워드투벡터(Word2Vec) 기법을 활용했다. 구조적 토픽 모형을 통해 메갈리아에서 39종류의 토픽을 추출해 냈고, '여성에 대한 사회적 평가 기준', '성토(품평)', '프레임', '댓글 지원'이 가장 높은 비중을 차지하는 다섯 개의 토픽이라는 것을 밝혀냈다. 그러나 메갈리아 외부에서 주목한 논쟁적인 주제이자 사이트의 폐쇄에서 중요한 역할을 했던 '고인 희화화', '성소수자' 관련 토픽은 39개 토픽 중 30위, 31위로 낮은 비중을 보였다. 즉, 송준모와 강정한의 분석은 메갈리아 이용자들이 전반적으로 여성에 대한 사회적 시선과 집합적 정체성에 높은 관심을 보였으며, 성소수자 비하나 고인 희화화와 같은 내부적·외부적 논쟁 사안보다는 차별적인 통념과 행태를 규탄하거나 개별적인 각성 경험을 더 많이 논의했다고 본다. 그리고 저자들은 메갈리아 이용자들이 표출하는 담론이 익명성의 수준에 따라 달라졌다는 것을 밝혀냈다. 부분 익명(고정 닉네임)을 사용하는 집단은 여성이 사회에서 경험하는 차별과 억압에 초점을 맞추고 제도권 내에서의 개선에 주로 관심을 표출한 반면, 완전 익명(유동 닉네임)을 사용한 집단은 과격한 표현을 활용해 여성이 겪는 피해를 성토하고 여성의 개별적 각성을 촉구하는 목소리를 높였던 것으로 나타났다. 이러한 면을 고려해 보면, 온라인 페미니즘 집단에 대해 단일하고 고정된 이미지를 갖는 것은 오해일 수 있다. 즉, 상대방을 정형화된 존재로 파악하기보다는 다양한 모습과 변화의 가능성을 가진 존재로 보고 대화를 나눌 필요가 있다는 것이다.

박주용은 **제3장 '소셜미디어의 왜곡된 세상과 그 해결법'**에서 소셜미디어, 인터넷, 빅데이터 등 현대 정보 환경의 중요한 요소들이 인간의 확증편향과 인지부조화 성향을 극복하는 데 도움을 주기보다는 사람들 사이의 소통을 더 편협하게 만들 수 있다고 주장한다. 박주용은 한국과 미국에서 나타나는 국회의원 트위터 팔로우 네트워크를 분석했다. 분석 결과 트위터 이용자는 특정 정당의 국회의원만을 팔로우하는 경향이 크고, 성향이 다른 정당의 국회의원을 동시에 팔로우 하는 비율이 적을 뿐만 아니라 트위터에서 진보적 성향의 의원들이 실제 여론의 분포 양상에 비해 더 많은 팔로워를 갖고 있음이 드러났다. 또한 2017년에 발생한 '240번 버스 사건'에서 잘못된 정보를 접한 인터넷 여론은 무고한 버스 기사를 맹렬히 비난했는데, 박주용은 이 현상을 사람들이 확증편향과 인지부조화에 사로잡혀 무고한 사람을 비난하게 된 것이라고 분석했다. 이러한 면들을 보았을 때 인간의 인지적 한계는 기술로 보정되기 어렵고, 오히려 기술에 의해 더 커진다는 것이다. 박주용은 이러한 문제를 해결하기 위해 시민들이 정보와 주변 여론에 대해 비판적이고 관용적인 태도를 견지해야 한다고 주장한다. 구체적으로, 주변 사람의 의견이 나와 같은 의견을 갖고 있다면 내가 옳기 때문에 그렇다고 쉽게 믿어버리기보다는 내가 나와 같은 생각을 가진 사람들에게 둘러싸여 있을 가능성이 있다는 생각해야 하며, 이견을 경청하고 이견을 가진 사람들을 존중하는 태도가 필요하다고 주장한다.

하상응의 글인 **제4장 '역겨운 북한사람들?: 한국인의 북한에 대한 감정적 대응'**에서는 정치심리학적 관점에서 '역겨움(disgust)'이라는 감정의 민감성이 타자에 대한 감정적 대응에 어떤 영향을 미치는지 살펴보았다. 심리학 연구에 따르면, 역겨움이라는 감정은 인간의 건강과 생존을 위협하는 요인(병균 등)을 무의식적으로 회피하고자 하는 동기에서 비롯된다. 병원균이 있다고 의심되는 대상을 피하는 기제를 '행동면역체계(behavioral immune system)'라 하는데, 문제는 이러한 행동면역체계가 물건이나 장소가 아니라 사람들에게까지 적용될 수 있다는 것이다. 그 예로, 역겨움에 대한 민감성이 높은 사람은 성소수자나 다른 문화권에 속하는 사람과의 접촉을 회피하려는 성향을 나타내며, 사회문화적 현안에 대해 보수적인 성향을 가진다. 이러한 맥락에서 한국에서 북한 사람에 대한 태도도 역겨움에 대한 민감성에 의해 결정될 수 있다. 하상응은 온라인을 통한 설문조사를 활용해 설문 참여자들의 역겨움에 대한 민감성을 측정하고, 이러한 성향이 북한 사람에 대한 태도에 어떤 영향을 미치는지 분석했다. 분석 결과에 따르면 역겨움에 대한 민감도가 높은 사람일수록 북한 주민을 지금보다 덜 수용하기를 원하고, 통일에 대해서도 부정적인 태도를 나타낸다. 역겨움에 대한 민감성이 북한 사람에 대한 인식에 부정적인 영향을 미치는 것은 정치적으로 진보적인 사람이나 보수적인 사람이나 동일하게 나타났다. 즉, 한국 사람들은 내심 북한을 더 이상 같은 민족이라고 생각하기보다 외집단(out-group)으로 인식하고 있을 수 있다는 것이다. 하상응은 이러한 분석 결과에 비춰볼 때, 북한과의 협력 내지는 북한에 대한 원조를 홍보하려 할 때, 북한에 대한 연민을 자극하는 이미지나 메시지가 역겨움을 더 잘 느끼는 사람들에게 역효과를 가져올 수 있다고 주장한다.

김정연의 **제5장 '뉴스 미디어에 재현된 정당: 지역 언론의 이슈와 인물'**에서는 지역 언론에 나타난 정치 이슈와 정치인들을 살펴보았다. 언론과 정치는 밀접하게 연결되어 있다. 정치는 언론과 미디어를 통해 대중의 인지도와 지지를 구하려 하고, 언론은 정치 현실을 재현함으로써 미디어 소비자의 주목을 얻으려 한다. 그런데 정치와 언론의 관계를 이야기할 때 한국에서는 대부분 전국적 매체에 주목해 왔다. 그렇다면 지방에서는 어떠한가? 김정연은 한국언론진흥재단의 빅카인즈(BigKinds) 뉴스 데이터베이스를 분석하여 19대, 20대 국회 시기에 지역 언론에서 나타나는 정당 관련 뉴스의 주제와 지역 정치 인물의 동태성을 살펴봤다. 5장의 뉴스 빅데이터 분석에 따르면 정당 관련 뉴스 콘텐츠는 충청 지역에서 가장 다양한 것으로 드러났다. 반면, 영남 지역은 보수 정당 관련 뉴스가, 호남 지역에서는 진보 정당 관련 뉴스가 가장 다양한 주제를 포괄했다. 19대 국회 시기는 대부분 보수 정당 집권기였고 20대 국회 시기는 진보 정당 집권기였는데, 집권 정당에 관계없이 영남 지역 언론은 보수 정당에 관해 가장 다양한 주제를 다루었고 호남 지역 언론은 진보 정당에 관해 가장 다양한 주제를 다루었다. 한편 지역 언론도 당 대표 등 전국적 지명도를 가진 정치인을 중점적으로 다루고 있었으며 충청·경인·영남 지역 언론에서 주로 다루어지는 인물이 지역 간 큰 차이가 없었다. 즉, 지역 언론에서도 중앙 정치가 반복되고 있다는 것이다. 단, 20대 국회 시기에 강원·호남 지역 언론에서는 지역 기반 정치인의 비중이 높은 편이었다.

박민제, 김정민, 이원재의 글인 **제6장 '교통 빅데이터로 본 시간과 공간의 사회적 구성'**은 대중교통 데이터를 통해 서울의 실질적인 생활권과 직장인의 이동 패턴 등을 분석했고, 내비게이션 목적지 데이터를 분석하여 국민이 명절을 어떻게 보내고 있는지 살펴보았다. 저자들의 분석은 행정구역에 의한 구분이나 단순한 물리적 거리에 의한 구분이 아닌 사람들이 실제로 왕래하는 지역을 기준으로 실질적인 생활권을 보여준다는 데 의미가 있다. 대중교통 데이터의 분석 결과는 서울이 '서남-도심', '강남', '동북-도심', '북한산', '서북', '강서' 등 여섯 가지의 생활권으로 구분되어 있다는 것을 보여준다. 이들 생활권은 일자리와 거주지, 여가 공간이 결합된 형태로 만들어져 있다. 저자들은 사람들의 이동 패턴에 의해 구분된 생활권이 주거 수요를 판단하는 데 좋은 기준이 될 수 있을 것이라 주장한다.

그리고 택시 호출 데이터를 살펴본 결과, 가장 늦은 시간까지 택시 수요가 많은 지역은 이태원으로 나타났다. 강남의 피크타임이 밤 12시경인데 이태원은 새벽 2시에 피크타임을 맞는다. 저자들은 이러한 차이가 강남은 업무 시설과 유흥 시설이 복합적으로 존재하여 회식 수요가 많고, 이태원은 업무와 무관하게 순수하게 유흥을 즐기는 인구가 많기 때문이라고 해석했다.

내비게이션 데이터를 통해 명절에 나타난 이동 패턴을 살펴보니 시가에 먼저 가고 처가를 들른 후 귀경하는 인구가 가장 많은 것으로 나타났다. 그리고 명절 당일을 기점으로 그다음 날부터 사람들은 골프장, 테마파크, 낚시터, 마트 등을 가장 많이 찾는다고 나타났다. 저자들의 분석은 이동 빅데이터 분석이 사람들의 실제 생활에 대해 흥미로운 사실을 알려줄 뿐만 아니라 정책적으로도 유용하게 쓰일 수 있다는 사실을 잘 보여준다.

박영득과 송준모의 **제7장 '청와대 국민청원은 무엇을 놓쳤나?'**는 문재인 정부에서 시작된 청와대 국민청원에 어떤 주제의 글이 올라오는지, 어떤 주제가 응답받을 확률이 높은지를 분석했다. 저자들은 2017년 8월부터 2018년 9월까지 약 1년 1개월간 청와대 국민청원에 게시된 모든 청원문서를 수집해 구조적 토픽 모형을 활용하여 분석했다.

그 결과 청와대 국민청원에는 외교·안보, 대통령 등과 관련된 정치적 사안은 물론 부동산, 조세와 같은 경제 이슈, 보육, 환경·에너지, 젠더 이슈 등과 같은 생활 이슈, 사회적 이슈를 망라하는 매우 다양한 주제의 글이 올라오는 것으로 나타났다. 저자들은 어떤 주제가 20만 회의 동의수를 얻을 확률이 높은지 분석했는데, 범죄 관련 이슈나 인터넷상에서 화제가 된 이슈일수록 20만 회의 응답 기준을 달성할 확률이 높다는 것을 보여주었다. 반면 생활 이슈나 정책적 이슈는 청와대의 응답을 받을 확률을 높이지 못하는 것으로 나타났다.

저자들은 이어서 응답 기준을 하향한 뒤에는 어떤 변화가 나타날지 살펴봤다. 청와대의 응답 기준을 10만 회로 가정하고 분석했을 때에도 의료 관련한 주제만이 추가로 응답을 받을 확률이 높은 주제로 나타났고 기준이 20만 회일 때와 대동소이했다. 그러나 기준을 5000회로 대폭 하향하자 보육, 생활민원, 환경·에너지 등 정책 현안에 관한 주제들의 응답을 받을 확률이 높아졌다. 저자들은 현행 20만 회 기준으로 운영되는 청와대 국민청원은 자칫 국민의 분노만이 주목받는 공간으로 전락할 수 있으며, 청와대 국민청원을 통해 시민을 정책 결정 과정에 참여시키려는 본래의 취지를 살리기 위해서는 응답 기준이 하향될 필요가 있다고 주장한다.

이 책은 온라인 실험, 온라인 서베이, 뉴스 빅데이터, 온라인 데이터, 소셜미디어 데이터, 교통 데이터 등 다양한 형태의 데이터와 사회과학적 관점이 결합된 디지털 사회과학이 매우 흥미로울 뿐만 아니라 우리 사회에 유의미한 메시지를 던질 수 있다는 것을 보여주고자 했다. 최근 활용 가능한 데이터는 기하급수적으로 늘었고, 그러한 데이터를 활용할 수 있는 능력도 강력해졌지만, 데이터를 활용해 어떠한 함의를 이끌어내느냐가 무엇보다 중요하다. 바로 디지털 사회과학이 세상에 편재(遍在)하는 데이터를 통해 우리 사회에 유용한 정보와 흥미로운 관점을 제공해 줄 수 있다. 이 책을 통해 독자들이 갖고 있는 빅데이터에 대한 관심이 디지털 사회과학에 대한 관심으로 발전하기를 희망한다. 이 책은 2016년도 정부재원(교육부 인문사회연구역량강화사업비)으로 한국연구재단의 지원을 받아 연구되었다(NRF-2016S1A3A2925033). 이 책의 편집을 위해 수고해 준 박영득 박사, 임정재 박사 두 분과 한울엠플러스(주)에 감사의 마음을 전하고 싶다.

제1부

디지털 사회과학으로 본 소통의 문제

제 1 장

데이터로 뉴스 댓글과 여론 읽기

조화순 | 연세대학교
이병재 | 연세대학교
김승연 | 연세대학교

인터넷으로 기사를 볼 때 댓글을 먼저 읽는가, 보도 기사를 먼저 읽는가? 아니, 기사의 제목만 본 후 기사를 읽기도 전에 다른 사람의 의견이 궁금해 댓글을 먼저 읽는가? 무수히 달려 있는 댓글을 읽고 생각을 바꾼 적이 있는가? 기사가 마음에 들지 않아서, 혹은 다른 댓글이 마음에 들지 않아서 스스로 댓글을 달아본 적이 있는가? 이러한 질문들에 “예”라고 대답했다면 당신은 이미 한국 사회의 인터넷을 통한 여론 형성 과정에 깊숙이 발을 담그고 있는 것이다.

1. 뉴스를 읽을 때 댓글에 영향을 받는가?

2018년 댓글을 조작해 선거에 영향을 미친 소위 ‘드루킹 사건’이 드러나면서 댓글의 영향력이 주목받기 시작했다. 드루킹은 페이스북(Facebook)에 “여론이란 네이버 기사에 달린 베스트 댓글" 그리고 "온라인 여론 점유율=대통령 지지율"이라 썼다. 이러한 주장은 과연 과장되었을까? 언제부터인가 한국 사회에서 사실을 전하는 기사보다 자극적이고, 읽거나 쓰기 편하고, 철저히 자신을 숨길 수 있는 댓글의 영향력이 과도하게 커지고 있다. 기사보다 댓글을 통해 더 많은 정보를 얻는다거나 댓글을 한 번도 안 본 사람은 있어도 한 번만 본 사람은 없다는 말이 있을 정도다.

인터넷을 통해 시민들은 다른 사람들과 동시다발로 그리고 쌍방향으로 연결된다. 텔레비전, 라디오, 종이 신문 같은 소셜미디어 매체와 달리 인터넷 공간에서는 여러 가지 사회 문제는 물론이고 취미와 여가 생활에 대해서도 다양한 의견을 주고받을 수 있다. 시민들은 오프라인과 더불어 온라인상에서도 다양한 정보를 전달하고, 공유하며, 습득한다. 또한 전달된 정보를 단순히 받아들이는 것이 아니라 자신의 의견을 남기고, 다른 사람들이 표현한 "좋아요", "싫어요"에 민감하게 반응하기도 한다. 다양한 의견이 충돌하는 정치적 문제 역시 그렇다. 포털 사이트의 인터넷 뉴스, 페이스북, 인스타그램(Instagram), 유튜브(YouTube) 등 다양한 소셜미디어 플랫폼을 이용해 정치적 의사의 표현과 토론을 활발하게 하고 있다.

특히 시민들은 인터넷 뉴스에 댓글을 남기면서 자신의 의견을 실시간으로 표현한다. 댓글을 통해 뉴스를 보완하거나 수정하고, 비판과 재해석을 한다. 이렇듯 댓글은 한국 사회에서 시민 참여를 활성화하는 통로이자 대의민주주의의 한계를 극복하는 대안으로 간주되기도 한다.

댓글은 일종의 '구전 커뮤니케이션'이다. 일반적으로 구전되는 과정에서 사람들의 직접 또는 간접적인 경험이 비공식적으로 교환되는데, 이렇게 전달되는 정보는 판단 과정에서 문서보다 더 큰 영향을 미친다고 알려져 있다. 게다가 인터넷은 기존의 면대면 방식을 벗어나 메일, 댓글, 블로그와 같은 문자 매개체들을 빠르게 전달한다. 많은 사람이 인터넷 뉴스를 읽을 때 하단의 댓글도 함께 읽는다는 사실을 감안하면 특정 개인의 의견이 댓글을 타고 더 많은 사람에게, 더 빠르게 구전되기 시작했다고 볼 수도 있다. 특히 포털 사이트의 뉴스 이용자들은 기사를 해석하는 데에 댓글의 정보를 활용하기도 한다. 기사를 수동적으로 읽기만 하는 것이 아니라 댓글을 읽고 쓰면서 기사의 내용을 평가한다.

2017년 10월 30일부터 2019년 6월 19일까지 집계된 '워드미터'의 댓글 관련 통계 자료에 따르면, 전체 기사 수(153만 5473건)보다 댓글 수(1억 2343만 8525개)가 80배 이상으로 현저히 많다는 사실을 확인할 수 있다. 특히 정치 관련 뉴스에서는 댓글 수(5104만 3787개)가 기사 수(26만 9190건)의 약 200배 정도로 나타났다. 인터넷 뉴스의 댓글이 정치 정보 전달 기능에서 매우 큰 역할을 담당하고 있는 것이다.

그런데 관심이 가는 부분은 사용자들이 뉴스 혹은 사설 자체보다 댓글이나 공감 수에 더 영향을 받고 있는 것은 아닌가 하는 점이다. 시민들은 뉴스를 읽기 전에 댓글로 내용을 대략 파악하고 다른 사람의 생각을 살펴본다. 댓글이 여론 형성과 토론에 점점 더 큰 역할을 수행한다는 것이다. 댓글을 통해 다른 사람의 의견을 듣고 수용하기도 하지만, 대부분은 자신의 생각을 더욱 공고히 하고 자신과 다른 의견에 대해 적대감을 드러낸다. 심지어 자신과 다른 생각을 가진 '외집단(out-group)'을 겨냥해 공격적인 댓글을 주저 없이 남긴다.

한국의 경우에는 포털 사이트가 '인링크(in-link)' 방식으로 제공하는 뉴스 하단의 댓글 창이 큰 영향력을 지닌다. 영국 로이터 저널리즘 연구소의 연례 보고서인 「디지털 뉴스 리포트 2018」에 따르면, 국내 이용자들이 포털 사이트가 모아주는 뉴스에 의존하는 비율은 30%였고 언론사 홈페이지를 직접 방문하는 비율은 3%에 불과했다. 특히 뉴스 검색 기능에 의존하는 사람들의 비율이 47%로, 조사 대상 36개국 가운데 1위다. 이처럼 뉴스 소비가 포털 사이트로 집중된 한국의 환경에서는 댓글을 의도적으로 조작하는 행위가 더 쉬울 수밖에 없다. 최근 주목받은 '매크로(macro)'라는 프로그램은 댓글의 내용과 조회 수, 추천 수를 인위적으로 조작하기도 했다. 이런 상황을 감안하면 댓글이 시민들에게 어떤 기능을 하는지, 시민은 댓글을 통해 뉴스를 어떻게 해석하고 정보를 어떻게 선택하는지를 객관적으로 알아볼 필요가 있다.

2. 인터넷 뉴스 댓글은 어떤 기능을 하는가?

전통 미디어인 신문과 텔레비전을 중심으로 한 뉴스 소비가 온라인 미디어를 중심으로 재편되고 있다. 그러한 과정에서 가장 큰 변화를 꼽는다면 '댓글 문화'의 등장이라고 할 수 있다. 댓글은 무엇인가? 댓글은 인터넷 게시물 아래에 남기는 짧은 글로 덧글, 코멘트, 리플 등으로도 불린다. 주어진 텍스트에 자신의 생각을 덧붙이는 형식인 댓글은 뉴스 미디어의 사소한 부분인 데다 전통 언론매체의 '독자 의견란'과 같은 기능을 수행한다고 생각할 수 있지만, 기존에는 불가능했던 쌍방향적 소통을 주도하고 있다. 댓글은 뉴스가 보도되는 동시간대에 시민들의 반응을 보여주고 사람들이 특정 이슈를 어떻게 해석하고 판단하는지를 보여준다. 언론사나 방송사의 댓글은 정치적 사건이나 보도에 대한 시민들의 의견을 적나라하게 보여준다. 그렇기 때문에 시민들이 댓글을 읽고 쓰는 행위는 시민 참여 기능들의 복합체이며, 시민의 정치적 관심사와 정치 참여에 영향을 미치는 인지적 틀(frame)이 될 수 있다.

한국에서 댓글 기능은 인터넷 보급 초창기부터 시작되었고, 인터넷 뉴스에 댓글을 달 수 있게 되면서 여론 형성 기능을 강조하는 '댓글 저널리즘'과 같은 신조어도 생겨났다. 민주주의의 중요한 요소는 모든 사람의 동등한 정치적 권리 행사라고도 할 수 있는데, 댓글창이 민주주의의 발전을 도울 수 있는 대안적 공간으로 인식되기 시작한 것이다. 특히 댓글의 내용은 비교적 함축적이고 간결하다. 따라서 딱딱한 문체를 사용하는 뉴스 기사보다 접근성이 높다는 이유로 시민들의 참여를 증진시킨다는 평가를 받는다.

〈그림 1-1〉 댓글의 일반적인 기능

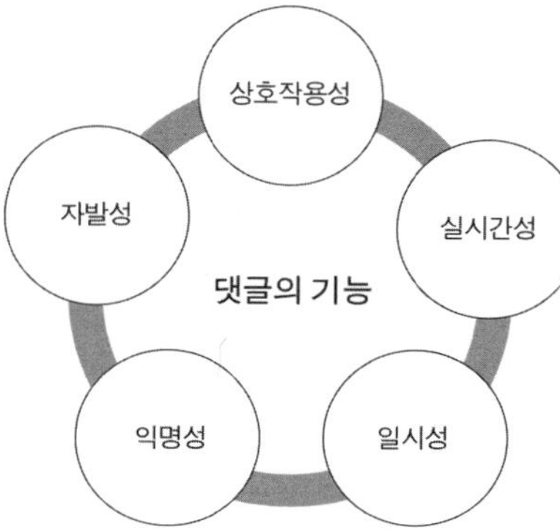

댓글은 더 이상 특별한 커뮤니케이션 방식이 아닌 일상으로 자리 잡았다. 사람들은 댓글을 통해서 다른 사람의 생각을 접하고 자신의 의견을 자유롭게 표현할 기회를 제공받았다. 결과적으로 시민들의 참여 수준이 양적·질적으로 높아졌다. 이제 신문이나 뉴스는 혼자 보는 것이 아니라 '함께 읽고 공감하는' 공동체적 정보다. 20세기 이전의 신문과 텔레비전이 그랬듯이 현재 온라인 뉴스와 댓글은 대안적 미디어와 다름없는 위상으로 중요시되고 있는 것이다.

일반적인 댓글의 특성은 〈그림 1-1〉처럼 다섯 개 정도로 분류할 수 있다. 첫째, 댓글은 상호작용적이다. 시간상 나중에 추가되는 댓글은 대부분 앞서 달린 댓글의 내용을 반영하기 때문에 댓글을 통한 소통은 여러 번의 상호적인 '반응과 재반응'으로 구성된다. 따라서 댓글을 통해 이루어지는 커뮤니케이션은 단순하고 일방적이지 않다. 최근에는 앞의 사용자가 달아 놓은 댓글에 '대댓글'을 달거나 사용자를 '태그(tag)'함으로써 작성자 사이의 상호적 토론이 이루어지기도 한다.

둘째는 실시간성이다. 인터넷 뉴스의 게시 방식은 전통적 미디어인 텔레비전 뉴스, 라디오, 종이 신문과 완전히 다르다. 정보통신 기술의 발달에 따라 시민들은 스마트폰을 통해 뉴스를 제보하거나 작성할 수 있다. 같은 내용이 여러 종류의 미디어를 통해 한 번에 전파될 수 있다. 댓글도 마찬가지다. 실제 사건의 발생과 보도 사이의 시간 차가 매우 적은 뉴스 기사처럼, 댓글을 읽고 쓰는 데 시간적 제약은 존재하지 않는다. 기사가 올라오는 순간, 바로 댓글을 다는 것이 가능하다.

셋째는 일시성이다. 댓글은 보통 기사가 처음 올라왔을 때 혹은 이슈가 주목을 받아 포털 사이트의 메인 페이지에 노출되었을 경우에만 집중적으로 올라온다. 시간이 지나거나 다른 기사가 그 자리를 차지하게 되면 댓글을 통한 의견 교환은 양적으로 현저하게 줄어든다. 관심이 줄어든 이후에 새롭게 추가되는 댓글은 얼마 되지 않는다. 이러한 특징은 포털 사이트의 특징과도 관련이 있다. 포털 사이트는 정보를 압축적으로 담아내야 하므로 수많은 기사 중에서 어떤 뉴스가 '메인' 화면에 뜨는지를 선택적으로 제시할 수밖에 없기 때문이다.

넷째는 익명성이다. 익명성은 악성 댓글의 원인을 설명하는 데에 거의 단골 소재로 등장한다. 인터넷 사용자들은 자신의 실명을 밝히지 않고도 댓글을 작성하거나 읽을 수 있기 때문에 오프라인에서 이루어지는 토론에서와 다른 태도를 보일 수 있다. 이는 민감한 사안에 대해 의견을 나눌 때 더욱 분명하게 드러난다. 익명성이 보장되면 자유로운 의사 표현이 가능해져 긍정적으로 작용할 수도 있지만 다른 한편 더욱 공격적이거나 적대적인 경향을 보이게도 한다. 특히 인터넷 뉴스를 통해 시민들의 정치 정보에 대한 접근성이 높아지면서 익명성에 대한 논란은 계속되고 있다.

마지막 특성은 자발성이다. 댓글을 읽는 것은 쓰는 것에 비해 상대적으로 수동적인 행동이다. 이렇게 댓글을 '쓰는' 행위는 자신의 의견을 적극적으로 표현하는 것이라고 할 수 있다. 보통은 다른 사람이 어떤 생각을 갖고 있는지 읽는 정도인데, '쓰는' 행위는 이를 넘어서 본인의 의사를 표현하기 위해 한 차원 높은 노력을 들이는 것이다. 소셜 미디어 플랫폼상에서 게시물을 공유하는 행위보다 게시물을 작성하는 행위가 더욱 '참여 지향적'이라고 판단하는 것은 바로 이런 이유다.

이런 특성을 가진 댓글이 시민들의 민주적 의사소통에 어떤 영향을 미치는가? 트렌드모니터(trendmonitor.co.kr)는 2018년 4월 일주일 동안 인터넷 뉴스를 접해본 적이 있는 전국 만 19~59세의 스마트폰 사용자 1000명을 대상으로 포털 사이트 뉴스의 '댓글 문화'와 관련한 설문조사를 실시했다. 이에 따르면 10명 중 8명 정도(81.6%)가 포털 사이트 뉴스 댓글이 사회 여론의 형성에 영향력을 끼친다고 보고 있다. 그리고 2명 중 1명(48.5%)은 포털 사이트 뉴스 댓글과 자신의 의견을 비교하면서, 자신의 생각이 맞는지에 대한 고민을 해봤거나 생각에 변화를 겪은 적이 있다고 대답했다. 이처럼 댓글은 단순히 정보를 전달하는 것 이상의 기능을 가지고 있다. 댓글은 단순한 단어의 나열이 아닌 일종의 메시지가 된다. 사람들은 댓글을 통해 다른 사람들이 해당 기사에 대해 어떤 생각을 가지는지 짐작하고, 나아가 기사가 담고 있는 내용 자체에 대한 인식(perception)과 이후의 반응(reaction)에 영향을 받는다. 여론조사 결과 대부분의 사용자가 댓글이 사회 여론을 형성하는 데에 큰 영향력을 가진다고 생각하고 있는 것으로 나타났다. 사람들은 댓글을 통해 여론의 흐름을 파악하고, 사회적인 비교를 통해 자신의 의견을 바꾸기도 하기 때문이다.

댓글의 영향력에 대해서는 긍정적인 평가와 부정적인 평가가 동시에 존재한다. 전자에 따르면 시민들은 댓글을 통해 시간과 공간의 제약 없이 의견을 공유할 수 있다. 기사가 올라오는 시간에 사용자가 어디에서 접속하는지도 상관없다. 언제 어디서든 쉽게 다른 사람들의 반응을 확인할 수 있다. 인터넷 사용자가 글을 작성한 기자에게 개인적으로 메시지나 이메일을 보낼 수도 있기 때문에 뉴스 구독자 간의 네트워크는 물론 작성자와 구독자 간의 네트워크도 형성될 수 있다. 시민들은 댓글을 통해 좀 더 다양한 사람의 반응을 실시간으로 확인하고 마주할 수 있으며, 개인적인 의견을 직접적으로 개진할 수도 있다.

반면, 댓글의 영향력에 대해 부정적인 입장은 댓글이 시민들의 민주적이고 숙의적인 의사소통을 방해한다고 주장한다. 댓글 창에서는 합리적인 근거를 통해 상대방을 설득하는 과정이 쉽게 생략되며 논리적인 토론이 변질될 가능성이 높다. 실제 댓글에서는 즉흥적이고 감정적인 표현이 많이 오고간다. 최근 문제가 되었던 남녀 간 혐오 발언이나, 연예인들을 무차별적으로 공격하는 악성 댓글을 예로 들 수 있다. 욕설이나 공격적인 태도를 드러내는 부정적인 댓글은 계속해서 비슷한 댓글들을 양산할 수 있다. 댓글을 작성하거나 공유하는 사람은 소수지만 이들의 생각이 과하게 영향을 미친다는 위험도 있다. 특히 시민들이 자신과 의견이 다른 댓글은 의도적으로 피하고 삭제하면서 정치 성향이 극단으로 치우치게 된다는 지적도 있다.

과연 사람들은 댓글을 읽고 어떤 생각을 하고 어떤 반응을 보이는가? 위와 같이 대치되는 의견들에 대한 답으로 댓글이 사람들의 정보 처리 과정에 어떤 영향을 미치는지, 뉴스 이용자들이 어떻게 댓글을 '정보'로 받아들이는지에 대한 학계의 증명이 필요하겠다.

3. 댓글은 어떻게 영향을 미치는가?

시민들은 댓글을 보면서 무슨 생각을 할까? 그들은 댓글의 내용을 어떻게 받아들이는가? 댓글이 시민들에게 어떻게 영향을 미치는지를 직접적으로 연구한 결과는 많지 않다. 다만 다른 사람의 의견에 대한 개인의 심리적 요인들에 대한 연구를 통해 추론해 볼 수 있는데 '합의성 착각 이론(false consensus theory)'과 '침묵의 나선 이론(spiral of silence theory)', '적대적 미디어 지각(hostile media perception)'이 대표적이다. 이를 정리하면 〈표 1-1〉과 같다.

먼저 사람들은 자신의 의견이 상대적으로 더 표준에 가깝고 일반적이라고 생각하는 경향이 있다. 심지어 자신의 의견이 다른 많은 사람의 의견을 대변하고 있다고 간주한다. 이러한 성향을 통해 생각해 보면 공감을 많이 얻은 댓글과 자신의 생각이 비슷하거나 자신의 기존 생각을 보완하는 댓글이 많으면 지배적 여론을 착각할 수 있다. 자신의 의견이 보편적이고 다른 댓글들 역시 나와 비슷하니 그것이 바로 여론이라고 막연히 치환하는 것이다. 즉, '내 생각과 같은 사람들이 더 많을 거야'라고 추정하는데, 이러한 인지적 왜곡(cognitive bias)을 설명하는 이론이 '합의성 착각 이론'이다. 합의성 착각 이론에 따르면, 댓글은 일종의 사회적 기준으로 작동해 보편적 여론을 왜곡한다. 댓글을 기준으로 삼아 자신과 타인을 비교하는 과정이 여론을 파악하는 일이 되고, 나아가 댓글의 전체적인 분위기를 파악하는 것으로 이어질 수 있다.

'침묵의 나선 이론'은 합의성 착각 효과를 보완하는 이론이다. 침묵의 나선은 독일의 정치학자 엘리자베스 노엘레-노이만(Elisabeth Noelle-Neumann)이 매스미디어의 역할을 강조하면서 사용한 개념이다. 사람들은 자신의 견해가 소수의 의견이라고 판단할 경우 그 의견을 표현하기보다 오히려 침묵을 선택하는 경향이 있다. 타인의 의견이 지배적인 데 비해 자신의 의견은 지지를 받

〈표 1-1〉 정보 인식에 대한 주요 이론

합의성 착각 이론	침묵의 나선 이론	적대적 미디어 지각
인지적 왜곡으로, 실제보다 많은 사람이 자기 의견에 동의할 것으로 착각하는 것을 말한다. 예를 들어, 극단적인 생각을 가진 사람들은 자신과 같은 생각을 가진 사람의 비율이 실제보다 더 높다고 가정하는 경향이 있다.	하나의 특정한 의견이 다수의 사람들에게 인정되고 있다면, 반대되는 의견을 가지고 있는 소수의 사람들은 다수의 사람들로부터 고립의 공포 때문에 침묵하려는 경향을 보이는 현상을 지칭하는 이론이다.	정치적 이슈에 대한 개인의 사전 태도와 미디어의 보도에 대한 개인 지각 사이의 불일치를 의미한다. 이에 따르면 이념적으로 일치하지 않는 내용의 방송을 보았을 때, 사람들은 미디어가 덜 믿음직스럽고 편파적이라고 판단한다.

지 못할 것 같다는 두려움이 의견 표현의 빈도를 줄인다. 이에 따르면 사람들은 '다수가 옳다고 생각하면 아마도 그것이 옳을 것이다'라고 생각한다. 여기서 다수는 다른 사람에게 나의 의견을 말할지 말지 결정하는 데에 기준이 되는 '준거 집단(reference group)'이다. 이를 적용해 보면 전체적인 댓글 창의 분위기는 준거 집단으로 작동한다. 자신과 비슷한 의견을 가진 댓글이 많으면 안심되지만, 반대 의견이 많으면 사회적 압박과 고립에의 공포로 자신의 의견을 숨기게 된다.

합의성 착각 이론과 침묵의 나선 이론은 댓글의 내용에 대한 개인의 직접적인 판단에 영향을 미치는 요인을 잘 설명해 준다. 그런데 이러한 해석과 반응의 메커니즘을 정확히 예측하는 데에 두 이론은 한계를 가진다. 댓글을 읽고 난 후 그 댓글을 기반으로 사람들이 특정한 태도를 어떻게 형성하고 행동을 결정하는지를 설명하기가 어렵기 때문이다. 사람들은 댓글을 읽고 난 다음, 댓글을 달고 있는 기사가 얼마나 편견 없이 작성되었는지 평가할 수도 있고 부족한 부분을 보충하기 위해 추가적인 정보를 선택할 수도 있다. 사람들은 자신과 댓글의 의견이 다를 경우 침묵하는 것이 아니라, 동조하거나 오히려 강하게 의견을 드러내 논쟁하기도 한다. 댓글과 자신의 기존 입장을 비교하는 과정에서 생겨나는 '인식과 반응'은 반드시 다각도에서 생각해 보아야 한다.

사람들은 자신과 이념적으로 다른 텔레비전 프로그램은 덜 믿음직스럽고 편향적이라 생각하고, 자신과 비슷한 의견은 호의적으로 받아들인다. 즉, 기사를 '해석'하는 과정에서 타인의 반응을 의식하고 타인의 의견을 착각하는 '적대적 미디어 지각'의 경향이 있다. 간단히 말하자면, 사람들은 모든 기사를 철저히 읽지 않고 자신의 논지를 강화할 수 있는 정보를 선호한다. 자신의 의견에 찬성할 것 같은 댓글을 읽을 때 사람들은 별다른 인지적 노력을 필요로 하지 않는다. 그런데 자신의 의견에 반(反)하는 의견을 접할 때는 상대적으로 많은 에너지를 쓰게 되고, 결과적으로는 기존의 사고방식과 대치될 수 있는 부정적인 자극을 받는다. 부정적 요소는 기억에 남아 활성화되고, 다음 의견을 선택하는 방향에도 영향을 준다. 결국 자신과 다른 성향의 댓글이 우세할 경우 '내 편'의 주장을 정당화하기 위해 그와 비슷한 내용을 의도적으로 찾을 수 있다. 그렇게 되면 자신의 취향에 맞는 정보만을 우선 습득하려고 하는 심리인 '선택적 노출(selective exposure)'이 미디어 선택에 나타난다. 이는 인간의 자기강화적(self-reinforcing) 특성과 연관된다.

미국의 언론학자인 윌리엄 이브랜드(William Eveland)와 마이아 하이블리(Myiah Hutchens Hively)는 정치적 토론 그룹을 그 특성에 따라 나누어 의견 변화에 대한 영향력을 분석했다. 자신과 다른 의견을 가진 사람들과의 의견 교환을 위험한 토론(dangerous discussion), 자신과 비슷한 의견을 가진 사람들과의 의견 교환을 안전한 토론(safe discussion)으로 나누었을 때, 전자의 영향은 크지 않았으나 후자는 기존의 정치적 신념을 더욱 단단하게 만들었다. 이처럼 댓글은 같은 성향을 가진 집단과의 내적 친밀성을 만들어내어 '너와 나'를 구분하는 장벽을 형성할 수도 있다. 게다가 댓글의 작성자는 소수이기 때문에 댓글이 가지는 파급력이 어느 한쪽에 치우쳐진 상태로 굳어질 위험도 존재한다.

4. 온라인 실험으로 본 댓글 이용

시민들의 댓글 이용을 경험적으로 연구한 온라인 실험을 통해 댓글 이용자의 심리를 엿볼 수 있다. 2018년 6월에 진행된 이 연구는 실험 집단을 세 집단으로 나누고 각각의 집단에 가상으로 제작된 포털 사이트의 뉴스 기사와 댓글 화면을 보여주었다.[1] 특정 언론사에 대한 선입견이나 고정관념을 최소화하여 '중립성'을 유지한 가상의 정치기사를 보여주고, 반응을 관찰했다.

실험 절차는 간단하다. 〈그림 1-2〉와 〈그림 1-3〉은 실험에 사용된 기사와 댓글의 예시다. 화면에는 동일한 성향의 댓글 아홉 개와 '사용자 요청으로 접힌 댓글입니다'라는 문구의 댓글 한 개를 추가했다. 또한 실제 댓글 내용들을 참고하여 다른 사용자들의 공감을 많이 얻은 '베스트 댓글' 세 개를 표시한 뒤 상위에 배치했다. 이는 다른 사람들의 평가가 개인이 평가하는 정보의 중요도에 큰 영향을 미친다는 사실에 기반을 둔 조건이었다. 사람들은 많은 숫자는 물론이고 상단에 배치된 댓글에 더욱 관심을 두기 때문이다. 댓글의 효과를 보다 명확히 비교하기 위해 기사 내용과 무관한 두 개의 댓글이 포함된 화면도 따로 만들었다. 즉, 기사 내용은 동일하지만 한 집단은 보수적인 댓글, 또 다른 집단은 진보적인 댓글, 셋째 집단은 보수적이지도 진보적이지도 않은 댓글 창을 보는 것이다.

---

1 온라인 설문조사 회사 엠브레인(Embrain)의 패널 867명을 대상으로 총 세 개의 실험 집단이 구성되었다. 그리고 최종적으로 거주지 및 연령대별 분포를 균등하게 조절한 남성 375명과 여성 375명의 총 750명을 분석 대상으로 했다. 이 실험의 목적은, 뉴스의 내용은 동일하지만 상이한 댓글이 달린 뉴스를 접했을 때 인터넷 사용자들이 그 인터넷 뉴스에 과연 어떻게 반응하는지를 포착하기 위한 것이었다. 따라서 동일한 뉴스 기사에 댓글의 성향만 다르게 작성한 화면을 제작하여 무작위로 선정한 인터넷 사용자에게 보여주고 그들의 반응을 분석했다.

〈그림 1-2〉 실험에 사용된 기사 내용

평양냉면 '열풍' 예년 대비 판매량 수직 상승

기사입력 2018-05-05 17:55 최종수정 2018-05-05 18:20 기사원문 스크랩 본문듣기 · 설정 요약봇 Beta 가

지난 4월 27일 남북정상회담 만찬장에서 등장한 평양냉면에 대한 관심이 높아지고 있다.

정상회담을 전후로 각종 SNS에는 "오늘 점심은 평양냉면으로 정했다"는 반응과 함께 수천개의 냉면 인증샷이 연이어 올라왔다. 주요 포털사이트에서는 '평양냉면'이 한동안 실시간 검색어에 오르내리기도 했다.

대형마트와 슈퍼의 냉면류 판매도 급증하는 등 냉면 열풍이 불고 있고, 심지어는 동네 마트에서 파는 즉석냉면도 인기를 누리고 있다. 여름철이 되면 많은 손님들로 유명한 평양냉면집들은 벌써부터 30~40분씩 줄을 서서 기다려야 할 정도다.

실제 서울 중구의 평양냉면 식당인 '필동면옥'에 냉면 맛을 보려는 시민들의 줄이 길게 늘어선 것은 물론 서울 염리동의 '을밀대', 서울 순화동의 '강서면옥' 등 서울의 평양냉면집이 뜻밖의 '특수효과'를 맞고 있다.

자료: 필자가 진행한 실험 연구에 이용된 가상의 기사.

댓글을 통해 형성되는 인식을 확인하기 위해 첫째로 앞서 읽은 기사의 "전반적인 태도가 어떻다고 생각하십니까?"라고 묻고, 기사에 대한 응답자가 '편파적'이라고 생각하는 정도를 0(매우 그렇지 않다)부터 7(매우 그렇다) 사이의 점수로 체크하도록 했다. 동일한 기사를 읽었음에도 댓글의 내용을 통해 기사를 해석한다면 기사를 편파적이라고 생각하는 정도가 다르게 나타날 것이기 때문이다. 다음으로는 〈그림 1-4〉와 같이 실험 참가자들에게 열 두 개의 관련 뉴스 기사 목록을 보여주었다. 댓글을 보고 난 뒤의 반응을 측정하기 위해서다. 뉴스 제목들은 진보적인 뉴스 여섯 개, 보수적인 뉴스 여섯 개로 이루어져 있다. 참가자들에게 '추가로 읽고 싶은' 다섯 개의 기사 제목을 선택하도록 했고, 이후 선택된 기사들은 각각의 성향에 맞는 점수로 환산했다.

〈그림 1-3〉 사용된 댓글 예시

dana**** 댓글모음›
BEST 보수 꼴통들아 너넨 저기 줄서지 마 ㅎㅎㅎ
2018-05-05 접기요청 5574 13

lsw4**** 댓글모음›
BEST 이제 통일 앞길 막지나 마라 태극기충들아
2018-05-05 접기요청 3465 27

stos**** 댓글모음›
BEST 악플다는 인간들 다 자한당 새X들이구나
2018-05-05 접기요청 1140 10

355g**** 댓글모음›
안보 보수는 냉면 먹을 자격이 없다 ㅋ
2018-05-05 접기요청 558 4

knfm**** 댓글모음›
사용자 요청으로 접힌 댓글입니다.
2018-05-05 접기요청 494 58

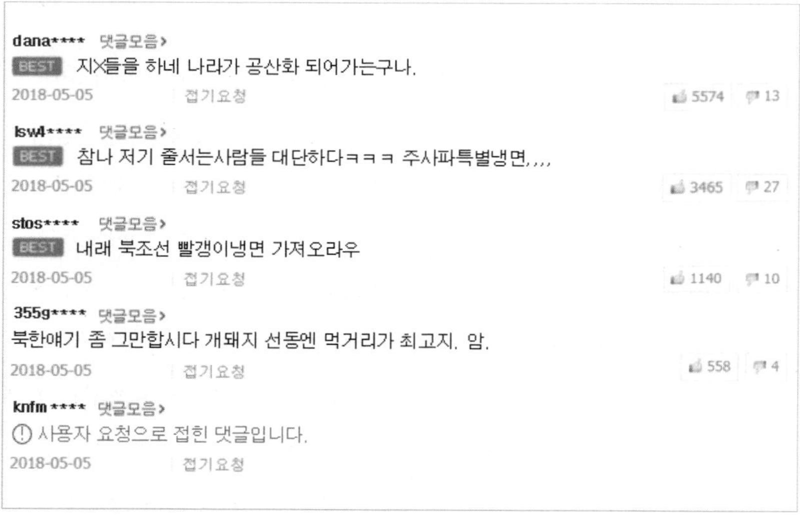

dana**** 댓글모음›
BEST 지X들을 하네 나라가 공산화 되어가는구나.
2018-05-05 접기요청 5574 13

lsw4**** 댓글모음›
BEST 참나 저기 줄서는사람들 대단하다ㅋㅋㅋ 주사파특별냉면,,,,
2018-05-05 접기요청 3465 27

stos**** 댓글모음›
BEST 내래 북조선 빨갱이냉면 가져오라우
2018-05-05 접기요청 1140 10

355g**** 댓글모음›
북한얘기 좀 그만합시다 개돼지 선동엔 먹거리가 최고지. 암.
2018-05-05 접기요청 558 4

knfm**** 댓글모음›
사용자 요청으로 접힌 댓글입니다.
2018-05-05 접기요청

주: 상단 박스는 진보 성향, 하단 박스는 보수 성향의 댓글이다.
자료: 필자가 진행한 실험 연구에 이용된 가상의 댓글.

〈그림 1-4〉 관련 뉴스 제목 예시

관련뉴스 | 언론사 페이지로 이동합니다.

북한 핵실험 중단에, 국제사회 환영과 경계 공존…“핵폐기는 아냐”
통일부 "대화로 문제 해결해야… 남북 의지 같아“
자유한국당 "북한에 속지 말아야… 온정적 접근은 금물“
국민 82.4% 남북정상회담 ‘만족’, 문 대통령 지지도 79.4%
남북정상회담 이후 경의선·경원선 이용객 대폭 증가
트럼프, '북미정상회담 열리나' 질문에 "지켜봐야 할 것"

“환영하지만 경계할 것” 美 수뇌부가 말한 ‘판문점 선언’
'남북회담' 이래도 비판, 저래도 비판… 한국당 논리는?
민주당 "한미정상회담, 성공적 북미정상회담으로 이어질 것”
흔들림 없는 볼턴 “목표는 北CVID…후퇴는 없다”
野 "판문점 선언, 북한 핵포기에 대한 구체적 언급 부족“
미 "남북 고위급회담 연기, 북미정상회담에 영향 없다“

자료: 필자가 진행한 실험 연구에 이용된 가상의 기사 목록.

1) 뉴스 댓글은 기사의 해석에 영향을 미치는가?

사람들은 기사를 해석하는 과정에서 댓글의 내용에 의존해 기사 제목만을 읽고 내용은 댓글로 파악하는 경향이 강하다. 〈그림 1-5〉처럼 사람들은 기사를 해석하기 위해 댓글에서 읽은 내용을 기사 내용과 겹쳐서 생각한다. 기사와 댓글 사이에서 일종의 귀인 착오(misattribution)가 일어나는 것이다. 특히 적대적 미디어 지각은 꽤나 강한 착각인데, 나와 다른 댓글들이 상단에 표기되거나 대부분의 여론을 형성하는 것으로 보이면 독자는 해당 기사가 상대방 편을 든다고 판단하는 경향이 크다. 반대로 자신의 의견과 비슷한 댓글들이 댓글 창에서 지배적이라면 해당 기사는 덜 편파적인 것으로 생각한다.

〈그림 1-5〉 적대적 미디어 지각의 흐름

이념적으로 진보 성향이거나 보수 성향인 사람들은 댓글로 기사의 경향을 파악하고, 이에 대해 적대감을 느끼게 된다는 말이다. 실험을 통해서 보면 다음과 같은 설명을 덧붙일 수 있다(〈그림 1-6〉 참고). 먼저, 진보적인 성향을 가진 사람들은 보수

〈그림 1-6〉 댓글이 적대적 미디어 지각에 미치는 영향

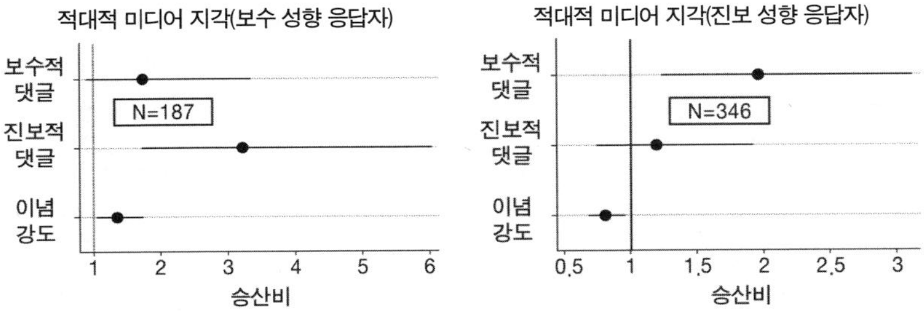

주: 통제변수로 연령, 성별, 교육 수준, 소득 수준이 포함되었으나, 그래프에는 포함되지 않았다.
자료: 필자가 진행한 실험 연구 결과를 통계 분석.

적인 댓글이 댓글란에서 우세할 경우, 그렇지 않은 경우보다 대략 두 배 정도 더 기사를 편파적이라고 지각했다. 보수적인 성향을 가진 사람들도 마찬가지였는데, 보수적인 사람들은 진보적인 댓글을 접했을 때에 그렇지 않을 경우보다 약 세 배 이상 기사가 편파적이라고 느꼈다. 결국 사람들은 댓글이 반대 집단의 주장을 대변할 때 기사가 편파적인 보도 방식을 취했다고 지각했고, 그중에서도 보수적인 성향의 사람들은 진보적인 성향의 사람들보다 영향을 크게 받았다. 즉, 사용자의 이념이 보수 쪽에 더욱 가까울수록 적대적 미디어 지각은 더욱 강하게 나타났다.

다시 말해 사람들은 특정 이념이 지지 받는 댓글 창을 보았을 때 기사의 실제 내용과 상관없이 보도 내용이 편파적이라고 판단하는 경향을 보였다. 이처럼 댓글은 사회적 단서로 작동한다. 그리고 나아가서는 기사의 내용을 덮어버리고 특정한 방향으로 적대감을 갖게 하는 등 '내 편'과 '네 편'을 가르는 다수의 규범을 만들어낼 수 있다. 심지어 많은 사람은 댓글이 여론을 완벽하게 반영하고 있지 않음에도 댓글에서 지배적인 의견이 여론과 거의 일치한다고 생각한다. 댓글을 작성하거나 댓글란의 토론 과정에 참여하는 사용자

들은 전체 국민에 비해 철저히 소수임에도 그들의 의견을 과도하게 일반화하는 것이다. 따라서 사람들이 기존에 가지고 있던 이념 성향은 기사에 대한 태도 형성과 이후의 반응에서 커다란 영향을 미친다고 할 수 있다.

2) 인터넷 뉴스 댓글은 향후의 뉴스 선택에도 영향을 미치는가?

사람들의 정보 처리 과정은 뉴스 기사의 해석에서 끝나지 않는다. 오프라인 환경에 비해 인터넷 환경에서는 정보를 능동적으로 찾아내고 조정하는 것이 상대적으로 쉽다. 그렇기 때문에 어떤 정보를 추가적으로 습득하여 자신의 의견을 뒷받침할 것인지, 혹은 상대방을 이해하려고 할 것인지 결정하는 과정이 자연스럽게 이어진다. 하지만 문제가 될 수 있는 것은 자신의 의견만을 선택적으로 찾아보는 행위다. 특히 자신의 의견에 반대하는 의견을 접했을 경우, 그에 대항하여 자신의 의견을 방어할 수 있도록 특정 정보만을 선택적으로 찾아낼 수도 있다는 것이다. 실제로 사람들은 정치적으로 자신과 비슷한 성향을 띠고 있거나, 이슈에 대한 태도가 자신과 유사한 글을 더 찾아보는 것으로 나타났다.

인터넷 뉴스 보도와 댓글을 접한 이후의 반응은 몇 가지 과정을 거친다. 특히 〈그림 1-7〉이 설명하는 것처럼 선택적 노출이 일어날 가능성도 있다. 사람들은 먼저 해당 정보가 자신의 기존 태도와 유사한지 아닌지를 즉각적으로

〈그림 1-7〉 선택적 노출의 흐름

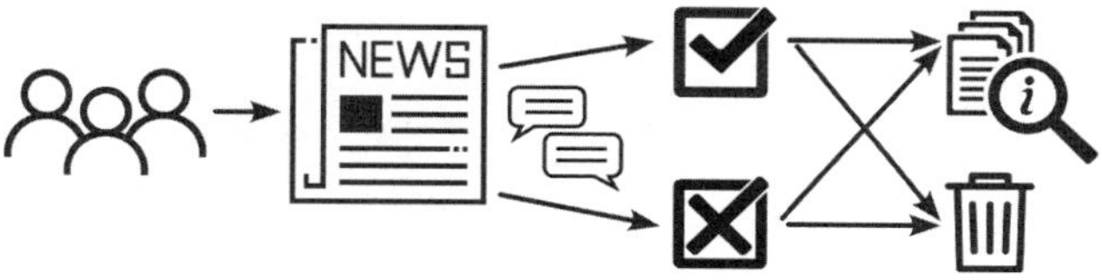

〈그림 1-8〉 댓글이 선택적 노출에 미치는 영향

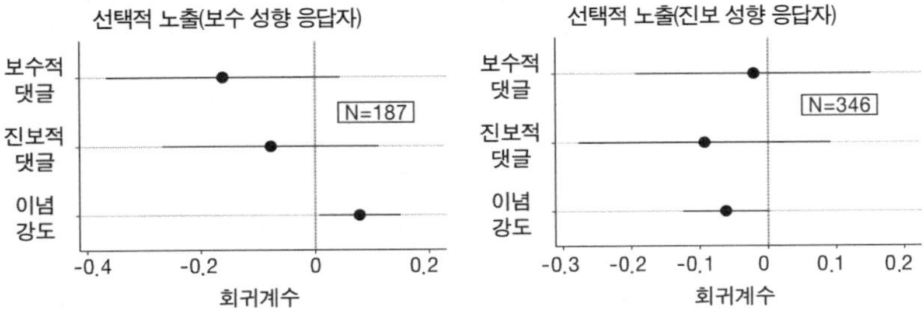

주: 통제변수로 연령, 성별, 교육 수준, 소득 수준이 포함되었으나, 그래프에는 포함되지 않았다.
자료: 필자가 진행한 실험 연구 결과를 통계 분석.

로 파악한다. 그리고 그에 따라 기사의 편파적인 정도(적대적 미디어 지각)를 평가한다. 마지막으로는 자신의 기존 태도를 보완할지, 혹은 다른 의견에 대해서 알아볼지를 결정하여 선택지를 골라낸다. 〈그림 1-8〉은 보수적인 이념이 강한 응답자일수록 보수적인 기사를 찾는 경향을 보이고, 강한 진보적인 이념을 가진 응답자일수록 보수적인 기사를 덜 찾는 경향을 나타낸다는 선택적 노출 현상을 설명한다. 이런 선별적인 정보 선택이 계속적으로 이루어진다면, 정치적 양극화가 더욱 심화되리라는 것을 쉽게 예측할 수 있다.

그런데 댓글의 커뮤니케이션 방식이 사람들의 반응과 뉴스 선택에 어떤 역할을 하는지를 분석한 결과는 우려했던 것보다는 긍정적이다. 사람들이 댓글을 읽고 난 후 반드시 자신의 이념적 성향을 보완하는 방어적 행태만을 보이지는 않았기 때문이다. 인터넷 뉴스 정보를 탐색하는 과정에서 사람들은 이질적인 정보를 선택하기도 하고, 상대 진영의 의견에 논리적으로 반박하기 위해 다양한 정보를 탐색했다. 즉, 댓글의 이념적 편향이 기사의 편향성에 대한 판단에 영향을 미치기는 하지만, 선택적 노출에는 댓글의 영향력이 선명하게 드러나지 않았다. 자신이 읽은 댓글에 대한 판단이 향후에 읽을 정보를 선택하는 과정에 직접적이고 즉각적인 영향을 미치지는 않았다는 것이다. 따라서 선택적 노출 이론이 주장하는 정치적 양극화는 다소 과장된 우려일 수도 있다.

종합하면, 사람들은 자신과 다른 의견을 개진하는 댓글로 인해 부정적이고 적대적인 인식을 형성했다. 하지만 사람들이 기사를 편향적이라고 생각했을 때, 자신의 의견을 강화하는 정보를 찾게 되는지에 대한 답은 분명하지 않았다. 온라인 공간이나 인터넷 커뮤니티는 비슷한 생각을 가지고 있는 사람들끼리 만들어내는 고립된 공론장, 즉 파편처럼 끼리끼리 뭉쳐 있는 공론장으로 묘사되곤 한다. 하지만 다른 의견에 대한 관용도가 아무리 낮은 사람들이더라도 무조건 자신의 주장을 정당화하려 하지는 않았다. 결국 댓글과 기사 사이에서 일어나는 인지적 착오가 부정적인 감정을 불러일으킬 수는 있지만, 그에 대한 반응은 꼭 그 불일치를 해결하기 위한 방향으로 이어지지는 않았다는 것이다.

5. 뉴스 댓글, 어떻게 바뀌어야 하나

인터넷을 통한 의사소통은 전통적인 미디어와는 다른 방식으로 이루어진다. 민주주의는 기본적으로 국민의 정치 참여를 전제로 한다. 그렇기 때문에 시민들이 자신의 의견을 적극적으로 표출하는 것은 민주주의 구현을 위해 매우 중요한 부분이다. 사실 정치 참여의 가장 쉬운 방법은 선거인데, 선거는 사람들의 의견을 즉각적으로 반영하지 못하는 데다 정치 불신과 무관심이 그 역할을 축소시키고 있다. 시위나 시민단체 가입 등의 방법은 참여자에게 시간과 노력을 요구하기 때문에 효율적이지 않다.

댓글이라는 독특한 읽기와 쓰기의 형태는 시민들이 자신의 생각을 적극적으로 표현하고 공유할 수 있게 하여 민주적 의사소통의 가능성을 넓히고 있다. 따라서 건전한 댓글 문화는 대의민주주의의 심화와 변화의 동력이 될 수 있다. 정부는 대중의 의견을 실시간으로 반영할 수도 있고, 댓글을 통해 집단지성적 지식을 창출하고 문제해결을 도모할 수도 있기 때문이다.

댓글은 기존 매체의 게이트 키핑(gate-keeping) 문제를 완화하고 정보 제공자와 수용자의 간극을 좁히는 데에도 효과적으로 작동한다. 이러한 기대 때문인지, 세계신문협회의 보고서에 따르면 전체 언론사의 80% 이상이 댓글 기능을 유지하고 있다.

하지만 대부분의 기술은 양면적인 기능을 가진다. 사회 전반에 적용되는 과정에서 특히 그렇다. 1990년대 후반부터 상용화된 인터넷 기술이 긍정적이고 부정적인 측면을 함께 지니고 있는 것처럼 말이다. 인터넷 포털 사이트 뉴스 플랫폼이나 소셜 네트워킹 서비스(social network service)로 대표되는 새로운 매체, 즉 '뉴 미디어(new media)'는 정신없이 바쁜 현대인들의 정보 교환을 쉽게 해주었지만, 동시에 사람들을 정보에 더욱 취약하게 만들었다.

이러한 현상은 인터넷 댓글에서 가장 두드러진다. 인터넷의 보급과 함께 시작된 댓글은 일종의 문화로서 활발한 사회적 토론의 성장에 기여했지만, 동시에 부작용을 낳고 있기도 하다. 댓글은 일반적으로 짧은 문장들로 이루어져 있지만, 종종 뉴스 이용자들에게 강한 인상을 남기며 엄청난 영향력을 발휘한다. 그뿐만 아니라 사람들이 남긴 댓글의 수와 그 댓글이 받은 추천 수는 화제성을 인식하는 단서로 작용하기도 한다. 사람들은 댓글을 통해 여론을 추정하고 '많은 사람들이 비슷한 생각을 한다'고 느끼게 된다. 이는 이용자가 뉴스를 해석하고 선택하는 과정에 규범으로 작용할 수 있다.

어떻게 보면 댓글을 이용한 여론 조작의 위험성이 주목받는 것은 당연하다. 댓글의 커뮤니케이션 방식은 규격화된 경계를 허물었지만, 객관성이 보장되지는 않는다. 댓글은 기존 미디어의 일방향성을 보완하면서도 신뢰도나 전문성 측면에서 여전히 부족함을 가지고 있기 때문이다. 상대방을 향한 비방, '편가르기' 현상, 태도 양극화 등의 부정적인 효과를 배제할 수 없는 것도 사실이다. 특히 한국의 뉴스 댓글 문화는 검색 기능을 함께 가지고 있어 연쇄적인 반응을 불러올 수 있다는 지적을 받고 있다.

댓글이 미치는 부정적인 영향 때문에 일부 매체들은 댓글 기능을 완전히 폐지하거나 유료 독자에게만 허용하는 등의 제한을 도입하고 있다. 해외의 많은 언론사들은 댓글 창 자체를 폐지했는데, 가디언(The Guardian)은 논쟁을 초래할 만한 기사에만 댓글을 불허하고, 뉴욕타임스(The New York Times)는 전체 기사의 10% 정도만 24시간 동안 댓글 작성을 허용하는 등의 장치를 고안하기도 했다. '여론조사 공정'의 2018년 설문조사 결과에 따르면, 한국 시민들 역시 포털 사이트의 댓글 서비스가 여론 조작의 위험성을 지니고 있다는 점을 지적하며 개편을 요구하고 있다(64.3%). 포털 사이트의 댓글 자체에 대한 논의를 넘어 포털 사이트 뉴스 서비스의 존폐 문제까지로 이어지며 더욱 확대되는 양상이다.

전 세계적으로 가장 많이 이용되고 있는 인터넷 사이트 구글은 국내 포털 사이트와는 달리 뉴스를 클릭하면 언론사 사이트로 연결해 주는 '아웃링크' 방식을 쓰고 있다. 실제로 국내의 포털 사이트는 댓글 논란을 해결하기 위해 이를 참고한 방안을 적용했다. 네이버는 언론사의 선택에 따라 아웃링크를 사용할 수 있도록 했는데, 현시점에서 댓글 조작이나 왜곡을 막을 수 있는 완벽한 솔루션은 아니라는 의견이 대부분이다. 댓글 기능은 원칙적으로 포털 업체의 수익 사업과 관련된 문제이기 때문에 자율규제에 맡겨야 한다는 반론도 있다. 이전의 인링크 방식에서 포털 업체는 사용자가 뉴스를 선택할 때마다 광고 수익을 얻을 수 있었기 때문이다.

결국 포털 사이트의 댓글 문제를 근본적으로 개선하기 위해서는 사용자들의 객관적인 인식, 보다 중립적인 뉴스 편집 알고리즘, 정책적인 보완이라는 세 가지가 적절하게 조합되어야 할 것이다. 이러한 상황에서 댓글이 사용자들에게 얼마나 많은 영향을, 어떤 방식으로 미치는가에 대한 질문은 지속적으로 연구해야 할 과제이다. 댓글을 통한 시민들의 토론은 건전한 공론장을 복원할 수 있는, 그리고 정치적 무관심과 불신을 해결할 수 있는 작은 희망일지도 모르기 때문이다.

참고문헌

Eveland Jr, William P. and Myiah Hutchens Hively. 2009. "Political Discussion Frequency, Network Size, and 'heterogeneity' of Discussion as Predictors of Political Knowledge and Participation." *Journal of Communication*, vol.59, no.2, pp.205~224.

Kahneman, Daniel. 2013. *Thinking, Fast and Slow*. New York: Farrar, Strauss and Giroux.

Noelle-Neumann, Elisabeth. 1993. *The Spiral of Silence: Public Opinion – Our Social Skin*, 2nd ed. Chicago, IL: University of Chicago Press.

Stroud, Natalie Jomini. 2010. "Polarization and Partisan Selective Exposure." *Journal of Communication*, vol.60, no.3, pp.556~576.

여론조사 공정. 2018. "포털의 뉴스 서비스 개편 의견". http://www.gongjung.org (검색일: 2019.4.19).

워드미터. 2019 "서비스별 사용현황 개요". http://www.wordmeter.net (검색일: 2019.6.19).

트렌드모니터. 2018. "포털사이트 뉴스 댓글 관련 인식 조사". https://www.trendmonitor.co.kr (검색일: 2019.4.19).

제 2 장

메갈리아의 두 딸들*

연대에서 분열로

송준모 | 연세대학교
강정한 | 연세대학교

1. 새로운 젠더 갈등의 부상

오늘날 한국 사회에서는 다양한 갈등이 벌어지고 있다. 민주주의가 공고화되었고 경제 구조 역시 정교해지면서 다양한 가치관과 이해관계를 대변하는 목소리들이 등장했고, 서로 상반된 목소리를 내는 다양한 구성원의 존재는 자연스럽게 여러 층위에 걸친 갈등의 발생으로 이어졌다. 이에 따라 지역, 세대, 정치 성향, 고용 형태 등과 같이 수많은 갈등 축을 따라 여러 파열음이 관측되고 있다. 이 중 일부는 수십 년간 지속되어 온 갈등이지만, 이전 시대에는 미처 생각하지 못했던 새로운 갈등 역시 빠르게 부상하고 있다. 그리고 이러한 새로운 갈등들이 야기하는 파열음은 이미 익숙한 갈등 축에서 발생하

* 이 장은 송준모·강정한, 「메갈리아의 두 딸들: 익명성 수준에 따른 온라인 커뮤니티의 정체성 분화」, ≪한국사회학≫(2018), 52(4), 161~206쪽의 일부를 수정·보완한 것이다.

는 파열음 못지않게 격렬하며 다층적으로 구성되어 있다.

젠더 갈등은 2010년대 후반의 한국 사회를 뒤흔들고 있는 가장 중요한 갈등 축 중 하나다. 한국 사회가 가진 성차별 문제를 밝혀내고 비판하는 여성주의 운동은 수십 년 전부터 존재했으며, 그만큼 오래전부터 여러 제도적 성과들도 거두어왔다. 하지만 최근의 젠더 갈등은 여성주의라는 구체적인 이념과 단체의 형태로 조직화된 운동을 벗어나 훨씬 광범위한 대중이 당사자로서 참여하고 있으며 세대, 계층, 정치 이념, 종교와 같은 다른 주요 갈등 축과 교차하며 기존의 갈등 축들을 다시 정의하고 있다는 점에서 특이성을 지닌다.

또한 과거의 여성운동은 여성주의 이론을 학습한 활동가들이나 지식인들이 사회운동 조직을 건설하고 진보 진영과의 연대를 통해, 기존의 불합리한 제도나 관행을 개혁하는 형태로 전개되었다. 이에 비해 2010년대의 젠더 갈등은 주로 생물학적 성별에 따라 대중이 결집하여 진영을 형성하고 전선을 구축하는 총력전에 가깝다. 새로운 젠더 갈등에서는 여성뿐 아니라 남성 역시 독자적인 가치관과 이해관계를 가지고 진영을 형성하여 적극적인 당사자로서 자신들의 몫을 주장한다. 다시 말해 과거의 젠더 의제가 대체로 윤리적 정당성을 확보한 선지자 집단에 의한 개혁운동이었다면, 오늘날의 젠더 의제는 어느 쪽도 정당성을 독점하지 못한 양 진영이 서로를 대립 항으로 설정하고 진영 간의 투쟁을 반복하는 광범위한 사회 갈등이다.

젠더 갈등이 가지는 파괴력, 혹은 파괴력에 대한 인식은 정부에 대한 지지율 격차와 그에 대한 언론의 해석이 잘 보여준다. 2019년 한국의 행정부 수장과 의회의 다수당이자 여당은 각각 문재인 대통령과 더불어민주당으로, 모두 진보적 성향이다. 따라서 상대적으로 젊은 세대의 지지율이 높을 것으로 기대되지만 2018년 12월 리얼미터 여론조사에서부터 20대 남성의 국정 지지율(29.4%)은 60대 남성(39.4%)보다 낮은 수치를 보였으며 20대 여성의 국정

지지율(63.5%)과 상반된 경향을 보여주었다. 이러한 경향은 2019년에 시행된 이후의 여론조사들에서도 반복적으로 확인되며 2019년 5월 한국갤럽의 여론조사에서도 20대 남성의 국정 지지율(11%)은 60대 남성(14%)과 유사한 수준이었다.

일부 언론은 이에 대해 진보 성향의 정부가 펼치는 여성 친화적 정책에 대한 20대 남성의 불만이 반영된 결과로 해석을 한다. 20대 남성은 공정한 사회에 대한 기대감을 가지고 진보 정부를 지지했으나, 각종 취업 기회에서 여성을 우대하고 군복무와 같은 의무는 여전히 남성에게만 부과되는 현실에 배신감을 느끼며 정부의 강력한 반대 세력으로 거듭났다는 주장이다. 남성 위주의 온라인 커뮤니티에서는 젠더 문제와 세대 문제를 결합한 주장을 내세우기도 한다. 이들의 주장에 따르면 여성에 대한 차별의 수혜를 누린 기성세대 남성들은, 자신들이 기성세대 여성들에게 갚아야 할 불평등의 대가를 젊은 세대의 남성이 대신 지불할 것을 강요하고 있다. 그리고 이러한 대가를 부당하게 지불받는 것은 젊은 세대 여성이라는 것이다. 이들의 주장은 젊은 세대 내에서는 성차별이 존재하지 않는다는 인식을 전제로 한다. 물론 진보 성향 정치세력 지지율에 대한 일부 언론의 해석을 검증하기 위해서는 장기간에 걸친 더 정교한 조사와 분석이 필요하다. 단적으로, 20대 남성이 20대 여성과 구분되는 특이한 정치사회적 태도를 가지고 있다고 하더라도 이러한 차이가 젠더 갈등으로 인해 나온 것인지, 생애 주기상의 차이로 인해 나온 것인지, 특정 세대에서만 나오는 것인지는 현재로서 알 수 없다. 하지만 언론에서 제시하는 해석의 사실 여부와 별개로, 성별에 따라 사회경제적 견해의 차이가 존재하며 언론이 이를 젠더 의제를 둘러싼 갈등의 결과로 해석을 한다는 현상 자체가 젠더 갈등이 현재 한국 사회의 중요 의제라는 점을 잘 보여준다.

지금까지 서술한 젠더 갈등이 주로 남성의 이야기였다면, 다른 한편에는 여성의 이야기가 존재한다. 2016년 5월 17일 강남역 근방 노래방 화장실에서 발생한 여성 대상 살인 사건을 여성에 대한 혐오 범죄로 규정하며 촉발된 여성들의 집합행동은 2018년 5월 불법 촬영에 대한 수사가 성별에 따라 편파적으로 이루어지고 있다고 주장하며 혜화역에서 지속적으로 진행된 시위에 이르기까지 매우 적극적으로 이루어지고 있다. 또한 성폭력에 반대하고 피해자를 구제하는 여성민우회나 여성의 전화 같은 전통적인 형태의 단체뿐 아니라, 불법 촬영이나 영상 유포와 같은 디지털 시대의 신종 성폭력에 반대하는 '디지털성범죄아웃(DSO)'과 같은 새로운 단체도 결성되어 적극적인 활동을 펼치고 있다. 운동이나 단체와 더불어 온라인 공간에서 여성들의 발언 역시 대폭 증가해, 과거에는 남성의 전유물로 여겨졌던 온라인 공간에서도 여성 위주의 커뮤니티나 콘텐츠가 높은 조회 수를 기록하면서 여성의 이해를 공유하고 대변하는 역할을 하기도 한다. 그리고 여성들의 새로운 형태의 활동과 인식 및 앞서 언급한 남성들의 젠더 문제에 대한 견해에 대해서는 격렬한 이견들이 충돌한다. 그렇다면 이러한 광범위한 젠더 갈등의 확산은 어디서 시작되었을까?

2. 메갈리아는 어떤 사이트인가

2015년 이후로 젠더 갈등과 관련된 온라인 공간의 댓글에는 '페미', '김치녀'와 같은 비칭 외에도 '한남', '메갈'과 같은 비칭이 빠짐없이 등장하기 시작했다. 젠더 갈등의 당사자들이 젠더 문제에 대해 가진 생각은 상이하지만, 현재는 존재하지 않는 인터넷 커뮤니티인 '메갈리아'가 현재와 같은 형태의 젠더 갈등의 시발점이라는 점에는 인식을 공유한다. 메갈리아는 커뮤니티 내부의 갈등으로 인해 수년 전 폐쇄되었지만, 현재까지도 젠더 문제로 논쟁이 발생할 경우 자신의 입장을 정당화하기 위해 지속적으로 메갈리아를 소환한다.

한편에서 메갈리아는 자신의 언어를 가지지 못한 채 억압당하던 여성들에게 목소리를 부여해 주고, 온라인 공간에서 비주류였던 여성들을 당당한 주체로 거듭나게 만들어준 각성의 공간이다. 반면 다른 한편에서 메갈리아는 남성에 대한 혐오를 여성주의로 포장하여 언론과 지식인들의 부당한 옹호를 받아왔으며, 여성들을 선동하여 젠더 갈등을 극단적으로 몰아간 주범이다. 메갈리아란 무엇인가.

2015년 6월, 중동호흡기증후군(Middle East Respiratory Syndrome, 이하 메르스)에 대한 두려움이 널리 퍼지던 중 메르스를 주제로 한 온라인 게시판인 디시인사이드(http://www.dcinside.com)의 '메르스 갤러리'에서는 게시판의 주제와 무관한 새로운 흐름이 시작되었다. 이후 메르스 갤러리의 이용자들은 일련의 사태를 거치며 디시인사이드에서 독립하여 2015년 8월에 별도의 사이트를 개설했다. 그들은 남성과 여성의 사회적 지위를 뒤바꾼 가상의 세계를 무대로 한 소설인 『이갈리아의 딸들(Egalias døtre)』을 차용해 자신들의 공간을 '메갈리아'라고 지칭했다. 메갈리아는 한국 사회에서 여성으로서 겪어온 각종 차별과 억압에 대한 경험과 인식을 공유했으며, 성차별이라는 주제를 중심으로 자체적인 문화와 행동 양식을 창출해 냈다.

이들의 주요 전략인 '미러링'은 여성을 대상으로 하는 성차별적 발화의 주체와 객체를 뒤바꾸어 되받아치는 행위다. 예를 들어 '남자는 조신하게 집안일을 해야 한다'나 '키 180 이상의 개념남 찾습니다'와 같은 발화들이다. 이는 주체의 위치에 있던 남성들로 하여금 자신의 발화가 부조리하다는 점을 직관적으로 깨닫게 한다는 목표를 가진다고 정당화되었으나, 다른 한편에서는 성별만 바뀐 혐오 표현이라는 비판을 받았다. 이처럼 메갈리아의 활발한 활동과 전투적인 미러링은 다양한 미디어와 다른 커뮤니티들의 관심의 대상이 되었고, 이후 젠더 갈등에서 활용되는 다양한 행동 양식을 만들어냈다. 하지만 메갈리아의 규모가 커질수록 그만큼 커뮤니티 내부의 갈등도 커졌으며, 2015년 11월부터 남성 성소수자에 대한 아웃팅과 비하 발언을 계기로 대규모 논란이 발생한 후 사이트는 분열했고 곧 쇠퇴로 이어졌다.

메갈리아의 정체성에 대한 규정 역시 가치판단을 수반하며 첨예하게 양분되었다. 우선 긍정론의 경우, 기존의 여성주의 담론이나 여성주의 운동과 메갈리아의 공통점에 주목한다. 이 입장에 따르면 메갈리아는 남성 중심의 가부장적 지배 질서에서 기인하는 차별적 인식에 지배받던 여성들이 익명적인 온라인 공간에서 피억압자로서의 정체성을 깨닫는 각성의 공간이다. 또한 전투적인 미러링은 온라인 공간에서 만연한 성차별적 내지 여성혐오적 발화에 순응하거나 회피하는 태도를 벗어나 적극적으로 되받아치는 전복적 발화를 수행함으로써 수동적인 피해자로서의 정체성에서 벗어나 능동적으로 해방을 추구하는 긍정적 정체성의 반영이다.

반면 부정론에 따르면 메갈리아는 가부장적 지배 질서에 대한 진지한 문제 인식과 보편적 해방을 위한 공간이 아니라 기존에 이미 사회적 물의를 일으킨 '일간베스트 저장소', '여성시대', '디시인사이드 남성연예갤러리'와 같이 인터넷 하위문화를 공유하며 혐오 정서를 표출하는 공간이다. 따라서 메갈리아는 '안티 팬' 문화나 '분탕질'로 대표되는 일탈적 성격을 가진 온라인 공간의 연장선상에 있으며, 평등을 추구하는 기존의 여성주의 내지 진보 담론과 양립하기 어려운 혐오 정서에 기반한다. 즉, 메갈리아에 대한 부정적 입장은 메갈리아가 채택한 전투적 전략이 가지는 비윤리성에 초점을 맞추어 기존 여성주의 담론과의 불연속성과 탈규범적 온라인 커뮤니티와의 공통점을 강조한다.

하지만 메갈리아를 둘러싼 기존의 논의들은 각각 풀리지 않는 의문을 제시한다. 우선 긍정론에 의거하여 메갈리아를 보편적인 인권과 해방을 위한 페미니즘 의식화의 공간으로만 간주한다면, 성소수자에 대한 논쟁을 계기로 커뮤니티가 와해되었다는 사실과 생물학적 분리주의의 대두를 기존 서사 내에 통합하기 어렵다. 마찬가지로 메갈리아를 단순 혐오 사이트로 간주하는 부정론의 입장을 채택한다면 소라넷 폐지 캠페인이나 제도권 여성운동과의 연계처럼 비용이 발생하는 집합적 과제에 대한 헌신을 설명하기 어렵다. 이러한 문제점은 메갈리아 전체를 횡적·종적으로 고정된 단일 정체성을 가진 집단으로 규정하기 어려우며, 사이트 내부의 구조적 조건과 시간의 흐름에 따라 담론이 변화했을 가능성을 고려해야 함을 뜻한다.

메갈리아에 대한 기존 논의들의 해석 차에는 사실 익명성이 온라인 커뮤니티에 미치는 영향에 대한 근본적인 인식 차이가 투영되어 있다. 긍정론의 경우에는 메갈리아가 여성들에게 대안적인 정체성을 부여했으며 온라인 페미니즘이라는 집단적 과제에 복무하게 만들었다고 보는 반면, 부정론의 경우에는 일탈적 행위가 난무하는 익명 게시판의 속성을 그대로 반영했다고 간주한다. 이 글에서는 메갈리아의 전체 게시물을 분석함으로써 메갈리아를 둘러싼 상이한 해석이 각자의 근거와 논리를 지니고 대립하는 이유를 파악하려 한다. 그리고 분화된 정체성의 내용을 파악함으로써 향후 온라인 공간에서의 젠더 이슈와 갈등을 이해하는 데에 도움이 되고자 한다. 기본적으로는 집합 행동과 일탈이라는 서로 대립적인 요소로 해석되는 메갈리아의 두 얼굴이 어떤 방식으로 한 커뮤니티 내부에 공존했는지 통합적인 이해를 제시하려 한다.

3. 무엇을 어떻게 볼까?

여기에서는 다수의 글이 작성된 메갈리아 내부의 담론을 분석하기 위해 컴퓨터를 이용한 자연어처리(Natural Language Processing)를 적극적으로 활용했다. 자연어처리란 인간이 작성한 언어를 컴퓨터가 처리할 수 있는 숫자의 형태로 변환하는 일련의 과정을 의미한다. 최근 소셜 네트워크 서비스(Social Network Services: SNS)의 발달과 API(Application Programming Interface)와 같이 자료 수집을 용이하게 해주는 도구들의 도입에 따라 온라인 공론장에 대한 경험적 연구들이 축적되고 있으며, 자연어처리와 같은 분석 기법의 타당성 역시 검증되고 있다. 자연어처리 기법은 담론을 계량적으로 분석할 수 있게 해주며, 결과 변수의 범위를 확장하여 익명성의 효과에 대한 해석의 범위를 크게 넓혀주는 장점을 지닌다. 따라서 메갈리아의 전체 게시물과 댓글을 대상으로 대규모 텍스트 정보를 자동화하여 처리하는 구조적 토픽 모형(Structural Topic Model)[1]과 워드 투 벡터(Word to Vector)[2] 기법을 적용하여 분석했다.

분석에 사용된 자료는 메갈리아의 개설일인 2015년 8월 6일부터 사실상

---

1 문서를 특정한 개수의 주제(토픽)로 나누어주는 기계학습 알고리즘을 말한다. 문서 집합에 등장하는 단어들로 구성된 다수의 토픽이 특정한 확률에 따라 다양한 비중으로 발현이 되며 그 조합의 결과물로 개별 문서가 구축되는 생성적(generative) 구조를 가정한다. 각각의 토픽은 문서 집합을 구성하는 각 단어들에 대해 서로 다른 가중치를 가지는 고유한 확률 분포를 의미하며, 토픽 모형은 개별 문서에 등장한 단어들을 기반으로 문서를 구성하는 토픽의 비중을 추정하는 과정이다.

2 문장을 구성하는 단어들의 위치를 신경망 구조를 통해 예측하여 각 단어들 사이의 관계를 수치화하여 계산할 수 있게 만들어주는 알고리즘이다. 문장 내에서 단어의 위치와 주변 단어들과의 관계를 반영한 임베딩(embedding)을 통해 단어의 맥락을 수치화할 수 있게 해준다.

〈그림 2-1〉 메갈리아의 일별 게시물 생산량

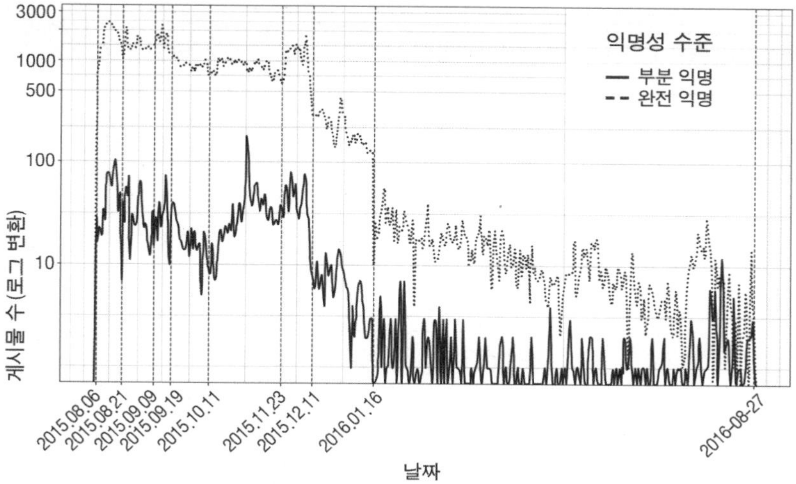

자료: 필자가 분석한 결과를 토대로 직접 작성.

활동이 중지된 2016년 8월 27일까지 사이트 내에 쓰인 모든 게시물(16만 2893건)이다. 수집된 항목들은 게시물 번호, 게시물 제목, 게시물 내용, 게시판 종류, 게시 일시, 익명성 수준, 추천 수, 비추천 수이다.

메갈리아 내부에서 나타난 상이한 정체성을 분석하기 위해 가장 중요한 익명성 수준은 게시물 작성자의 ID 공개 여부에 따라 구분된다. 게시물 작성자의 고유한 ID가 공개된 게시물과 댓글은 부분 익명 게시물 및 댓글로 분류했으며, 로그인을 하지 않은 상태에서 임의의 닉네임으로 작성된 게시물과 댓글은 완전 익명 게시물 및 댓글로 분류했다. 또한 게시판 종류는 '공지사항', '뉴스·기사', '문학', '박제박물관', '유머게시판', '자료', '자유게시판', '프로젝트', '행사'의 아홉 개로 구성되어 있다.

메갈리아에서 날짜별로 생산된 게시물의 추이는 〈그림 2-1〉과 같다. 전체 기간에 걸쳐 완전 익명으로 작성된 게시물의 비율이 매우 높고, 게시물 생성

〈표 2-1〉 메갈리아의 생애 주기

구간	기간	게시물 수(건)	완전 익명 게시물(건)	부분 익명 게시물(건)	구간 명
1	2015.8.6~8.20	25,458	24,738	720	메갈리아 사이트 개설
2	2015.8.21~9.8	26,913	26,273	640	공동 정체성 형성기
3	2015.9.9~9.18	16,315	16,005	310	1차 논쟁: 고인희화화
4	2015.9.19~10.10	20,992	20,567	425	1차 논쟁 봉합
5	2015.10.11~11.22	50,411	48,434	1,977	집합행동 부흥기
6	2015.11.23~12.10	12,553	12,121	432	2차 논쟁: 성소수자 비하
7	2015.12.11~2016.1.15	5,721	5,553	168	2차 논쟁 미봉합
8	2016.1.16~8.27	2,630	2,405	225	이탈과 쇠퇴
전체	2015.8.6~2016.8.27	162,893	156,096	4,897	

자료: 홍성인·강정한(2016: 92~97)을 참고해 필자 정리.

량에 로그를 취한 추이임을 고려할 때 2016년 1월 16일 이후로는 사실상 사이트의 게시물 생산 기능이 정지한 것을 확인할 수 있으며, 특히 부분 익명으로 작성된 게시물이 완전 익명 게시물에 비해 현저히 줄어든 것을 알 수 있다. 댓글의 생산량 변동 추이 역시 게시물과 유사한 추이를 보여주고 있으나, 2015년 8월 21일 이전의 커뮤니티 개설 초기에는 게시물과 달리 부분 익명으로 작성된 댓글의 수가 완전 익명으로 작성된 댓글의 수와 큰 차이가 나지 않는다. 하지만 시간이 지나자 익명성 수준에 따른 게시물의 비중 차이와 유사한 양상으로 수렴한다. 이를 통해 메갈리아의 초창기에는 부분 익명 사용자들이 직접 게시물을 생산하지는 않았더라도 댓글을 통한 피드백 활동을 매우 활발히 했다고 할 수 있다.

전체 게시물과 댓글은 게시물과 댓글 생산량의 변화 추이에 근거하여 총 여덟 개의 구간으로 나눈 홍성인·강정한(2016: 77~114)의 구분을 따르되, 각 구간이 지니는 의미에 대해서는 기존 연구와 메갈리아 내 주요 게시물을 참조하여 커뮤니티의 정체성 변화를 중심으로 명명했다. 각 구간의 특징은 〈표 2-1〉과 같이 정리했다. 처음 2주간의 메갈리아 사이트 개설기를 거쳐 2기는 메갈리아라는 공동체 형성기로 보고, 3기는 공동체 내부에서 고인 희화화 문제를 놓고 처음으로 내부 논쟁이 일어난 시기로 구분했다. 이 논쟁이 봉합된 시기를 4기로 보고, 뒤이은 5기는 소라넷 폐지 운동을 하면서 합심하여 집합 행동이 부흥한 기간으로 정했다. 그리고 성소수자 비하 문제로 다시 내부 논쟁이 발생한 기간을 6기, 이 논쟁이 봉합되지 못하고 대거 탈퇴가 일어난 시기를 7기, 마지막으로 쇠퇴기를 8기로 구분했다.

4. 메갈리아에서는 어떤 이야기들이 나왔나

구조적 토픽 모형을 이용하여 추정한 결과 메갈리아 게시판에서는 총 39개의 토픽(주제)이 도출되었다. 문서에서 토픽이 차지하는 비중 순서로 정렬하여 〈표 2-2〉에 제시했다. 토픽을 구성하는 주요 구성 단어 중 최다 빈출 단어(Frequent Words)는 해당 토픽에서 단순 빈도만을 기준으로 가장 자주 등장하는 단어이며, 독점성 단어(Exclusive Words)는 다른 토픽에서는 등장 확률이 낮고 해당 토픽에만 등장할 확률이 높은 단어다. 각 토픽의 이름은 토픽 내 단어들이 메갈리아 내·외부에서 진행된 논쟁의 맥락에서 나타난 의미를 해석하여 명명했으며, 배타적 정체성 부분은 〈그림 2-4〉를 통해 설명할 것이다.

전체 39개 토픽 중 가장 높은 비중을 차지하는 다섯 개의 토픽은 평가 기준, 메갈리아, 성토(품평), 프레임, 댓글 지원 순이며, 가장 적은 비중의 토픽 다섯 개는 최하위부터 게임, 군대, 캠페인(몰카), 충격, 여성 신체 관련 토픽이

〈표 2-2〉 게시물 토픽 분류와 대표 어휘 목록

토픽	최다 빈출 단어	독점성 단어	배타적 정체성	비중
1. 평가 기준	여성, 남성, 능력, 이상, 남녀, 대부분, 이유	남성, 여성, 능력, 역차별, 감성, 남자, 라면	차이 없음	0.060
2. 메갈리아	메갈리아, 여혐, 남혐, 미러링, 메념, 분탕, 여초	메갈리아, 미러링, 남혐, 찻집, 분탕, 눈팅, 여초	차이 없음	0.057
3. 성토(품평)	새끼, 지랄, 병신, 얼굴, 소리, 외모, 후려치기	지랄, 새끼, 후려치기, 병신, 명예자지, 시전, 맨스플레인	완전 익명	0.053
4. 프레임	생각, 사람, 문제, 사회, 성성, 이유, 잘못	창녀, 존재, 의식, 인식, 성성, 자체, 사회	차이 없음	0.051
5. 댓글 지원	댓글, 이슬람국가, 기사, 네이버, 지원, 화력, 페이스북	화력, 보력, 블루일베, 댓글, 베플, 메추, 그린일베	완전 익명	0.050
6. 성토(자기관리)	썹치, 멍청, 자릉내, 화장, 냄새, 머리, 대가	썹치, 자릉내, 맞춤법, 보스프레, 언냐, 코스프레, 화장	완전 익명	0.048
7. 방언(각성)	갓치, 코르셋, 오늘, 탈치, 생각, 의문, 사과	갓치, 탈치, 보지대장부, 보돕보, 봊풍당당, 봊나, 이기야	완전 익명	0.046
8. 방언(외모)	한남, 와꾸, 부분, 빻음, 딜도, 파오후, 진심	한남, 딜도, 쒸익, 빻음, 와꾸, 안경버무리, 족발	완전 익명	0.038
9. 신체 관련 경험	아이, 가슴, 학교, 다리, 급식, 지하철, 자리	버스, 엉덩이, 선생, 브라, 어깨, 치마, 다리	완전 익명	0.033
10. 연애	친구, 남친, 이야기, 생각, 여친, 코르셋, 연애	남친, 친구, 연애, 나년, 전남친, 안전이별, 여친	차이 없음	0.032
11. 캠페인(소라넷)	사진, 몰카, 소라넷, 사이트, 검색, 인증, 자료	소라넷, 사진, 진선미, 검색, 계정, 유포, 서명	부분 익명	0.030
12. 성기	자지, 부랄, 후장, 보지, 발광, 걸레, 아다	부랄, 발광, 짜장, 창놈, 걸레, 후장, 자지	차이 없음	0.029
13. 결혼	결혼, 애비충, 남편, 따알, 아내, 아들, 집안	남편, 아내, 결혼, 애비충, 시댁, 시어머니, 부인	부분 익명	0.026
14. 인터넷	일베저장소, 오늘의유머, 단어, 여성시대, 여혐, 맘충, 주작	오늘의유머, 여성시대, 일베저장소, 일베충, 맘충, 일베, 무도갤	차이 없음	0.025
15. 가족	어머니, 아버지, 오빠, 동생, 가족, 할머니, 생각	할머니, 아버지, 어머니, 할아버지, 오빠, 동생, 요리	차이 없음	0.024
16. 성범죄	피해, 사건, 경찰, 범죄, 성폭행, 성범죄, 조선	가해자, 성폭행, 폭행, 혐의, 판사, 피해, 성범죄	부분 익명	0.024
17. 캠페인(굿즈·	전화, 연락, 시간, 아침, 카	번호, 팔찌, 휴대폰, 염산, 문	부분 익명	0.024

토픽	최다 빈출 단어	독점성 단어	배타적 정체성	비중
후원)	톡, 오늘, 염산	자, 카톡, 택시		
18. 섹스	섹스, 소추, 야동, 실자지, 상대, 사이즈, 평균	소추, 발기, 삼초찍, 섹스, 미더덕, 크기, 소추소심	차이 없음	0.023
19. 외국 남성	갓양남, 외국, 헬조선, 서양, 영어, 유럽, 여행	갓양남, 춘장, 서양, 스시남, 동양, 백인, 스윗	차이 없음	0.022
20. 페미니즘	페미니즘, 차별, 평등, 운동, 인권, 남녀, 사회	페미니즘, 평등, 양성, 역사, 차별, 성차별, 교수님	차이 없음	0.021
21. 김치녀	김치녀, 더치페이, 데이트, 김치, 개념녀, 만원, 된장녀	명품, 더치페이, 스타벅스, 샤넬, 김치, 지갑, 선물	차이 없음	0.021
22. 성적착취	한국, 성매매, 일본, 세계, 중국, 문화, 비율	일본, 중국, 스시녀, 성매매, 필리핀, 동남아, 한국	부분 익명	0.019
23. 진로·스펙	대학, 공부, 미국, 이민, 유학, 준비, 학교	이민, 수능, 시험, 호주, 공부, 졸업, 전공	차이 없음	0.018
24. 영상·만화	영화, 표현, 작가, 내용, 만화, 웹툰, 드라마	작가, 만화, 주인공, 웹툰, 드라마, 여주, 작품	차이 없음	0.017
25. 중년 남성	개저씨, 회사, 담배, 사람, 아저씨, 운전, 알바	담배, 아줌마, 아저씨, 알바, 진상, 술집, 편의점	차이 없음	0.017
26. 생물학	인간, 정신, 자연, 의사, 힘힘, 병원, 무리	수컷, 고양이, 암컷, 동물, 자궁경부암, 서열, 성병	차이 없음	0.017
27. 성차별	광고, 노동, 맥심, 문제, 여성, 경제, 진행	광고, 맥심, 기업, 정책, 표지, 코리아, 프로불편러	차이 없음	0.017
28. 성토(남성상)	강간, 사랑, 마음, 행복, 상상, 모습, 순간	사랑, 키스, 애널, 순결, 고백, 입술, 바보	차이 없음	0.017
29. 음악·방송	노래, 발언, 연예인, 가사, 방송, 장동민, 프로	힙합, 블랙넛, 개그, 김숙, 갓도경, 연예인, 예능	차이 없음	0.017
30. 고인 희화화	재기, 드립, 자살, 개념남, 아가리, 노잼, 한강	재기, 한강, 오뎅, 개념남, 고인, 자살, 속담	차이 없음	0.016
31. 성소수자	게이, 혐오, 똥꼬충, 영자, 레즈, 인권, 약자	게이, 똥꼬충, 레즈, 영자, 성소수자, 동성애, 공지	차이 없음	0.016
32. 재생산	임신, 출산, 아이, 낙태, 유전자, 확률, 자궁	낙태, 임신, 태아, 정자, 출산, 모성애, 산모	차이 없음	0.014
33. 품평	극혐, 상폐, 소름, 나이, 피부, 초반, 어린	상폐, 극혐, 와인, 연하남, 어린, 소름, 쉰내	차이 없음	0.013
34. 아이돌	아이돌, 이미지, 성적, 아이유, 오타쿠, 성인, 로리	아이유, 아이돌, 컨셉, 소아성애, 로리, 페도, 덕질	차이 없음	0.012

토픽	최다 빈출 단어	독점성 단어	배타적 정체성	비중
35. 여성 신체	생리, 자위, 성욕, 손가락, 이란, 사용, 장애인	생리, 자위, 탐폰, 성욕, 이슬람, 현타, 슬림	차이 없음	0.012
36. 충격	이상, 생각, 옛날, 예전, 보고, 충격, 이야기	옛날, 충격, 보고, 예전, 난리, 완전, 대단	차이 없음	0.011
37. 캠페인(몰카)	화장실, 프로젝트, 포스트잇, 학교, 거울, 교회, 희망	포스트잇, 화장실, 프로젝트, 교회, 도서관, 거울, 하나님	차이 없음	0.011
38. 군대	군대, 언니, 의무, 전쟁, 단체, 억울, 시위	군대, 군무새, 국방부, 고대, 국방, 서울대, 북한	차이 없음	0.011
39. 게임	게임, 취향, 처녀, 구분, 모양, 취미, 이름	게임, 취미, 플레이, 하드, 괴물, 구분, 유니콘	차이 없음	0.010

자료: 필자가 분석한 결과를 토대로 직접 작성.

다. 평가 기준·성토(품평)·프레임 토픽은 여성에 대한 사회적인 평가가 가진 이중 잣대나 성애화된 관점을 비판적으로 다룬다. 또한 메갈리아 토픽과 댓글 지원 토픽은 스스로의 정체성을 규정하고 여성과 관련된 공동체의 가치관을 네이버 기사나 페이스북 게시물의 댓글과 같은 공개적 공간에 널리 퍼뜨리는 집합적 노력과 관련 있다.

이에 비해 메갈리아의 외부에서 주목한 논쟁적인 토픽이자 사이트의 생애주기에서 중요한 역할을 한 고인 희화화·성소수자 토픽의 비중은 39개 토픽 중 각각 30위, 31위로 낮은 비중을 보인다. 페미니즘 토픽(20위)은 0.021로 그리 높지 않은 비중이었으나, 논쟁적인 토픽에 비해 더 큰 비중을 차지하고 있다. 이후의 분석에서 구체적으로 살펴보겠지만, 메갈리아 내부의 토픽 비중 분포만을 보았을 때 외부에서 주목한 자극적이고 극단적인 논쟁은 전체 논의의 지형 중에서 일부만을 차지한다. 또한 메갈리아 내에서 형성된 사회 방언과 관련된 토픽은 가치관에 관련된 방언(각성)과 남성의 외모나 행태와 관련된 방언(외모)으로 나뉘며 두 토픽 모두 높은 비중(7, 8위)을 보인다. 메갈리아의 사회 방언은 사이트의 형성기인 1기에 사이트의 정체성을 표현하는 수단으로 간주되었다. 사이트 독립 전 메갈리아 갤러리 시절부터 만들어진 신조어 중 이용자의 호응이 높고 운영진이 커뮤니티의 정체성에 부합한다고 판단한 표현을 모아둔 '메갈리아어 사전'이 이 시기에 정리되어 유통되었다.

결국 토픽의 전반적인 분포를 통해 보자면, 메갈리아의 이용자들은 전반적으로 여성에 대한 사회적 시선과 집합적 정체성에 높은 관심을 보였다는 점을 알 수 있다. 사이트 내부에서 언급된 토픽 대부분이 여성과 관련되어 있으므로 메갈리아의 이용자들은 자신이 속한 공간의 포괄적 지향점을 뚜렷하게 인지하고 이에 부합하는 방식으로 사이트를 활용했음을 추론할 수 있다. 또한 성소수자 비하나 고인 희화화와 같이 내부에서 의견이 심각하게 대립하는 사안보다는 차별적 통념과 행태를 규탄하거나 각성 경험을 공유하는 등 내부에서 보편적으로 공감대를 형성하는 사안이 전반적으로 더 많이 논의되었음을 확인할 수 있다.

1) 무엇을 더 많이 말했나

〈그림 2-2〉는 각 게시물에서 토픽이 발현된 비중을 종속변수로 설정하고, 각 게시물의 익명성 수준을 독립변수로, 구간과 게시판 종류를 통제변수로 설정하여 익명성 수준의 효과를 추정한 결과를 정리한 것이다. 다시 말해 익명성 수준에 따라서 선호하는 토픽의 차이를 살펴본 결과다.

전체 39개의 토픽 중 11개 토픽의 95% 신뢰구간이 0을 포함하지 않아 익명성 수준에 따라 토픽이 문서에서 차지하는 비중에 유의미한 차이를 보였다. 부분 익명 게시물에서는 캠페인(소라넷), 캠페인(굿즈·후원), 성범죄, 성적 착취, 결혼 순서로 완전 익명 게시물보다 차지하는 비중이 높았으며, 완전 익

〈그림 2-2〉 익명성 수준에 따른 토픽 분포

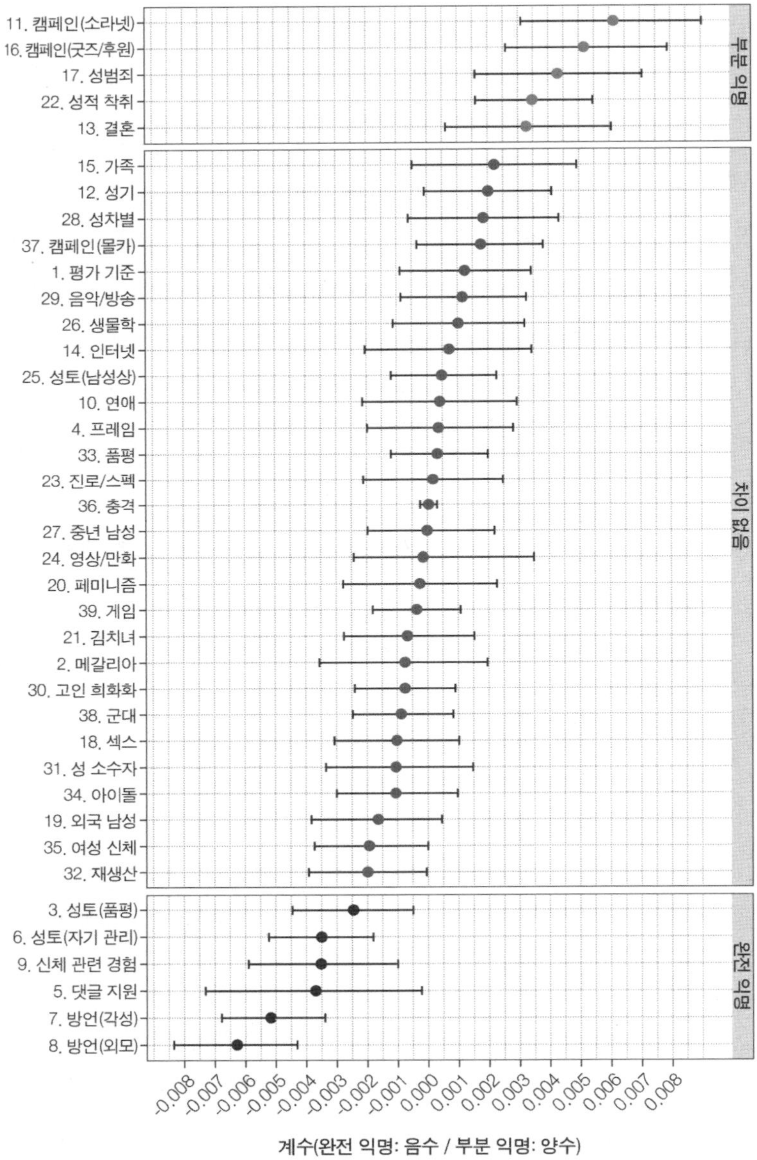

자료: 필자가 분석한 결과를 토대로 직접 작성.

명으로 작성된 게시물에서는 방언(외모), 방언(각성), 댓글 지원, 신체 관련 경험, 성토(자기 관리), 성토(품평)의 순서로 높은 비중을 보였다. 이 토픽들이 익명성 수준에 따른 배타적 정체성을 반영한다고 할 수 있으며, 뚜렷한 내용 차이를 보인다. 그 외의 토픽에서는 익명성 수준에 따른 비중의 유의미한 차이가 관측되지 않았다.

부분 익명으로 작성된 게시물에서는 완전 익명 게시물에 비해 구체적인 여성 대상 범죄에 저항하는 집합적 캠페인(메갈리아 팔찌 제작과 구매, 반성폭력 단체나 여성 국회의원 후원, 소라넷 폐지 청원)이나 전통적으로 여성주의 담론에서 다루어온 불평등 문제(불평등한 결혼 생활, 국내외에서의 성적 착취, 각종 성범죄와 가해자 편향적인 사법 절차 등)들에 더 많은 관심을 표명한다. 반면 완전 익명 게시물에서는 부분 익명 게시물에 비해 상대적으로 제도적 문제로 주목받지는 못했지만 여성들이 일상에서 경험할 수 있는 미시적인 차별(외모에 대한 지적, 성적 고정관념에 의한 태도 강요, 여성의 신체에 대한 성애화된 시각 등)이나 온라인 고유의 실천적 행동(포털 사이트 댓글에서의 집합적 가치관 표출)과 관련된 주제들에 더 많은 관심을 표명했다.

배타적 토픽의 특성 중 주목할 만한 점은 방언(각성) 토픽이 완전 익명 게시물에서 더 많이 언급되었고 전반적인 토픽 순위가 높다는 점이다. 방언(각성) 토픽은 메갈리아만의 사회 방언('갓치', '코르셋', '씹치' 등)을 사용하여 여성 이슈에 대한 각성 경험을 고백하고 있다. 이러한 각성은 대부분 거시적 구조에 대한 이론적 분석보다는 미시적 생활세계에서의 경험에 대한 해석 차원에서 이루어진다. 이 토픽이 부분 익명보다 완전 익명 게시물에 더 빈번히 나타난다는 것은 다소 역설적이다. 커뮤니티 운영자에 의해 정식으로 메갈리아어 사전에 등록된 단어들을 적극 활용하여 메갈리아의 표면적 정체성을 가장 강하게 드러내는 게시물을 작성할 때, 작성자는 자신의 ID를 드러내기보다 커뮤니티 내부에서 정체성을 숨긴다는 뜻이기 때문이다.

메갈리아 방언을 활용하여 미시적 차별에 대한 반발을 강하게 표출할 때 주로 완전 익명으로 게시물을 작성하는 편이 선호된다. 이러한 경향은 보편적으로 수용되기 어려운 배타적 정체성으로 발전할 가능성을 높이는데, 메갈리아 내부 갈등의 단초로 볼 수도 있다. 더불어 완전 익명 게시물에서 배타적으로 표출되는 토픽들이 부분 익명 게시물의 배타적 토픽들보다 전체 게시물에서 많은 비중을 차지하는 것은 전체적으로 완전 익명 게시물이 부분 익명 게시물보다 압도적으로 많은 양상과 일치하며, 과격한 방언을 활용한 미시적 차원의 반발이 게시물을 통해 빈번히 외부에 노출됨을 뜻한다. 반면에 커뮤니티의 정체성과 직접적으로 연결된 메갈리아 토픽이나 여성에 대한 차별을 이론화하거나 소개하는 페미니즘·성차별 토픽에서는 익명성 수준에 따른 유의미한 비중의 차이가 나타나지 않는다.

〈그림 2-3〉에서는 구간과 익명성 수준의 상호작용항을 추가하여 시간의 흐름에 따른 토픽의 비중 변화를 확인할 수 있다. 익명성 수준에 따른 배타적 정체성의 변화 양상을 파악하기 위해 〈그림 2-2〉에서 배타적 토픽으로 분류된 토픽, 즉 익명성 수준에 따라 비중에 유의미한 차이가 존재하는 토픽에 한정하여 분석을 수행했다. 앞선 분석과 마찬가지로 시간은 비연속형 변수로 삽입하여 구간에 따른 익명성 수준의 영향력 차이를 반영할 수 있게 했다. 익명성 수준의 효과가 시간의 흐름과 단순 선형 관계가 아니기 때문에 〈그림 2-3〉은 일반 선형 회귀모형의 계수를 비선형함수로 대체하여 표현하는 일반화가법모형(Generalised Additive Models: GAM)을 사용하여 평탄화(smoothing)를 수행한 결과다.

구간 경과에 따라 배타적 정체성을 구성하는 대부분의 토픽들에서 변화가 관측되었다. 상당수 토픽에서 8기 이전에 완전 익명과 부분 익명으로 작성된

〈그림 2-3〉 배타적 토픽의 익명성 수준에 따른 비중 변화

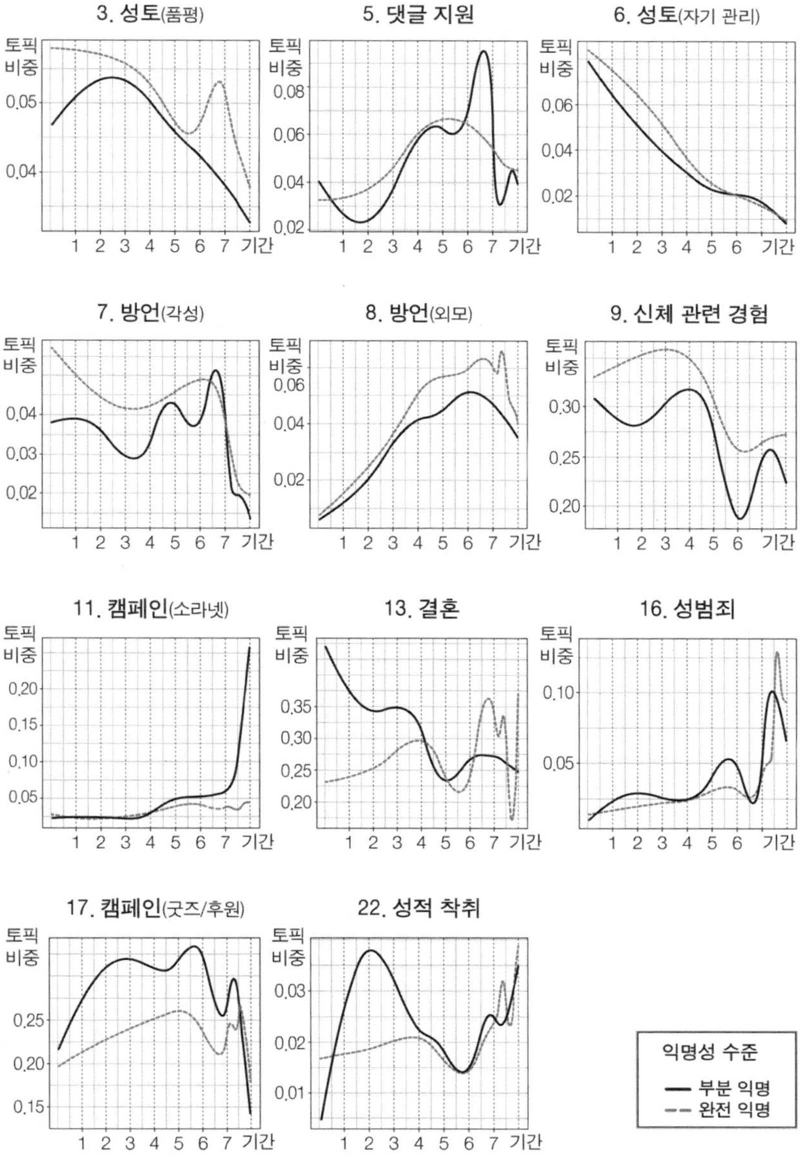

자료: 필자가 분석한 결과를 토대로 직접 작성.

게시물의 비중이 교차한다. 댓글 지원·방언(각성)·캠페인(소라넷) 토픽은 초기에는 완전 익명 게시물에서의 비중이 높았지만 시간이 경과함에 따라 부분 익명 게시물에서의 비중이 높아지는 양상을 보인다. 반면 결혼·성범죄 토픽은 부분 익명 게시물에서 높은 비중을 보였지만 시간의 흐름에 따라 완전 익명 게시물에서 높은 비중을 보인다. 다만 토픽의 비중 교차가 일어나는 경우라도 결혼·댓글 지원 토픽을 제외하면 교차 이후 급격한 비중 역전이 이어지지는 않으며, 익명성 수준에 따른 비중 차이가 수렴하는 과정에서의 교차에 가깝다.

익명성 수준에 따른 토픽 간의 비중은 대부분 4기에 급격한 변화를 시작하여 5~6기에 교차나 수렴이 일어나는 양상을 보인다. 4기는 3기에 시작된 대규모 논쟁(고인 희화화 논쟁)을 봉합한 시기이며, 5기는 소라넷 폐지 청원이라는 구심점을 계기로 구간 내에서 가장 많은 총 게시물이 생산되었고, 6기는 메갈리아의 쇠락으로 이어진 성소수자 비하 논쟁이 진행된 시기다. 즉, 4~6기가 메갈리아의 최전성기라고 할 수 있으며, 사용자 사이의 활발한 상호작용이 익명성 수준에 따른 토픽 간 비중 변화를 야기했다고 추론할 수 있다. 그리고 해당 기간에 익명성 수준과 관계없이 공통적으로 비중이 증가한 토픽은 댓글 지원, 캠페인(소라넷)과 같이 집합 행동과 관련되어 있거나 방언(각성), 방언(외모)와 같이 미시적 차별에 대해 성토하는 것이다. 이를 통해 첫 번째 대규모 논쟁 이후 메갈리아가 전투적 방언과 사이버 공간에서의 행동주의를 통해 젠더 이슈를 대변하는 집합 정체성을 형성했다고 볼 수 있다. 또한 커뮤니티 내부의 갈등이 꼭 부정적 결과로만 이어지지 않으며, 성공적으로 봉합될 경우 오히려 배타성의 수준을 약화시켜 커뮤니티를 활성화하는 조건으로 작용할 수 있음을 알 수 있다.

예외적으로 캠페인(굿즈·후원) 토픽은 모든 구간에 걸쳐 지속적으로 부분 익명 게시물에서 확연히 높은 비중을 보인다. 또한 방언(외모) 토픽은 캠페인(굿즈·후원) 토픽만큼은 아니지만 지속적으로 완전 익명 게시물에서 높은 비중을 보이며, 익명성 수준에 따른 비중 차이가 오히려 늘어나는 모습을 보인다. 결론적으로 메갈리아 내부에서 시간의 흐름과 익명성 수준에 따라 비중 차이가 났던 배타적 담론의 상당 부분이 공동 담론으로 수렴하지만, 여전히 방언(외모) 토픽과 같이 배타적 담론의 영역에 남아 있는 토픽이 존재한다. 이러한 토픽들의 분포에 근거하여 추론해 볼 때 부분 익명 게시물의 핵심적인 배타적 정체성은 사회 문제로서 젠더 문제에 관심을 가지며 성범죄에 반대하는 집합 행동이며, 완전 익명 게시물의 핵심적인 배타적 정체성은 생물학적 여성의 입장에서 겪는 미시적 경험에 대한 감정을 표출하는 사회 방언에 있다고 할 수 있다.

〈그림 2-4〉에서는 공동 담론의 영역에 속하는 토픽, 즉 익명성 수준에 따라 비중에 유의미한 차이가 나타나지 않은 토픽 중 사회적으로 주목을 받았으며 기존 연구에서 메갈리아 내부의 담론 지형에 중요한 영향을 미쳤다고 평가받는 토픽을 선별하여 비중 변화를 살펴보았다. 성소수자·고인 희화화 토픽은 메갈리아 내부에서 중대한 논쟁 소재였을 뿐만 아니라 메갈리아에 대한 부정론에서 메갈리아의 주요 정체성으로 제시하는 토픽이다. 성소수자 토픽은 남성 성소수자에 대한 아웃팅과 혐오 표현을 둘러싼 논쟁을 주제로 하며, 고인 희화화 토픽은 남성인권운동에 대한 관심을 촉구하던 중 사망한 성재기 전 남성연대 대표에 대한 조롱을 둘러싼 논쟁을 주제로 한다. 반면 페미니즘·성차별 토픽은 메갈리아의 여성주의적 측면을 대표하며, 메갈리아에 대한 긍정론에서 주목했던 가치들을 보여준다. 특기할 만한 점은 고인 희화화 토픽과 성소수자 토픽이 〈표 2-1〉에서 분류한 사이트의 시기별 특징과 일치하는 비중 변화를 보인다는 점이다. 〈그림 2-4〉에 따르면 성소수자 토픽은

〈그림 2-4〉 공동 토픽의 익명성 수준에 따른 비중 변화

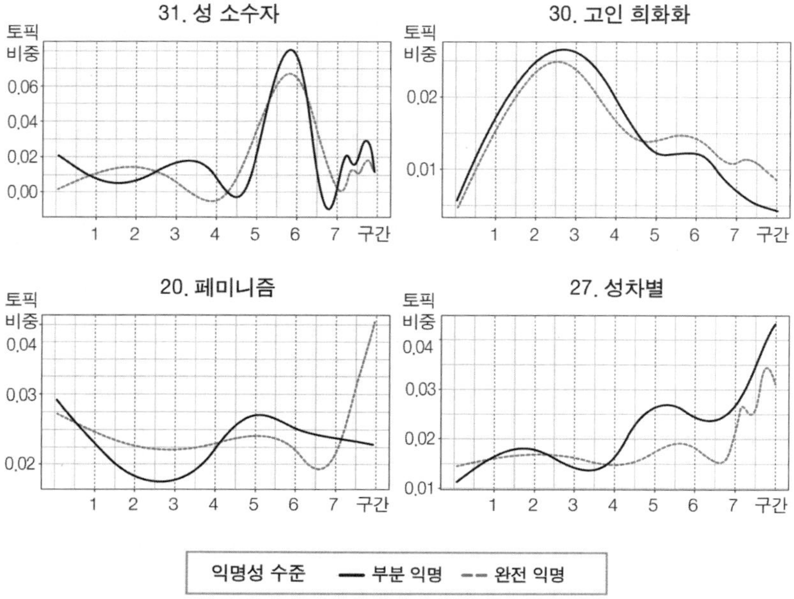

자료: 필자가 분석한 결과를 토대로 직접 작성.

6기에, 고인 희화화 토픽은 3기에 최고 빈도를 보이는데 이는 〈표 2-1〉에서 실제로 관련 논쟁이 있던 시기와 일치한다. 즉, 기존의 연구들에서 해당 논쟁이 벌어졌다고 지적한 시기와 토픽 비중의 증감 시기가 일치함으로써 자동화된 텍스트 분석 방식이 커뮤니티의 담론 흐름을 성공적으로 포착하고 있음을 확인할 수 있다.

성소수자·고인 희화화 토픽은 익명성 수준에 따른 비중 차이가 미미하나 페미니즘·성차별 토픽은 익명성 수준에 따른 비중의 차이와 교차가 나타난다. 이는 성소수자 토픽 및 고인 희화화 토픽이 서로 다른 정체성을 지닌 부분 익명 담론과 완전 익명 담론이 팽팽히 맞서며, 각 담론을 지지하는 행위자들이 모두 활발히 참여한 공동의 화제였음을 보여준다. 이에 비해 메갈리아

를 다른 여성운동 단체나 온라인 커뮤니티와 차별화시켜주는 사회 방언이나 집합 행동과 큰 관련이 없는 페미니즘·성차별 토픽의 경우에는 익명성 수준에 따른 비중 변화 양상에서 공통점을 찾아보기 어렵다. 두 토픽 모두 완전 익명 게시물에서 상대적으로 사이트 내부의 논쟁에 영향을 받지 않고 일정한 비중을 유지하는 경향을 보인다. 특히 페미니즘 토픽의 경우에는 중기까지 완전 익명 게시물에서 높은 비중을 차지한다.

하지만 토픽의 비중만으로는 각 토픽이 논의된 방식을 정확히 알기 어렵기 때문에 커뮤니티의 생애 과정에서 담당한 역할에 대한 추론 역시 제한적일 수밖에 없다. 따라서 이어지는 분석에서는 공동 담론 내에서 익명성 수준에 따라 배타적 정체성으로의 분화가 일어나는 과정을 살펴봄으로써 익명성 수준이 커뮤니티의 정체성과 생애에 미치는 영향을 구체적으로 추론할 근거를 도출하려고 한다.

2) 어떻게 다르게 말했나

토픽은 기술적으로는 여러 단어들의 집합이다. 단순화하면 토픽은 함께 자주 나타나는 단어들을 특정한 확률분포에 따라 배치해 놓은 단어 묶음이다. 따라서 같은 토픽으로 분류된 단어라고 하더라도 익명성 수준에 따라 토픽 내에서 사용되는 맥락은 상이할 수 있다. 특히 특정 익명성 수준에 속하는 배타적 담론보다 익명성 수준에 상관없이 참여한 공동 담론에서 그러한 맥락 차이를 파악하는 것이 유용하다. 공동 담론 중에서 내부 논쟁과 관련된 두 토픽(성소수자 토픽과 고인 희화화 토픽), 공통 정체성과 관련된 두 토픽(페미니즘 토픽과 성차별 토픽)을 골라 비교해 보자.

익명성 수준에 따른 토픽 내 단어의 분포는 네 개의 토픽이 모두 서로 다

〈그림 2-5〉 익명성 수준에 따른 공동 토픽 내 어휘 분포

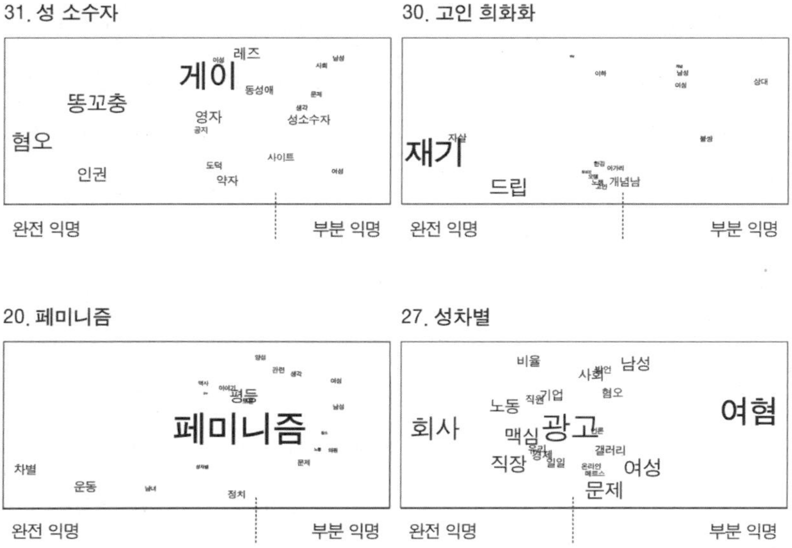

자료: 필자가 분석한 결과를 토대로 직접 작성.

른 경향을 보이나, 쏠림 정도와 사용 빈도라는 두 가지 축을 기준으로 다시 분류할 수 있다(〈그림 2-5〉 참조). 〈그림 2-5〉는 〈그림 2-4〉에서 분석했던 네 개의 토픽 내 단어의 비중 차이를 시각화한 결과다. 좌측에 위치할수록 같은 토픽 내에서도 완전 익명 게시물에서 배타적으로 등장하는 단어이며, 우측에 위치할수록 부분 익명 게시물에서 배타적으로 등장하는 단어다. 단어의 크기는 토픽 내에서 익명성 수준과는 관계없는 절대적인 등장 확률을 반영한다. 우선 성소수자·페미니즘 토픽에서는 토픽을 구성하는 많은 단어('혐오', '똥꼬충', '인권', '차별', '운동' 등)가 완전 익명 게시물에서 배타적으로 사용된 정도가 강하다. 반면 고인 희화화·성차별 토픽에서는 자주 사용되는 단어('개념남', '고인', '한강', '사회', '광고' 등)가 완전 익명 게시물과 부분 익명 게시물 사이인 중립 지역에 모여 있으며, 전체 단어가 양쪽에 고르게 분포되어 있다. 익

명성 수준에 따른 단어 분포 차이에 이어 단어 빈도 차이를 보자면, 메갈리아에서 대규모 논쟁을 촉발한 성소수자·고인 희화화 토픽에서는 완전 익명 게시물에서 주로 사용되는 단어('혐오', '똥꼬충', '게이', '재기', '드립' 등)가 토픽 전체에서도 높은 빈도로 사용되었지만, 페미니즘·성차별 토픽에서는 토픽 내에서 주로 사용되는 단어('페미니즘', '평등', '사회', '문제' 등)가 대부분 익명성 수준에 관계없이 고르게 분포하거나 중앙에 분포하는 경향을 보인다.

이어서 워드투벡터를 통해 비배타적 공통 영역에 속한 단어들의 익명성 수준에 따른 사용 맥락 차이를 살펴보았다. 〈그림 2-5〉에서 실선과 그에 연결된 큰 크기의 단어는 각 토픽에서 공통 영역에 속한 단어들과 그 고유벡터(eigenvector)이다. 또한 그 외의 단어들 및 음영은 공통 영역의 단어들과 코사인 유사도가 높은 100개의 단어를 다섯 개로 군집화한 결과다. 군집의 음영은 구분을 위한 것으로, 그 자체가 의미를 지니지는 않는다.

우선 성소수자 토픽에서 익명성 수준에 따른 빈도 차이가 두드러지지 않은 단어('약자', '성소수자', '동성애', '레즈', '사이트')에 대해 분석해 보았는데 익명성 수준에 따른 단어의 사용 방식에서 확연한 차이가 드러났다(〈그림 2-6〉 참조). 완전 익명 게시물에서는 '동성애', '레즈', '성소수자'의 벡터가 서로 가까워 비슷한 맥락을 공유한다고 할 수 있으나 '약자'의 벡터는 '성소수자' 벡터와 거리가 멀어 서로 다른 맥락에서 사용된다고 할 수 있다. 공통 단어들과 높은 유사도를 지닌 단어를 살펴볼 경우, 완전 익명 게시물에서 '약자'의 벡터는 '페미니즘', '차별', '타자화', '장애인', '계층' 등의 단어들과 같은 방향에 위치한다. 이에 비해 '동성애', '레즈', '성소수자'의 벡터 영역에는 '커밍아웃', '에이즈', '똥꼬충', '한남'과 같은 단어가 분포한다. 반면 부분 익명 게시물의 경우 '성소수자'의 벡터는 '약자' 벡터와 높은 유사도를 보이며, 두 벡터 부근에도 많은 단어가 높은 유사도를 보이며 중첩되어 분포한다. 이에 비해 '동성

〈그림 2-6〉 성소수자 토픽의 공동 어휘에 대한 워드투벡터와 PCA를 통한 시각화

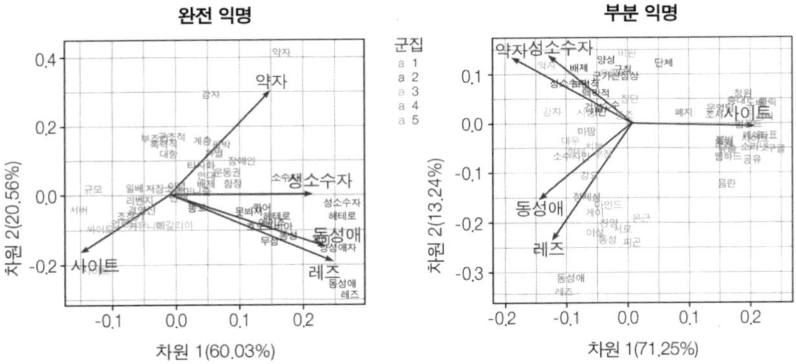

주: '주성분 분석(PCA: principal component analysis)'은 차원축소 기법의 일종이다. 여기서는 워드 투 벡터를 통해 다차원의 좌표값을 지니게 된 각 단어들의 좌표 수를 축소하여 2차원의 평면상에 상대적 위치를 나타낼 수 있게 해준다.

자료: 필자가 분석한 결과를 토대로 직접 작성.

애' 벡터와 '레즈' 벡터는 서로는 가깝지만 위의 두 벡터와 거의 직교하는, 즉 독립적인 양상을 보인다. 그리고 부분 익명 게시물과 완전 익명 게시물 모두에서 '사이트' 벡터는 성소수자 논쟁과 큰 관련 없는 별개의 벡터 공간에 위치한다. 이를 통해 성소수자 논쟁에서 부분 익명 게시물은 성소수자를 사회적 약자로 인식했지만, 완전 익명 게시물은 그렇지 않고 적극적인 비난이 허용되는 집단으로 간주했음을 추론할 수 있다.

고인 희화화 토픽에 대한 분석 결과는, 우선 앞선 성소수자 토픽에 비해 전반적으로 단어의 분포가 좀 더 밀집되어 있으며 비교적 낮은 방향성을 가진다(〈그림 2-7〉 참조). 그리고 완전 익명 게시물에서 단어의 밀도가 더 높은 동시에 군집이 뚜렷하게 형성되는 양상을 보인다. 단어 벡터의 방향 중 가장 특기할 만한 차이는 '한강' 벡터에서 나타난다. 부분 익명 게시물에서 '한강' 벡터는 '오뎅', '고인' 벡터와 유사한 방향이며 '노무현', '짓거리', '베충', '병먹

〈그림 2-7〉 고인 희화화 토픽의 공동 어휘에 대한 워드투벡터와 PCA를 통한 시각화

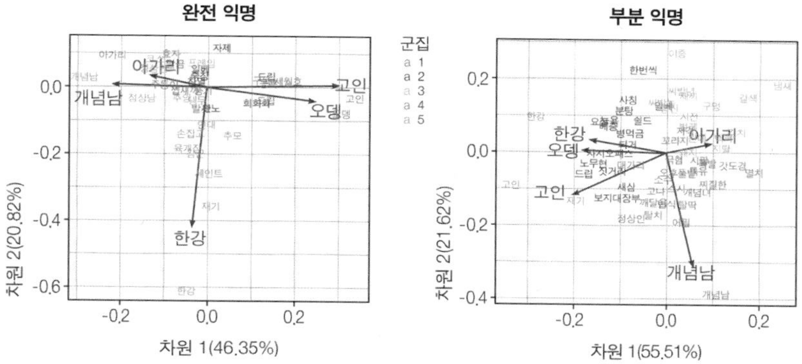

자료: 필자가 분석한 결과를 토대로 직접 작성.

금'과 같은 단어와 함께 등장하는 반면, 완전 익명 게시물에서 '한강' 벡터는 다른 모든 벡터들과 독립적으로 존재하며 '재기', '세인트', '김군', '남성연대' 같은 단어들이 '한강' 벡터의 축을 따라 배타적으로 분포한다. 즉, 부분 익명 게시물에서는 성재기 전 대표에 대한 조롱을 일간베스트 회원들에 의해 자행된 노무현 전 대통령이나 세월호 희생자들에 대한 조롱과 같은 맥락으로 여긴다. 이에 비해 완전 익명 게시물에서 '한강' 벡터는 페미니즘에 대한 혐오를 이유로 이슬람국가(Islam State: IS)에 가담한 '김군'과 같은 부정적인 대상으로 여겨진다. 흥미로운 점은, 완전 익명 게시물에서도 '고인' 벡터와 '오뎅' 벡터는 높은 유사도를 보이며 '세월호', '희화화', '드립', '일베', '자제'와 같은 단어들이 같은 방향에 위치한다는 점이다. 이를 통해 완전 익명 게시물 내부에서도 논쟁을 둘러싼 입장의 차이가 발생했으며, 세월호 희생자들에 대한 조롱을 성재기 전 대표에 대한 조롱과 분리하여 사용하려 했다고 추론할 수 있다.

앞선 두 토픽에 비해 페미니즘 토픽에서는 비속어나 메갈리아의 사회 방

〈그림 2-8〉 페미니즘 토픽의 공동 어휘에 대한 워드투벡터와 PCA를 통한 시각화

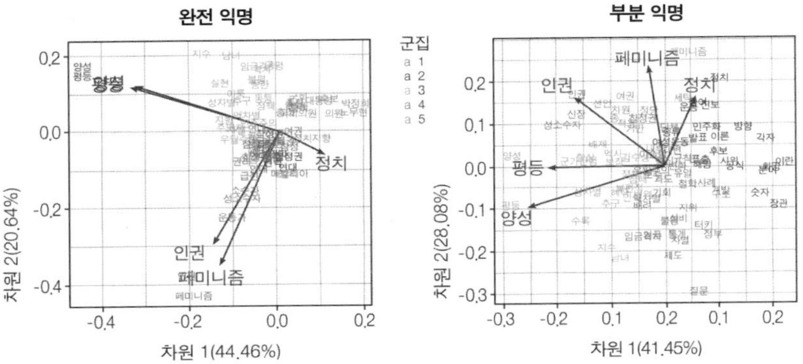

자료: 필자가 분석한 결과를 토대로 직접 작성.

언을 찾아보기 어렵다(〈그림 2-8〉 참조). 페미니즘 토픽에서 익명성 수준에 따른 가장 특징적인 차이는 페미니즘에 대한 인식 차이다. 완전 익명 게시물에서 '정치' 벡터는 '인권', '페미니즘' 벡터와 독립적으로 존재하지만, 부분 익명 게시물에서는 '페미니즘' 벡터가 '인권' 벡터와 '정치' 벡터의 사이에 위치하며 '정치' 벡터에 가까운 양상을 보인다. 완전 익명 게시물에서 '정치' 벡터 주위에 '박정희', '노무현', '박근혜', '운동권'과 같은 단어가 분포하는 데 비해, 부분 익명 게시물에서는 '여성운동', '운동', '민주화', '박근혜'와 같은 단어가 분포한다. 이는 부분 익명 게시물은 페미니즘을 제도권 정치와 연관된 실천적 운동으로 인식하지만, 완전 익명 게시물은 인권 운동가, 소수자들에 의해 수행되는 특수한 영역으로 인식하고 있음을 보여준다. 또한 완전 익명 게시물에서는 '양성', '평등' 벡터와 '인권', '페미니즘' 벡터, '정치' 벡터가 상호 독립인 데 비해, 부분 익명 게시물에서는 비교적 연속적인 모습을 보이고 있다.

성차별 토픽 역시 페미니즘 토픽과 마찬가지로 전반적으로 비속어와 사회 방언을 찾아보기 어렵다(〈그림 2-9〉 참조). 이는 성차별 토픽이 차별에 대한 언

〈그림 2-9〉 성차별 토픽의 공동 어휘에 대한 워드투벡터와 PCA를 통한 시각화

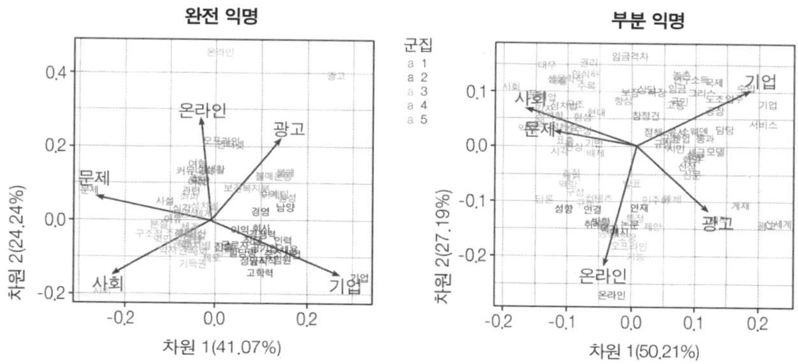

자료: 필자가 분석한 결과를 토대로 직접 작성.

론의 보도나 논평을 주로 소개하고 있으며, 성토와 관련된 토픽들이 비속어나 사회 방언을 흡수했기 때문으로 추정된다. 성차별 토픽에서 사용 빈도에 차이를 보이지 않았던 단어들의 벡터의 방향은 앞선 토픽들과 달리 경향성을 지니고 수렴하기보다는 전 방위로 발산하는 양상을 보인다. 부분 익명 게시물에서 '사회' 벡터와 '문제' 벡터가 가깝기는 하지만 이는 '사회 문제'가 각자의 벡터로 나뉘어서 발생하는 현상으로 추정된다. 이에 비해 완전 익명 게시물에서는 '문제' 벡터가 '성차별', '재생산', '본질', '체계'와 같은 단어들과 같은 방향을 공유한다. 또 다른 차이점은 '온라인' 벡터와 높은 유사도를 보이는 어휘의 분포다. 부분 익명 게시물에서는 온라인 벡터의 방향에 '발표', '연재', '논문', '기능', '독자'와 같은 단어가 분포하는 데에 비해 완전 익명 게시물에서는 '여혐', '커뮤니티', '생활', '이슈'와 같은 단어가 분포한다. 그러나 앞서 성차별 토픽을 균형적이고 공유된 토론 영역으로 추론한 것과 일관되게, 완전 익명 게시물과 부분 익명 게시물 간의 차이는 앞에서 살펴본 토픽에서보다 차이가 크지 않은 편이다.

메갈리아에서 큰 논쟁을 불러일으켰던 성소수자·고인 희화화 토픽에서는 익명성 수준에 따른 단어의 사용 방식에서 명확한 차이가 나타난다. 특히 두 토픽 모두에서 부분 익명 게시물은 문제가 되는 주제와 연관된 단어('성소수자', '한강')를 비판적 맥락('약자', '고인', '오뎅') 속에서 사용하지만, 완전 익명 게시물은 비판적 맥락을 분리하고 순수한 비난의 수단으로 활용하는 경향을 보인다. 다만 고인 희화화 토픽에서는 '한강'을 제외한 비판적 벡터('고인', '오뎅')의 맥락은 공유하는 데 비해, 성소수자 토픽에서는 비판적 맥락인 '약자' 벡터의 맥락이 배타적으로 갈리는 모습을 보인다.

또한 페미니즘 토픽과 성차별 토픽의 단어들은 앞의 두 토픽에 비해 비속어나 논쟁적인 사회 방언을 쓰지 않는 분리된 맥락에서 사용되었다. 이는 익명성 수준과 관계없이 공통적으로 나타나는 현상이다. 다만 부분 익명 게시물에서는 페미니즘이 기존의 제도권 진보운동과 연계를 지닌 것으로 여겨지는 데 비해, 완전 익명 게시물에서는 페미니즘이 인권을 다루는 분리된 이론으로 여겨진다고 추정된다. 이러한 차이는 성소수자 토픽에서의 익명성 수준에 따른 사회적 약자의 범주에 대한 인식 차이와 연관성을 갖는 것으로 해석할 수 있다. 반면 성차별 토픽에서는 익명성 수준에 따른 뚜렷한 의미상의 차이를 찾아보기 어렵다.

5. 가지 않은 길

지금까지의 분석 결과를 근거로 메갈리아의 생애 과정을 정리하면 다음과 같다. 첫째, 메갈리아의 이용자들은 메갈리아의 창설 계기가 된 성차별 토픽에는 익명성 수준과 관계없이 고른 관심을 보였으며, 내부에서 가치나 정체성과 관련된 큰 이견 없이 담론이 형성되었다. 하지만 더 세부적인 주제인 페미니즘 토픽의 경우, 부분 익명 게시물이 기존의 제도적 여성운동의 맥락에서 접근하는 데 비해 완전 익명 게시물에서는 기존 제도와 분리된 담론으로 접근함으로써 확연한 이견을 보였다. 그렇지만 페미니즘 토픽의 경우 이견 간 충돌 없이 각자의 소비 방식이 병렬적으로 존재하며 여전히 공동 담론의 영역에 남아 있었다.

둘째, 논쟁적 토픽에서 익명성 수준에 따라 배타적 어휘의 사용 여부가 달라지며, 공동 어휘의 사용 맥락 역시 논쟁의 주제와 관련하여 확연한 차이가 난다는 점이 확인되었다. 게시물에 대한 반응 역시 게시물에서 제시하는 담론과 댓글의 익명성 수준에 따라 차이를 보였다. 메갈리아 최초의 대규모 논쟁인 고인 희화화 논쟁의 경우, 완전 익명 게시물에서는 논쟁의 대상이 된 표현을 배타적으로 사용하며 갈등의 강도가 높았지만 완전 익명 게시물과 부분 익명 게시물 모두 대부분의 표현을 공유했으며, 완전 익명 게시물 내부에서도 비판 의견에 관심을 보이며 적극적으로 상호작용을 한 결과 논쟁의 봉합에 성공했다.

이에 비해 성소수자 논쟁은 갈등의 규모가 크고 강도도 높았을 뿐더러, 논쟁에서 사용된 어휘의 주도권이 배타적인 완전 익명 게시물 쪽으로 편향되어 있었다. 게다가 완전 익명 게시물 내부에서 어휘들이 사용된 맥락에서도 비판적 접근은 찾아보기 어려웠다. 따라서 논쟁이 더욱 화해할 수 없는 균열로 번지게 되었다. 따라서 성소수자 논쟁은 결국 봉합에 실패하고 메갈리아의 분열과 활동량 쇠락으로 이어진다. 이 시기 이후의 게시물은 양도 적고, 담론이나 정체성과 연결해서 해석할 만한 일관된 분석 결과를 보이지 않는다.

결론적으로 논쟁적 담론은 하위 수준의 배타적 정체성이 새로운 공통의 정체성 형성으로 수렴하며 커뮤니티의 성과를 높이는 데에 기여할 수도 있고, 오히려 배타성을 증폭시켜 커뮤니티의 유지를 위협하는 집단 극화로 발전할 수도 있다. 그리고 논쟁적 토론이 형성된 경우, 토론의 논쟁 수준이나 어휘의 과격함 수준보다 논쟁 주체 간 언어의 공유 수준이 커뮤니티 생애 과정의 방향에 영향을 미친다. 갈등을 줄이기 위해서는 대립을 표출하더라도 같은 언어로 논쟁해야 한다. 메갈리아에서 나타난 현상은 외부에서 주목했던 전투적인 표현보다는 내부 구성원 사이의 이질적 정체성과 상호작용에 의해 더 성공적으로 설명된다.

이제 이 장의 결론을 정리해 보자. 첫째, 메갈리아에서 높은 비중으로 활발하게 논의된 토픽은 대부분 메갈리아의 공동 정체성과 연관 있는 토픽들이었으며, 내부적으로 격렬한 갈등이 벌어진 논쟁적 토픽의 비중은 크지 않았다. 비중상 최상위에 위치하는 토픽 중 완전 익명 게시물에 주로 나타난 성토, 방언 관련 토픽들은 '미러링'으로 인해 외부에서 윤리적 논란을 야기했지만 메갈리아 내부에서는 큰 반발 없이 수용되었으며, 지속적으로 높은 비중을 유지했다. 이에 비해 내부적으로 논쟁을 야기한 성소수자, 고인 희화화 토픽의 경우에는 일시적으로만 높은 비중을 보이며 전체적으로는 낮은 비중을 유지했다. 즉, 메갈리아의 공동 정체성과 배타적 정체성의 생애 주기는 외부의 반응보다 내부의 반응에 의해 결정되었다.

둘째, 익명성 수준에 따라 선호하는 토픽의 경향성에 차이가 있었으며, 시간에 따라 상당수의 토픽이 공동 담론의 영역으로 수렴했으나 배타적으로 선호하는 핵심 토픽들이 존재했다. 전반적으로 완전 익명 게시물에서는 개인적이며 경험적인 토픽을, 부분 익명 게시물에서는 제도적이며 실천적인 토픽을 선호하는 경향을 보였다. 특히 완전 익명 게시물에서는 미시적 성차별에 대한 성토와 '미러링'과 관련된 토픽들이 시간의 흐름에 관계없이 배타적인 선호를 보였으며, 부분 익명 게시물에서는 성차별에 반대하는 캠페인과 관련된 토픽들이 배타적 선호를 보였다. 이를 통해 익명성 수준이 커뮤니티 내부에서 정체성의 분화를 불러오고, 이는 분화된 정체성은 담론을 통해 나타난다는 점을 확인할 수 있었다.

셋째, 익명성 수준은 공동 담론 내 단어의 사용 빈도와 활용 맥락에 영향을 미치지만 커뮤니티의 생애 주기에 미치는 효과는 토픽 내부의 논쟁 전개 방식에 따라 달라진다. 공유 수준이 높고 논쟁 밀도가 낮은 토픽은 익명성 수준에 관계없이 공동의 정체성을 형성하는 담론 공간으로서 기능한다. 공유 수준과 논쟁 밀도가 낮은 토픽은 익명성 수준에 따라 분화되어 각자의 방식으로 토픽을 인식하여 커뮤니티 내 하위의 배타적 정체성을 형성한다. 이에 비해 논쟁 밀도가 높은 토픽은 커뮤니티 내에 갈등을 야기하지만, 공유 수준 역시 높을 경우에는 공동 정체성의 내용을 진화시키는 발전적인 봉합으로 이어진다. 하지만 공유 수준이 낮은 논쟁은 갈등의 강도를 높이고 정체성의 분화를 가속화하여 커뮤니티의 성과와 존립에 부정적인 영향을 미친다.

메갈리아의 정체성은 명시적으로 선포된 긍정적 자기규정에 의해 단일한 형태로 결정되어 있지 않았으며, 익명성 역시 그 자체로 기계적인 긍정적 혹은 부정적 효과를 발휘하지 않는다. 특정 커뮤니티의 정체성은 익명성이라는 구조적 조건하에서 외부의 사건을 상이한 방식으로 인식하거나 서로 다른 관심을 표명하며 익명성 수준의 축을 따라 분화되며, 이는 작성된 게시물에서 나타나는 주제의 빈도 차이와 동일한 주제에 대한 인식 차이, 그리고 게시물에 대한 반응을 통해 확인할 수 있다.

또한 익명성은 커뮤니티 내·외부 요인에 의해 촉발된 논쟁적 담론의 전개 유형과 논쟁이 커뮤니티 공통의 정체성에 미치는 영향력의 방향에 따라 상이한 효과를 발휘한다. 커뮤니티 내에서 논쟁적이지만 공유된 갈등이 발생할 경우 익명성 수준의 축을 따라 형성된 상이한 정체성은 더 다양한 정보와 관점을 만들어내고 새로운 요소들이 통합된 공동 정체성의 진화로 이어질 수 있다. 하지만 논쟁이 공유되지 않는 갈등의 경우에는 익명성 수준의 축을 따라 극화된 배타성이 증폭되어 어느 한쪽이 남을 때까지 갈등의 수위를 올려 커뮤니티를 쇠퇴로 몰아가는 결과로 이어진다.

메갈리아에서 나타난 이러한 온라인 집단정체성의 분화와 상호작용의 동학은, 메갈리아의 정체성을 단일하게 규정하려고 했던 기존의 해석들이 합의하지 못한 채 평행선을 달리는 이유를 설명해 준다. 메갈리아는 익명성 수준에 따라 '두 딸들'이라 할 수 있을 만큼, 공동 담론에 기반을 두면서도 서로 다른 관심사와 시각을 가진 서로 다른 두 개의 하위 정체성으로 분화되어 있었다. 주로 부분 익명 게시물에 드러난 한 딸은 집단으로서 여성이 당하는 차별과 억압에 초점을 맞추어 캠페인과 제도권 내에서의 개선에 관심을 가진 데에 비해, 주로 완전 익명 게시물로 표출되는 다른 딸은 개인으로서 여성이 당하는 경험적 피해에 초점을 맞추어 과격한 방언을 이용해 이를 성토하고 개별적인 각성에 관심을 가졌다.

초창기부터 메갈리아를 지켜보았고 주요 회원 ID 등을 식별해 게시물을 읽는 관찰자라면 전자의 정체성을 메갈리아의 주요 흐름으로 볼 수 있겠지만, 메갈리아를 방문해 무작위로 게시물을 읽는 관찰자라면 노출 빈도가 높은 후자의 정체성을 주요 흐름으로 규정할 수 있다. 성소수자 비하와 관련해 내부 논쟁이 있었으며 이 논쟁이 잘 해결되지 못함으로써 사용자가 대거 이탈했다는 사실이 메갈리아는 하나의 정체성으로 규정할 수 없었음을 증명한다. 그리고 이 장은 그러한 내부 논쟁이 구체적으로 어떤 담론의 분화로 나타났는지를 부분 익명 게시물과 완전 익명 게시물 간의 담론과 단어 사용의 맥락 차이를 통해 보여주었다.

메갈리아에 대한 해석 차이로 대표되는 한국 사회의 젠더 갈등은 앞으로도 당분간 봉합되기 어려울 것이다. 젠더 갈등의 당사자들이 모두 자신들이 응당 받아야 할 정당한 몫이 있다고 주장하면서도, 다른 행위자에게 돌아갈 몫은 그 정당성 자체를 근본적으로 부정하기도 한다. 따라서 어느 당사자든 사회 구성원 대다수가 동의할 만한 정당성을 독점하기란 요원해 보인다. 그럼에도 갈등이 더 나은 공존의 조건을 마련하기 위한 생산적 토론과 실천으로 이어지기 위해서는 파괴적 형태의 갈등이 발생하는 원인을 파악하고 갈등의 의제를 잘 설정해야 한다. 메갈리아에서 벌어진 일에 대한 분석은 동일한 이해관계를 가지고 있다고 여겨지는 행위자 사이에서도 분열적이고 파괴적인 갈등이 얼마든지 발생할 수 있음을 잘 보여준다.

메갈리아에 대한 이 장의 분석은 사전에 고정된 정체성이 아니라 공론장 내에서의 상호작용이 정체성을 주조하고 갈등의 향방을 결정한다는 점을 보여준다. 따라서 젠더 갈등이 더 나은 결과를 내기 위해서는, 상대방을 고정된 정체성을 지닌 정형화된 존재로 파악하기보다 변화의 가능성을 지닌 존재로 보고 서로 입장이 다르더라도 각자의 논리적·감정적 기반을 확인하며 그 차이에 대해 대화를 나눌 필요가 있다. 메갈리아에 대한 가치판단을 어떻게 하든 간에 성소수자 논쟁과 같은 형태의 토론은 각 진영의 내부에서나 각 진영 사이에서나 바람직하지 않다는 점에는 대부분 동의할 수 있을 것이다. 이해관계와 가치관이 다른 상대방을 절멸시키지 않는 이상, 우리는 공존할 수밖에 없다. 그렇다면 앞으로의 젠더 갈등이 더 나은 질문과 답을 얻기 위해서, 과거에 어떤 일이 있었는지를 더 냉정하게 볼 필요가 있겠다.

메갈리아에서 단기간에 일어난 압축적 정체성 분화를 무시하고 메갈리아를 단일한 정체성으로만 파악하려는 경향은, 메갈리아의 정체를 극단적으로 다르게 해석하는 입장 사이에 갈등과 혐오를 증폭시킬 수 있다. 그리고 메갈리아 출신 중 인터넷 하위문화를 적극적으로 수용하고 생물학적 분리주의를 내세운 급진파 회원들이 주축이 되어 만든 커뮤니티로 추정되는 워마드(WOMAD)가 출현한 이후, 이러한 갈등 증폭의 가능성은 더욱 우려스럽다. 메갈리아를 기존의 페미니즘과 동일시하는 입장과 메갈리아를 워마드와 동일시하는 다른 입장이 서로 물러서지 않고 자신의 해석만을 고수할 경우, 결국 워마드가 페미니즘과 동일시되는 대중적 해석이 정착되기 때문이다.

다시 말해, 메갈리아 내부에서 '메갈리아 A'나 '메갈리아 B'와 같은 정체성 분화를 고려하지 않고, '메갈리아' 라는 단일한 정체가 페미니즘 내지는 워마드라고 주장한다면 '페미니즘=메갈리아=워마드'라는 등식이 성립하게 되는 것이다. 대립하는 양 진영이 가치판단만 다를 뿐 페미니즘을 극단주의로 이해하는 이러한 해석이 정착될 경우, 젠더 문제에 대한 생산적인 논의와 상호이해보다는 극단적인 분리주의와 적개심만이 늘어날 가능성이 높다. 그렇기 때문에 메갈리아 내부의 다양한 정체성을 파악하는 일은 중요하다.

워마드의 정체성 진화에 대해서 이 연구의 함의를 적용해 보자. 워마드의 시발점이 메갈리아의 정체성 중 과격한 언어 사용 집단에 맞닿아 있는 것은 사실로 보인다. 그러나 메갈리아 몰락 이후 언론의 집중적 관심을 받을 당시의 워마드, 그리고 그러한 관심이 원인이 되어 자체적으로 진화한 워마드의 정체는 다를 수 있다. 특히 최근 워마드 커뮤니티 자체는 세력이 많이 위축되었으며, 정치적으로 좀 더 보수적인 입장이 주류를 이루는 것으로 보인다. 하지만 그렇다고 해서 초창기 및 혜화역 시위 당시 워마드의 정체성을 정치적 보수성과 연결시켜 해석하는 것은 오류다. 특히 후자의 경우에는, 워마드뿐만 아니라 다양한 동기를 지닌 행위자들이 여러 통로를 통해 동참했기 때문에 이후 워마드의 정치적 보수성을 소급 적용하여 해석할 수 없다. 더구나 어떠한 정치적인 목적을 가지고 전략적으로 워마드를 특정 정파와 연결하는 방향으로 해석하는 것은 매우 위험하다. 젠더 갈등을 기존의 정치적 갈등과 연동시켜 두 영역 모두에서 갈등을 더욱 합의하기 어려운 형태로 만들고, 갈등의 강도를 증폭시키기 때문이다. 향후 그러한 정치적 갈등이 일어날 가능성을 줄이고, 젠더 갈등을 완화하는 데에 이 글이 조금이나마 도움이 되길 바란다.

참고문헌

홍성인·강정한. 2016. 「인터넷 공간의 익명성이 집단 인상관리에 미치는 영향에 관한 연구」. ≪사회연구≫, 30, 77~114쪽.

제3장

소셜미디어의 왜곡된 세상과 그 해결법

박주용 | KAIST 문화기술대학원

1. 들어가며

2019년 1월 미국의 소셜미디어를 들끓게 한 사건 하나가 있다. "Make America Great Again(미국을 다시 위대하게 만들자)"이라는 트럼프 대통령의 선거 구호가 적힌 모자를 쓰고 수도 워싱턴 DC에 수학여행을 왔던 한 백인 고등학생이 동급생들과 함께 아메리카 원주민 한 명을 에워싸고 실실 웃으며 조롱하고 위협했다는 소식이, 그것을 증명하기라도 하듯 당시의 사진과 함께 소셜미디어를 통해 전국에 퍼졌다. 지진으로 인한 땅의 흔들림보다 지진이 일어났다는 소식이 더 빨리 전해진다는 소셜미디어에 올라온 사진 한 장과 그럴듯한 사건 설명만 듣고 나서 학교 교장은 사실 확인도 하지 않고 이 학생을 퇴학시키겠다고 선언했고, 정의감이 넘쳐난다고 생각하는 소셜미디어 사용자들의 "백인=압제자", "원주민=피해자"라는 매우 단순하고도 도식적인 편견을 확증시켜준 대가로 이 학생은 전국으로부터 살해 위협을 받기 시작했다.

그러나 얼마 뒤에 올라온 사건 동영상에는 오히려 가만히 서 있던 학생 무리에 그 원주민이 북을 치고 소리를 내며 접근했고, 원래 사진에 나온 그 학생 턱밑까지 들어가 도발하는 모습이 담겨 있었다. 그 상황에서 미소를 지었던 이유로 "도발에 적대적으로 반응하면 상황이 악화될까 봐 억지로라도 웃음을 보였다"는 학생의 설명도 그제야 전해지기 시작했다.

사진 한 장으로 순진한 원주민을 억압하고 조롱하는 백인우월주의자가 되어 말로 담기 어려울 정도의 위협을 받던 한 학생이, 사실은 가만히 서 있는데 먼저 싸움을 걸어온 원주민 전문 운동가의 도발에 반응하지 않고자 마음을 가다듬고 평정을 유지하려 했던 의젓한 학생으로 변신하는 순간이었다. 만약에 그 동영상이 없었다면 소셜미디어에 올라온 앞뒤 모를 단 한 장의 사진만으로 그 어린 학생은 어떤 끔찍한 일을 당했을 수도 있고 평생 얼굴이 팔린 인종차별주의자로서 어려운 인생을 살았을지도 모른다.

소셜미디어 사용자들이 '만약 이런 일이 나에게 일어난다면?'이라고 조금이라도 상상을 해보았다면 과연 그렇게 할 수 있었을까? 이 사건은 소셜미디어가 제대로 된 사실 검증도 없이 어떤 한 사람의 인생을 망가뜨릴 수 있는 어두운 힘을 갖고 있다는 것의 증명이라고 할 수 있다. 이 어두운 힘은 과연 어디에서 오는 걸까? 우리로 하여금 저렇게 한 사람을 사악하다고 속단하고 안전을 위협까지 하도록 만든 원인은 소셜미디어에 있을까, 아니면 바로 우리 자신의 본성에 있을까?

2. 소통의 욕망

인간은 모두가 자신의 욕망을 채우기 위해 산다. 기억조차 제대로 안 나는 태어난 순간부터 생이 다하는 그날까지 우리는 욕망을 채우기 위해 힘쓴다. 욕망이 우리의 삶 그 자체이고 우리가 진정 누구인지를 규정하는 것이라면 모든 인간 행위의 동기인 이 욕망이 무엇인지 알아야 하는데, 그에 관해 많은 사람에게 인정받는 이론 중 하나가 미국의 심리학자 에이브러햄 매슬로우(Abraham Maslow)가 주창한 '인간의 욕구 단계론'이다. 매슬로우에 따르면 인간의 욕구는 다음과 같이 다섯 단계로 이루어져 있다고 한다.

1단계: 생리적 욕구
2단계: 안전의 욕구
3단계: 친밀감과 우정의 욕구
4단계: 자존감과 성취의 욕구
5단계: 자아실현과 창의의 욕구

1단계가 제일 기초적이고 5단계로 갈수록 고차원적인 욕구가 되는데, 근래에 와서 이 이론이 새롭게 각광을 받은 이유 하나가 바로 현대의 과학기술이 이런 욕구를 순서대로 충족시켜 왔음이 밝혀졌기 때문이다. 즉, 1, 2단계의 생리적 욕구와 안전의 욕구는 근대 산업화가 가져온 물질적 풍요와 기술의 발달로 충족될 수 있었고 3, 4단계는 20세기의 대표적인 과학기술인 통신·인터넷으로 충족되었다는 것이다. 특히 전화기로 대변되는 일대일 실시간 통신기술은 언제 어디서나 원하는 친구와 소식을 나누며 외로움을 달랠 수 있게 해주었으며, 그로부터 발전해 온 스마트폰과 같은 기기는 다대다(多對多) 소통을 가능하게 하여 나의 성취를 많은 사람에게 보여주고 인정받게끔 함으로써 자존감에 대한 욕구를 충족시켜주고 있다.

그런데 근대 산업화로 인해 이루어낸 물질적 풍요 뒤에 따라온 환경오염

문제, 물질만능주의로 인한 인간성의 상실 등이 전 지구적인 문제가 되어 완벽하게 해결할 수 없는 골칫거리가 되었듯이, 현대 문명의 또 다른 대표적 기술인 통신기술이 일으키는 문제점은 없는지 그리고 그 문제가 물질적·정신적 측면에서 우리의 삶을 오염시키고 있지는 않은지 생각해 봐야 할 필요가 있다. 특히 요즈음 대두되는 문제는 다음의 두 가지다. 첫째, 사실과는 판이하게 다른 이른바 '가짜 뉴스'의 범람이다. 둘째, 자신의 의견과 다르다는 이유로 원색적인 비판을 하고 사람들을 선동하여 소통의 장에서 쫓아내는 디지털 갱스터가 나타난 일이다. 이 장에서는 왜 이런 일이 벌어지고 있으며, 이를 극복하는 방법은 무엇일지 생각해 보고자 한다.

통신기술 가운데 세상을 뒤바꿔버린 것이 무엇이냐 묻는다면 지금의 우리는 인터넷이나 무선 와이파이를 말하겠지만, 실제로 이런 일들이 가능해진 데는 20세기 중반 미국의 수학자 클로드 섀넌(Claude Shannon)의 역할이 절대적으로 컸다. 섀넌은 현재도 미국의 대표적 통신 회사인 AT&T에 근무하는 연구가였는데, 그는 전신 회사의 임무에 맞게 '전화로 연결된 고객끼리 하는 말을 최대한 완벽하게 전달하는 것'을 목표로 연구를 하고 있었다. 간결한 정의와 논리를 선호하는 수학자답게 그는 A와 B라는 두 고객을 설정한 뒤 A가 만약 '오늘 아침은 밥'이라고 말한다면 B도 반드시 '오늘 아침은 밥'이라고 듣게 만드는 것을 자신의 사명으로 여겼다. 연구 끝에 섀넌은 AT&T가 미국에 깔아 놓은 전화선을 통해 A와 B 사이에 완벽한 무오류의 통신이 가능하다는 것을 수학적으로 증명해 냈고, 이를 통해 통신의 모든 문제가 원칙적으로는 완벽하게 해결된 것처럼 보였다. 고객이 전하고 싶은 말을 틀림없이 전달할 수 있음이 증명되었으니 이제 남은 일은 통신을 더욱 빠르고 안정적이게 하는 것뿐이었다. AT&T가 깔아 놓은 인터넷 연결망을 통해 화려한 영상과 음악으로 이루어진 멀티미디어를 즐기는 오늘날 우리의 모습을 섀넌이 보았다면, 자신이 꿈꿔온 미래가 실현되었다며 매우 뿌듯해했을 것 같다.

그러나 이러한 통신기술 개발 과정에서 미처 해결하지 못했던 본질적인 문제가 하나 남아 있었다. 기술자의 입장에서는 메지시를 보내는 사람과 받는 사람이 있을 때 그 메시지를 전기적인 신호의 측면에서 왜곡 없이 보내는 것만을 목표로 삼을 수 있을 뿐, 그 메시지를 두고 화자와 청자가 어떠한 '생각'을 하는지 그리고 그들의 세계관이 어떻게 영향을 받는지에 대해서는 탐구할 수 없었던 것이다. 그런데 통신선을 통해 주고 받는 메시지에는 결국 보내는 사람의 의도와 받는 사람의 해석이 담기게 되므로, 사람이라는 요인을 제외한다면 소통이라는 현상에 대해서 완전한 이해를 했다고 말할 수 없다. 여기에서는 바로 지금 사람들로 하여금 가짜 소식를 양산해 퍼뜨리면서 얼굴도 모르는 사람에게 쉽게 분노하게 하는 현대의 소통, 데이터라는 것이 무엇인지 알아볼 것이다.

3. 통신, 데이터, 정보의 의미

아직 인터넷이 많은 사람에게 생소하던 1990년, 마이크로소프트(Microsoft)라는 미국 IT 회사의 젊은 대표 빌 게이츠(Bill Gates)가 만들어낸 표어는 바로 "당신의 손가락 끝에 원하는 정보가(Information at your fingertips)"이다. 그 이후 약 30년의 시간이 흐르는 동안 인터넷을 통해 우리가 전달받는 정보는 문자에서 소리와 그림으로, 소리와 그림에서 동영상으로 쉴 새 없이 화려한 모습을 갖춰왔다. 이제는 더 나아가 우리가 보이는 즉각적인 반응과 순간적인 욕구를 컴퓨터가 판별하여 좋아할 만한 정보만 골라 전해주는 세상이 도래했으니, 편안히 앉아 즐길 준비만 하면 누군가가 정보를 착착 우리 앞에 갖다주는 궁극의 정보 유토피아에 왔다고 해도 과언이 아닌 것처럼 보일 수도 있겠다.

이처럼 우리가 원하는 정보를 초고속·초대량으로(1분의 시간에 우리가 읽을 수 있는 문자와 시청할 수 있는 동영상 정보의 크기는 30년 전에 비해 대략 1000배 차이가 난다. 지난 30년간 인터넷의 발전상은 정말 놀라운 것이다) 세상 어디에서든 마음껏 받고 소비할 수 있는 지금을 우리는 '빅데이터의 시대'라고도 부른다. 그리고 데이터의 종류와 그것들을 찾는 사람이 얼마나 다양해졌는지, 이제는 '정보'와 '데이터'라는 개념들을 연구하고 그것들의 저장과 전달을 연구해 온 전통적인 정보통신학을 넘어 사회학, 인문학처럼 과거에는 종이와 연필을 연상시키던 학문 분야는 물론, 국가라는 매우 복잡한 시스템부터 1인이 운영하는 초소형 벤처 기업에서도 데이터로부터 조금이라도 더 새로운 답을 찾아보려는 노력이 당연시될 정도이다. '데이터 마이닝을 통한 혁신'을 좌우명으로 삼고 있지 않은 조직과 집단을 찾아보기가 어려울 정도인 것이다.

우리가 '데이터 마이닝'이라고 부르는 것은 데이터로부터 정보를 추출하여 새로운 대답을 찾거나 미래 기술을 개발하는 찾는 데 도움이 되는 과정을 말하는데, 사실 그것은 과학 활동 그 자체라고 말할 수 있기에 필자 같은 과학자에게는 전혀 새로운 개념이 아니다. 현대 과학의 초석을 놓았다고 평가받는 갈릴레오 갈릴레이(Galileo Galilei)와 아이작 뉴튼(Isaac Newton) 같은 과학자들이 태양계 행성들의 움직임을 관측하고 기록하며 최초의 '빅데이터'를 사용해서 인간을 우주로 쏘아 올릴 수 있는 놀라운 천체역학이라는 과학을 만들어놓은 것이 300년이 넘은 일이니 말이다. 그러나 인류의 극소수에 불과한, 인류의 대표적 지성이 아닌 우리와 같은 일반인들 또한 정보의 바다 속에서 살게 된 것은 새로운 일이므로, 지금 데이터가 우리의 일상과 사고에 어떻게 영향을 주고 있는지 살펴보는 단계가 필요하다.

우리는 매일 아침 일어나 직장이나 학교에 갈 준비를 하며 출근길 날씨, 국제 속보, 밤에 잠자는 사이에 갑자기 잡혀버린 긴급 회의의 주제, 이런 것들을 궁금해 한다. 그리고 컴퓨터나 스마트폰을 통해 '하루 종일 비가 올 것이다', '스리랑카에 테러 발생', '금리 인상과 경기 둔화에 따른 내년 해외 사업 전망에 관한 사장님 긴급 보고' 같은 뉴스를 찾아낸다. 정보란 이렇게 '내가 가진 물음에 대한 대답'이라고 볼 수 있다. 여기에서 데이터와 정보의 관계를 명확하게 할 필요가 있는데, 정보는 나의 궁금함을 해소해 주는 그 자체이고 데이터는 그러한 정보가 담겨오는 글자, 그림, 소리 같은 매체라고 볼 수 있다. 친구에게 받은 선물로 비유를 해보자면, 데이터는 선물이 담겨온 상자이고 정보는 그 안에 들어 있는 선물이다. 그렇다면 다음과 같은 일이 벌어질 수도 있지 않을까? 상자를 열어보았더니 아무것도 들어 있지 않다면? 또는 내가 이미 갖고 있는 물건이 들어 있다면? 이 경우는 데이터는 있는데 그 안에 정보가 없거나 또는 내가 이미 알고 있어서 정보로서의 가치가 없는 경우로 볼 수 있다. 만약 사람 사이의 소통에서 이런 일이 흔하게 일어난다면 데이터의 완벽한 전달, 전달 가능 데이터 용량의 증가 등 현대 통신기술이 자랑하는 최대의 성과들의 의의가 훼손되는 것은 아닐까? 아무리 선물 상자가 깨끗하게 전달된다 하더라도 그 안의 내용이 소용없다면 과연 의미 있는 소통일까?

4. 정보의 의의

정보의 의미와 전달 기술 등을 연구하는 학문 분야를 정보이론(Information Theory)이라고 한다. 정보이론에서 말하는 정보의 뜻인 '내가 가진 물음에 대한 대답'이라는 표현을 자세히 들여다보면 '나', '물음', '대답'이라는 세 가지 요소가 중요한 자리를 차지하고 있다. 먼저 '물음'이 있다는 것을 달리 표현하면 내가 현재 모르는 것이 있다는 뜻인데, 정보이론에서는 이를 여러 가지 가능한 답 가운데 어떤 것이 맞는지 내가 모르고 있다는 것으로 이해한다. 즉, 내가 '오늘의 날씨는?'이라는 질문을 한다면 나는

맑고 화창하다
흐리다
비가 온다

등 가능한 대답들의 선택지 가운데 어떤 것이 맞는지 모르는 '불확실성'을 갖고 있기에, 그 불확실성을 줄이려는 목적으로 창밖을 쳐다보거나 더 잘 알 만한 사람이나 매체(기상청, 날씨 예보 방송 등)를 찾는다는 것이다. 그 행위의 결과로 받게 된 시각 신호(하늘의 모습이나 날씨 예보) 형태로 된 데이터가 현재 구름이 낀 흐린 날씨임을 알려준다면 위의 선택지 가운데 첫째와 셋째의 가능성이 배제되기 때문에 우리의 불확실성은 사라지고 만다. 이처럼 불확실성을 없애주는 것이 바로 정보다.

그런데 이러한 물음과 대답의 과정 속에 '나'라는 요소가 개입되면 복잡한 일이 벌어지기 시작한다. 동일한 데이터(구름이 낀 하늘)를 손에 쥐고 나서도 이미 알고 있는 사실이나 지금까지 경험한 바에 따라 사람마다 다른 답을 도출하는 일이 가능해지기 때문이다. 여기 두 사람 A씨와 B씨가 있다고 하자. 이 둘은 비슷한 나이에 같은 직장을 다니는 등 큰 차이가 없는 생활을 하고 있다. 둘의 제일 다른 점이라면 A씨는 잠들기 전에 내일의 일기예보를 찾아보는 습관이 있고, B씨는 그렇지 않다는 것이다. 이 두 사람이 같은 아침 시

간에 일어나 창밖을 바라보는데 궂은 하늘이 펼쳐져 있다고 하자. 이 하늘을 보고 A씨는 전날 밤 일기예보에서 '내일은 비가 온다'고 한 것을 기억하고 '오늘은 역시 비가 오겠구나'라고 결론 내리는 데 반해 B씨는 과거에 아침에 구름이 잔뜩 꼈지만 비가 오지 않았던 경험을 먼저 떠올리며 '오늘도 구름만 끼고 말 것'이라는 결론을 내린다. 잠시 뒤 출근길에서 그 두 사람과 마주친 제3의 친구가 둘에게 '오늘 날씨는 어떨 것 같아?'라고 묻는다. A씨는 '비가 올 거야'라고, B씨는 '비는 안 올 거야'라고 대답을 해준다. 이 친구는 도대체 누구의 말을 믿어야 할까?

똑같은 질문에 똑같은 데이터를 갖고도 상충되는 대답을 낸 A와 B씨, 둘 가운데 하나는 옳고 하나는 틀렸을 수밖에 없다. 그렇다면 한 명은 참말을 했고 다른 한 명은 거짓말, 요즘 말로 하면 가짜 뉴스를 퍼뜨리고 있으니 큰 잘못을 한 것일까? 여기에서 현대 정보이론과 통계적 추론(Statistical Inference)에서 매우 중요시하는 사실을 얘기해야 하는데, 사람이 할 수 있는 최선이란 자신이 가진 데이터와 지식을 갖고 올바른 방법으로 추론하는 것이므로 어느 누구도 거짓말을 했다고 주장하기는 어렵다는 것이다. 그러므로 비가 오지 않는다는 B씨의 말을 믿고 우산 없이 나섰다가 비 맞은 쥐 신세가 되어 하루를 망치게 된다고 하더라도 B씨를 탓할 수는 없다. 보통 우리가 언론의 오보와 가짜 뉴스의 차이가 무엇이냐고 할 때 의도적인지 아닌지를 묻는 주장과 일맥상통하는 논리라고 할 수 있다.

그러나 정보이론과 통계적 추론에 따라 어떤 결론에 도달하는 과정이 틀리지 않았다고 해서 세상의 모든 결론이나 의견이 똑같이 받아들여지고 존중받아야 할 할 가치가 있다는 것은 아니다. 오히려 데이터에서 정보를 찾아내는 과정에서 최선의 방법을 동원했음에도 종국엔 틀린 결론이 나올 수 있기 때문에, 해석을 내리고 전달하고 받아들이는 과정에서 끊임없이 주의를 기울

여야 한다는 뜻이 된다. 다시 한 번 A씨, B씨, 친구의 이야기로 돌아가보자. A와 B씨에게 날씨를 물어본 친구는 자기에게 전달되는 이야기가 달랐으므로(한 명은 비가 온다고 하고, 한 명은 비가 오지 않는다고 하니) 결국 누구의 말을 믿느냐는 자신에게 달려 있었다. 전문가(기상청과 날씨 방송)의 정보를 전달한 A씨와 자신의 경험에 기반을 둔 판단을 전달했던 B씨 사이에서 누구의 대답이 더 신뢰할 만한지 따져보는 과정을 겪지 않았기 때문에 B씨의 말을 믿고 비를 맞게 된 것은 결국 자신 말고 누구의 잘못도 아닌 것이다. 물론 이 친구도 자신의 선택을 정당화할 수는 있다. 예를 들어 평소 B씨의 판단력을 믿어왔다던지, 자신도 구름이 끼었지만 비가 오지 않았던 기억이 떠올랐던지 등의 이유가 있을 수 있다. 그러나 결국 잘못된 선택을 했으니, 정보를 해석하고 받아들이는 데에서 매 순간 주의를 해야 하는 것이다. 평소에 존경하는 판단력을 지닌 지인이 명확한 사실에 기반을 두고 최선의 과정을 거쳐 내린 결론도 잘못될 수가 있는 것이 현실인데, 잘 알지 못하는 사람이 어떤 데이터를 갖고 어떤 과정을 거쳐 내린 결론인지 알기 어려운 경우가 절대 다수인 인터넷의 정보에 대해서는 더욱더 주의해야 함은 두말할 필요가 없을 것이다.

그러나 불행히도 현실에서는 익명이 사용자가 올린 정보와 그 해석을 그대로 믿어버림으로써 선의의 피해자가 생기는 일이 비일비재한 것으로 밝혀졌다. 오래되지 않은 예로, 2017년에 서울의 한 시내버스에서 있었던 일을 생각해 보자. 버스가 정류장에서 멈추자 엄마는 버스 안에 남고 아이만 먼저 내리는 위험한 상황이 벌어졌는데, 이 사건을 소셜미디어에 최초로 제보한 사람은 버스 기사의 잘못이라는 말을 덧붙임으로써 많은 사람에게 그를 비난하도록 했고, 추후에 다른 증언들이 등장하여 버스 기사의 잘못이 아니었음이 밝혀지고 있었을 때는 이미 기사가 상당한 수준의 정신적 충격을 받은 이후였다.

먼저, 이 사건에서 객관적으로 확인 가능한 사실 관계는

멈춘 버스에서 아이가 먼저 내리고 엄마는 내리지 못했다

이것 하나뿐이다. 위에서 예로 든 A씨와 B씨의 경우처럼 따져보자면 이러한 일이 벌어지게 된 원인은

단순 실수
엄마의 부주의
기사의 부주의
버스 장치의 오작동

등 다양했을 수 있는데 충분한 근거 없이 곧바로 셋째 원인이 진실인 것처럼 악담을 한 제보자의 말을 많은 사람이 그대로 믿어버린 비극이 벌어진 것이었다. 결국 잘못이 없는 것으로 밝혀진 버스 기사의 경우 며칠 동안 악당이 되어 시달려야 했는데, 그 상황을 올바로 전달하지 않은 최초 제보자에게 제일 큰 잘못이 있겠지만 그 말을 믿어버린 사람 또한 잘못이 없다고 할 수는 없다. 즉, 기사의 잘못이라고 믿어버린 사람은 단순한 사실관계에서는 알 수 없는 다음과 같은 생각들을 덧붙여 성급한 결론을 내린 것이다:

불쌍한 사람(엄마와 아이)에게는 잘못이 있을 수 없다
버스 기사는 안전 의식이 투철하지 않다
기계가 갑자기 고장나지는 않는다

세상에는 스스로 초래하는 비극이 많고, 주의 깊은 버스 기사도 있을 것이며, 기계는 언제든 고장이 날 수 있으므로 이러한 생각들은 근거 없는 편견에 지나지 않음에도 그에 기대어 모르는 사람이 하는 말을 자기 입맛에 맞는다고 신뢰해 버린 것이다. 이러한 일이 벌어지는 원인으로서 대중 심리학자들은 인간이 판단을 내리거나 의견을 갖는 데에서 공통적으로 발견되는 두 가지 문제점을 제기하곤 한다. 바로 확증편향성(confirmation bias)과 인지부조화(cognitive dissonance)인데, 『옥스포드 영어사전(Oxford Dictionary of English)』에 따르면 확증편향성이란 "새롭게 얻게 된 어떠한 증거나 정보도 이미 자신이 갖고 있는 믿음이나 이론에 대한 근거로 인식하는 성향"이고, 인지부조화란 "행동과 태도에 있어서 생각, 믿음, 태도가 서로 상충되는 상태"를 말한다. 위의 버스 사건에서 이 두 가지는 버스 기사의 잘못이었다는 그릇된 결론이 전파되는 데 다음과 같이 작용했다. 버스에서 아이가 엄마와 분리되는 일이 벌어지자, 이미 '버스 기사들은 주의를 기울이지 않는다'고 인식하던 사람들은 이 사건이 다시 한 번 자신의 인식이 옳다는 인식을 강화시켰고(확증편향), 이후에 버스 기사의 잘못이 아니라는 증거가 계속 나오는데도 자신의 기존 결론이 틀렸다는 생각을 못했을 것이다(인지부조화).

5. 인터넷 빅데이터 시대의 약속

빅데이터라는 말이 큰 각광을 받기 시작하던 2000년대 후반, 인터넷 문화와 기술을 전문적으로 다루는 잡지인 ≪와이어드(Wired)≫에서는 "빅데이터 시대에서는 과학적 방법론은 구시대의 유물이 될 것이다"라는 과감을 주장을 했다. 이러한 주장대로라면, 이제는 문제의 맥락이나 내용을 알 필요 없이 데

〈그림 3-1〉 트위터 사용자와 국회의원 팔로잉 관계와 국회의원의 법안 투표 네트워크 모형

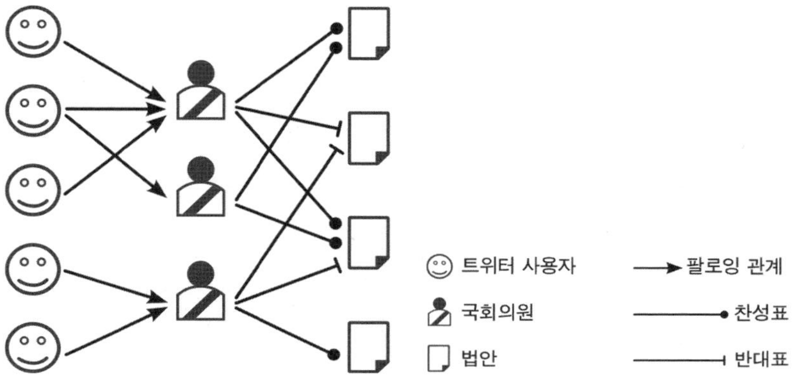

자료: Lee et al.(2015).

이터만 크면 원하는 답을 찾을 수 있다는 뜻이 된다(Anderson, 2008). 빅데이터는 모든 질문에 대한 답을 갖고 있으므로 불확실성, 그릇된 정보 같은 것은 모두 사라지리라는 희망찬 미래에 대한 선언문 같아 보였다. 기술로는 해결되지 않을 것 같았던 정보의 심오한 '인간 문제'마저도 이제 데이터로 해결되어 버리지 않겠는가 하는 기대를 하게 된 것이다.

과연 인터넷과 빅데이터 시대에 인간의 편견이 사라지고 있는지를 알기 위해 필자는 경희대학교, 서울대학교 연구진과 함께 많은 사람이 정보와 의견 교환의 장으로 삼는 트위터에서 드러나는 편향성을 연구해 보았다. 특히 인간의 감정이 종종 개입한다고 알려진 '정치'를 연구 대상 영역으로 삼아 인터넷 시대에 과연 한국에서 공평하고 폭넓은 소통이 이루어지고 있는지를 살펴보았다.

의회를 통한 대의민주주의를 실행하는 한국에서 정치적 의사의 표현은 각 정당에 속한 국회의원에 대한 지지를 통해 이뤄지는데, 트위터상에서는 이것이 국회의원에 대한 팔로우(follow)의 형태로 이루어진다. 〈그림 3-1〉은 트위

〈그림 3-2〉 트위터 사용자의 국회의원 팔로잉 네트워크 실제 사례

자료: Lee et al.(2015).

터 사용자가 국회의원을 팔로우하는 현상과 국회의원이 각 법안에 대해 투표(찬성, 반대, 기권)한 내역을 네트워크로 표현한 모형이다. 이러한 모형을 사용해 실제 투표 데이터를 분석함으로써 국회의원들의 정치적 성향을 수치적으로 계산해 낸 뒤, 그것을 바탕으로 그들을 팔로우하는 트위터 사용자들의 정치적 성향을 유추해 냈다.

〈그림 3-2〉는 실제 국회의원 트위터 계정과 일반 사용자의 팔로우 네트워크 일부를 그린 것이다. 큰 네모난 마디는 국회의원이고, 작은 둥근 마디는 일반 사용자이다. 대부분의 사용자들이 이렇게 특정 국회의원 한 명을 팔로우함으로써 정치적으로 편협한 지지 성향을 보이고 있다는 것을 알 수 있다.

그런데 한국과 미국에서 관찰되는 현상 가운데 정치적 양극화라고 하여 양당체제하의 각 당 국회의원들이 보수와 진보의 성향으로 뚜렷이 나뉘는 현상이 있는데, 이러한 현실에서 한쪽의 국회의원만 팔로우한다면 정치에 관심이 있는 트위터 사용자들 또한 한쪽 당과만 소통하고 있음을 의미한다.

우리는 이를 검증하기 위해 〈그림 3-1〉와 〈그림 3-2〉의 데이터로부터 각 당의 국회의원이 얼마나 편향되어 있는지를 계산하여 국회의원들의 정치적 위치를 그래프로 표현했는데, 한국의 결과는 〈그림 3-3〉, 〈그림 3-4〉로 정리했다(당시 국회 다수당인 한나라당 소속 의원은 동그라미, 거대 야당인 민주당 소속 의원은 네모다).

〈그림 3-3〉은 트위터 사용자들의 팔로워십으로부터 유추한 국회의원들의 정치적 편향도이다. 네모와 원은 각각 당시 거대 양당이었던 민주당, 한나라

〈그림 3-3〉 트위터 팔로워십에 따른 국회의원들의 정치적 편향도

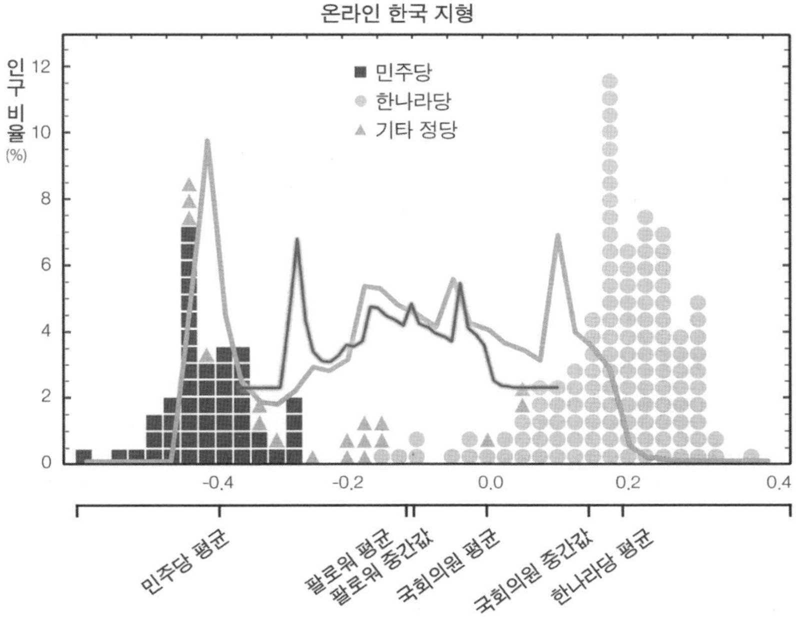

자료: Lee et al.(2015).

당의 국회의원을 뜻하는데 두 당의 의원들이 좌우로 명확하게 나뉜다는 것은 국회의원을 따르는 트위터 사용자들 절대다수가 한쪽 당 소속의 의원들만 따른다는 것을 보여준다. 그래프 가운데의 선은 트위터 사용자들의 팔로워 성향을 나타내는데, 실제 의석수나 정당 득표율과 비교했을 때 진보 성향의 민주당 의원들을 편향되게 따르고 있음을 보여준다.

결국 네모(민주당)와 동그라미(한나라당)가 뚜렷하게 분리된 것은 두 당의 국회의원들을 동시에 따르는 사람들이 적다는 것을 알려주고, 좌측에 편향된 붉은 선 그래프는 민주당 의원을 따르는 사용자들이 더 많았음을 의미한다. 그런데 당시는 한나라당 소속 의원이 더 많았고 실제 정당 득표율이 높았음

〈그림 3-4〉 법안 투표 기록에 따른 국회의원들의 정치적 편향도

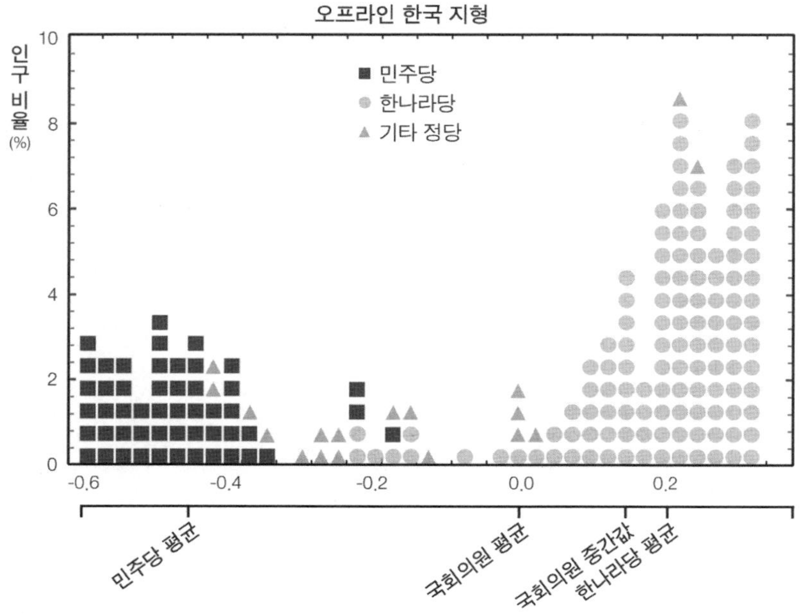

자료: Lee et al.(2015).

을 볼 때, 이는 온라인 팔로워십을 통한 소통이 특정 정당 지지자들 사이에서만 벌어지고 전체 국가의 여론 지형과도 배치되고 있었다는 것을 알 수 있다.

〈그림 3-4〉는 국회의원들의 법안 투표 기록에 기반을 둔 정치적 편향도이다. 각 당의 성향이 뚜렷하게 나오지만 트위터에서 유추된 것과는 달리 중도 지점에서 만나는 의원들도 소수 있음을 알 수 있다. 이는 오프라인의 현실(〈그림 3-4〉)보다 온라인(〈그림 3-3〉)에서 정치적 편향성이 더 크다는 것을 알려준다.

뉴욕타임스가 최근 진행한 미국 민주당 지지자들의 온·오프라인 성향 분석 연구에 따르면 미국에서도 비슷한 현상이 보이고 있다. 소셜미디어를 사

용하는 민주당원의 29%만 스스로를 중도나 보수라고 밝힌 반면 오프라인의 민주당원은 53%가 그러하다고 밝혔고, 정치적으로 명확한 이념을 중시하는 정치적 올바름(Political Correctness)에 대해서는 각각 48%와 70%가 문제라고 밝혔다. 미국 민주당에서도 소셜미디어를 사용하는 당원들의 과격성과 중도 보수적인 입장에 대한 적대적 입장에 대해 우려를 표하고 있는데, 이러한 현상은 위에서 보았듯 온라인상에서 자기가 동의하는 의견이나 입장을 지닌 정치인과 정당만 따르며 다른 입장을 지닌 사람들을 피할 수 있고, 자신의 의견과 다른 의견을 가진 사람들과 소통을 하지 않다 보니 배타적 선명성에 대한 반성을 할 필요가 없어지는 것에서 그 원인을 생각해 볼 수 있다.

6. 제언

위에서 보았듯이 인터넷과 빅데이터는 바람직하다고 보기 어려운 인간의 확증편향성과 인지부조화 성향을 극복하고 해소하는 데 도움을 주기보다, 오히려 그것을 증폭시킴으로써 사람들의 소통을 더욱더 편협하게 만들고 있지는 않은가 하는 비관적인 결론을 내리게 한다. 특히 신중하고 균형 있는 입장보다는 과격하고 선명한 선동적인 행위가 더욱더 인기를 끌며 앞서의 버스 기사처럼 선의의 희생자가 생겨나고 있는데, 이러한 현상이 국민 다수의 삶에 영향을 주는 정치의 영역에서도 늘어나고 있다는 것은 앞으로도 더 많은 사람들의 안녕이 위협받을 것이라는 경고라고 볼 수 있다.

인터넷에 넘쳐나는 잘못된 정보의 악영향을 우려한 국내외 연구진들이 최신의 알고리즘과 데이터를 활용해 잘못된 정보를 골라내는 방법들을 고안하고 있다는 소식이 전해진다. 영국의 파뷸러 에이아이(Fabula AI)라는 회사는 진짜 뉴스와 거짓 뉴스가 온라인에서 퍼져나가는 양상의 차이를 발견하여 그에 기반을 둔 판별 기술을 개발하기도 했고, 2016년 러시아의 조직적 대선 개입의 장이 되었다는 페이스북은 사운을 걸고 이 문제의 해결에 나서고 있다. 그러나 이런 기계 위주의 해결책은 얼마만큼 쓸모가 있을까?

이에 관한 통찰이 담긴 흥미로운 이야기가 수천 년 전에 쓰인 고대 철학자 플라톤(Plato)의 『파이드로스(Phaedrus)』에 나온다. 고대 이집트에 살던 타무스(Thamus) 왕은 토트(Theuth)라는 영리한 신을 영접하게 된다. 토트는 산수와 기하학, 천문학과 주사위를 발명한 뛰어난 발명가이기도 했다. 토트는 그 가운데서도 자신이 제일 자랑스러워하는 '글자의 발명'을 타무스와 이집트 백성에게 전해주러 온 것이었다.

토트는 "내가 만든 이 글자란 당신의 백성들을 더욱 현명하게 만들고 더 많은 것을 기억하게 해줄 것이오"라고 왕에게 말했다. 그러나 타무스는 그의 의견에 반박했다. "오 기발하신 토트신이여. 그러나 기술의 아버지나 발명가라고 해서 언제나 그 기술이 사용하는 자들에게 얼마나 쓸모 있게 될지 알 수 있는 것은 아니오. 당신의 발명으로 하여금 사람들은 기억하는 법을 잊고 망각하기 시작할 것이요. 기억하기보다는 쓰여 있는 글자에 의존하게 될 것이오. 글자란 당신을 숭배하는 자들에게 진실보다는 진실처럼 생긴 것만을 보여줄 것이고, 많은 것을 듣게 하지만 배우는 것은 없어지게 할 것이고, 모든 것을 아는 것처럼 행동하지만 아는 것이 없을 것이고, 현실과 상관없는 가짜 지혜를 가졌으니 어울리기 매우 피곤한 사람들로 만들게 될 것이오"라고 말했다.

물론 소크라테스가 플라톤의 입을 빌려 모든 글이 모든 사람을 역설적으로 무지에 빠뜨릴 수밖에 없다는 이야기를 한 것이라고는 믿지 않는다. 그러나 현재 인터넷에서 벌어지는 그릇된 정보의 해석과 전파로 인해 벌어질 수 있는 문제의 본질을 이미 고대 그리스에서도 파악하고 있었다는 것은 결국 기술이 아니라 인간 본성이 문제임을 의미한다. 그러므로 자신의 입맛에만 맞는 편향된 정보를 선호하고 이를 이용해 선동적인 행위를 보일수록 주목을 끄는 온라인 소통의 문제점은 기술에 의존할 것이 아니라 인간 본성에 대한 반성으로써만 해결될 수 있다는 경고로 읽을 수 있는 것이다.

기술로 우리의 허물을 해결할 수 없다면 데이터와 정보를 앞에 두고 우리가 실천할 수 있는 방안들은 무엇일까 고민하는 것에서 정답을 도출할 수 있을 뿐이다. 어떤 것이 있을까? 다음과 같은 생각을 할 수 있다.

하나, 내 주변 사람들이 나와 같은 의견을 갖고 있다면 내가 옳기 때문이 아니라 나와 생각이 같은 사람들에게 둘러싸인 것은 아닌지 의심해 봐야 한다.

둘, 나와 생각이 다른 사람들이 있다면 경청해야 한다. 그들은 내가 모르는 것을 알고 있을 수도 있고, 나보다 더 합리적인 생각을 하고 있을 수도 있다.

셋, 나와 생각이 다른 사람을 설득하여 내 편으로 만들고 싶다면 조롱이 섞인 공격이 아니라 남들로 하여금 내 생각을 듣고 싶어 하게 하는 겸손한 자세를 지녀야 한다. 생각이 다르다는 이유만으로 공격받는 것은 나도 싫듯이 남들도 싫어한다.

소셜미디어가 처음 나왔을 때 사람들은 누구나 '소통'과 '정보의 평등'을 필요로 하는 민주주의를 위한 소통과 정보 공유의 혁신적인 새로운 통로가 생겨날 것으로 기대했다. 물론 좋은 정보의 창구가 되는 면도 있지만, 요즘의 현실을 보면 소셜미디어는 그 기대에 한참 못 미치고 있다. 그리고 그것은 기술의 진보만으로는 해결되지 못할, 대화하는 인간으로서의 기본 소양을 필요로 한다는 점에서 우리 모두의 반성을 필요로 한다고 볼 수 있다.

참고문헌

Lee, D, KS Hahn, S-H Yook and J Park. 2015. "Quantifying Discrepancies in Opinion Spectra from Online and Offline Networks." *PLoS ONE*, 10(4): e0124722. https://doi.org/10.1371/journal.pone.0124722

플라톤(Plato). 『파이드로스(Phaedrus)』. http://classics.mit.edu/Plato/phaedrus.html

Anderson, Chris. 2018. "The End of Theory: The Data Deluge Makes the Scientific Method Obsolete." *WIRED*. https://www.wired.com/2008/06/pb-theory/

제4장

역겨운 북한사람들?

한국인들의 북한에 대한 감정적 대응

하상응 | 서강대학교

1. 들어가며

2017년 11월 한 북한 병사가 판문점 공동경비구역을 통해 대한민국으로 귀순했다. 예상치 못한 귀순 시도를 저지하기 위해 북한 측은 총격을 가했고, 그 결과 그 북한 병사는 심각한 총상을 입은 채 대한민국의 품에 안겼다. 이 병사의 수술은 아주대학교병원 이국종 교수의 집도로 수행되었고, 수술 이후 이 교수는 언론 브리핑을 통해 귀순 병사의 상태를 공개했다. 이 교수는 분변으로 오염된 복강을 세척하고 손상된 복벽에 남아 있던 총알을 제거한 후 봉합했다고 보고하면서, 대량 출혈로 쇼크 상태에 빠졌던 기간이 길었기 때문에 예후가 좋지 않을 가능성이 높은 위중한 상황이라고 했다. 동시에 이 교수는 귀순 병사의 파열된 소장 내부에서 수십 마리의 기생충 성충이 발견되었다고 말했다. 일부 기생충은 길이가 27cm에 달해 회충일 가능성이 크다고도 덧붙였다. 그리고 기생충은 총상 이후 밖에서 상처를 통해 들어간 것이 아니라 원래 귀순 병사의 몸속에 있었다고 밝혔다. 기생충이 워낙 많아서 파열된 장에서 나오는 피를 빨아먹으며 장에 구멍을 뚫고 나온다는 설명을 하면서, 기생충이 하루에 20만 개의 알을 낳기에 감염 방지를 위해 기생충을 일일이 빼내는 작업이 필요하다는 이야기도 덧붙였다. 이 교수는 이러한 놀라운 사실을 기생충 사진을 보여주면서 생생히 전달했다.

귀순한 북한 병사의 몸에서 기생충이 발견되었다는 소식은 우리에게 크나큰 충격을 주었다. 한국은 1960년대부터 기생충 퇴치에 적극적으로 나서서 지금은 기생충을 거의 찾아보기 어렵기 때문이다. 전문가들은 북한에 회충이 많은 이유 중 하나로 인분을 비료로 사용하는 관행을 꼽았다. 기생충 전문가인 단국대학교 서민 교수도 탈북민들의 몸에서 기생충이 많이 발견된다고 말하면서 탈북민 18명의 대장내시경 검사 결과 절반 정도인 8명에서 회충, 편충 등의 기생충이 발견된 적이 있다고도 했다. 군사 전문가들의 의견에 따르면 귀순한 북한 병사의 근무 지역인 판문점대표부는 북한에서 가장 대우를 잘 받는 부대인데, 그 부대 소속 병사의 위생 상태가 이 정도라면 다른 부대나 다른 지역의 위생 상태는 훨씬 더 심각할 것이라고 한다.

우리는 오랫동안 북한 주민을 '하나의 민족' 구성원으로 생각해 왔다. 하지만 분단이 60년 이상 지속된 상황에서 우리와 북한 주민들 간에는 부인할 수 없는 여러 가지 차이가 생겨왔다. 위의 예에서 보듯이 남한과 북한 간 공공보건 영역에서의 격차는 이러한 차이들 중 하나다. 아무리 일상생활에서 의사소통에 어려움이 없고, 역사의식을 공유하고, 같은 문화를 향유하고 있다고 해도 기생충에 시달리는 북한 주민들이 우리에게 주는 인상은 이질적일 수밖에 없다. 특히 비위가 약한 사람에게 북한 주민들이 노출된 위생 상태는 역겨움을 유발하는 것 역시 부인할 수 없는 사실이다. 이것은 '우리 민족'으로 여겨져 왔던 북한 주민들에 대한 우리의 인식과 태도가 기대보다 훨씬 더 다양할 것임을 시사해 준다. 한국 사람들이 느끼는 북한에 대한 이질감의 원천은 무엇일까? 이 질문에 대한 해답을 역겨움에 대한 민감함(disgust sensitivity)이라는 인간의 기본 감정의 역할에 초점을 맞추어 찾아보고자 한다.

2. 역겨움에 대한 민감함

2015년 큰 인기를 끌었던 영화 〈인사이드 아웃(inside out)〉은 질풍노도의 시기를 겪고 있는 10대 소녀의 감정 변화에 대한 이야기다. 이 영화에서는 인간의 다섯 가지 감정, 즉 기쁨(joy), 슬픔(sadness), 분노(anger), 걱정(anxiety), 역겨움(disgust)이 주인공으로 등장한다. 사람이 느끼는 다양한 감정 중에서 유독 이 다섯 가지의 감정을 내세운 이유는 영화를 만든 사람들의 자의적인 결정이 아니라 심리학 연구에서 그 근거에서 찾을 수 있다. 이 다섯 가지 감정이 인간이 느끼는 기본 감정이라는 것이 심리학자들 간에 공유되는 지식이기 때문이다(Roper, 2015).[1]

일반적으로 감정(emotion)은 "외부 자극에 대한 즉각적이고 무의식적인 반응"(Ledoux, 1998)이라고 정의된다. 기쁨과 같은 긍정 감정(positive emotion)은 추구하는 일을 방해하는 요인이 없고 수월하게 진행되거나, 바라는 바를 성취할 때 느끼는 감정이다. 반면 슬픔과 같은 부정 감정(negative emotion)은 노력이 보상받지 못하거나 아끼는 대상을 잃어버릴 때 느끼는 감정이다. 분노의 경우, 기본적으로 앞길을 가로막는 장애물에 대해 느끼는 부정 감정이기

1 이들 다섯 가지 감정은 경멸(contempt), 놀라움(surprise)과 더불어 인간의 얼굴 표정으로 표현 가능한 기본 감정들이라고 본다.

는 하나 그 장애물을 적극적인 행동으로 제거할 수 있다는 믿음에 근거한 감정이다(앞을 가로막는 장애물이 감당하기 어려운 것이면 분노 대신 공포와 좌절을 느낄 가능성이 높다). 걱정(혹은 공포)은 불확실한 상황에서 생겨나는 감정이다. 마지막으로 역겨움은 몸에 피해를 줄 것이라고 여겨지는 대상을 회피할 때 느껴지는 감정이다.

심리학에서는 외부에서 주어진 자극에 대해 다섯 가지 기본 감정을 느끼는 현상 자체는 모든 사람에게 공통적으로 나타나나, 느껴지는 감정의 강도에는 개인차(individual difference)가 있다는 것을 반복적으로 강조한다. 학술적인 논의를 인용하지 않더라도, 일상생활에서 동일한 사건에 대해 기쁨 혹은 슬픔을 느끼고 표현하는 방식에 개인차가 있음을 확인하기란 별로 어렵지 않다. 이러한 맥락에서 동일한 자극이 주어졌을 때 어떤 사람들은 강한 역겨움을, 다른 사람들은 상대적으로 약한 역겨움을 느낄 수 있을 것이다.

역겨움이라는 감정은 인간의 건강과 생존을 위협하는, 눈에 보이지 않는 병원균을 무의식적으로 피하기 위한 동기에서 비롯된다고 한다. 몸에 이미 들어온 병원균과 싸우는 내재된 면역 체계와 구분하기 위해, 병원균이 있다고 의심되는 대상을 '몸으로' 피하는 기제를 행동면역체계라고 이야기한다. 인간이 오감을 통해 병원균의 존재 여부를 파악하는 데에는 한계가 있기 때문에, 낯설거나 생소한 자극이 주어지면 행동면역체계가 일반적으로 그것들을 모두 회피하는 방향으로 작동하게 된다. 예를 들어 썩은 내가 나는 고기, 평소에 보지 못했던 화려한 색의 버섯, 온갖 종류의 벌레가 기어다니는 동굴 등은 건강을 손상시키고 더 나아가 생명에 위협을 주는 요인들을 담고 있을 가능성을 배제할 수 없기 때문에, 피해야 하는 대상이 된다. 문제는 이러한 행동면역체계가 물건 또는 장소가 아닌 서로 다른 인종, 종족, 국적의 사람들에게까지 적용될 수 있다는 점이다.

이제까지 사회과학 분야에서 축적되어 온 경험 연구들의 결과에 따르면, 역겨움에 대해 민감함이 높은 사람들은 성소수자와 다른 언어 및 문화권에 속하는 이민자들과의 접촉을 회피하는 경향을 보인다고 한다(Inbar, Pizarro, Knobe and Bloom, 2009; Aarøe, Petersen and Arceneaux, 2017). 사람들이 성소수자 혹은 이민자 자체에 대해 역겨움을 느껴서 발생한 결과는 아니다. 그 대신 이는 다음과 같이 순차적으로 해석되어야 한다. (1) 역겨움을 유발하는 자극에 태생적으로 유독 민감한 사람(소위 '비위가 약한 사람')과 상대적으로 그러한 자극에 둔감한 사람이 있다. (2) 이 중에서 역겨움에 민감한 사람들은 상대적으로 좀 더 활성화된 행동면역체계를 가지고 있다. (3) 행동면역체계는 병균으로부터 감염되는 것을 피하기 위해 낯선 것, 이질적인 것, 익숙하지 않은 것들을 피하게 만든다. (4) 성소수자와 이민자는 보통 그 수가 적을 뿐만 아니라 최근에서야 가시적인 사회집단으로 인식되었기 때문에 상대적으로 이질적인 존재이다. (5) 따라서 역겨움에 대한 민감도가 높은 사람들은 자신들의 의사와 상관없이, 행동면역체계가 활성화되어 즉각적으로 무의식중에 성소수자와 이민자를 회피하는 태도를 보인다.

더 나아가 역겨움에 대한 민감도가 높은 사람들은 사회의 동질성을 강화하고 질서를 정립하려고 하는 정책들에 대해 상대적으로 강한 지지를 보낸다고 한다(Kam and Estes, 2016). 이러한 경향성은 궁극적으로 역겨움에 대한 민감함이 높은 사람들을 사회문화 관련 현안에 대해 보수적인 성향으로 이끄는 원동력이 된다(Inbar, Pizarro and Bloom 2009). 다시 말해 역겨움에 대한 민감도가 높은 사람들은 조세, 노동, 경제성장, 재분배 등과 같은 경제 현안에 대해서는 반드시 보수적인 성향을 띠지 않으나 성 지향성, 역사 인식, 도덕관, 민족이나 국가 정체성 등과 같은 사회·문화 현안에 있어서는 보수적인 성향을 띤다는 것이다.

이러한 맥락에서 확인하고 싶은 바는, 한국에서 역겨움에 대한 민감함이 높은 사람들이 갖는 북한에 대한 태도다. 기존 연구에서 나타난 논리의 연장선상에서 볼 때, 만약 역겨움에 대한 민감함이 높은 사람들이 북한 주민에 대해 부정적인 인식을 보이고 통일에 대해서도 미온적인 반응을 보인다면 이것은 곧 우리가 북한을 '우리가 아닌 남', 즉 익숙하지 않고 낯선 외집단(out-group)으로 인식하고 있음을 의미한다. 반대로 아무리 역겨움에 대한 민감함이 높더라도 북한 주민과의 통일에 대해 부정적인 반응을 보이지 않는다면 단일민족의식이 여전히 한국 사회에 확고히 뿌리내리고 있다 하겠다.

3. 역겨움에 대한 민감도 측정 방식: 기계의 사용

역겨움에 대한 민감함이 어떠한 결과를 유발하는지를 경험적으로 확인하기 위해서는 역겨움이라는 특정 감정을 측정하기 위한 도구가 필요하다. 보통 두 가지 방법이 사용된다.

하나는 기계를 사용하는 방식이다. 피실험 대상에게 심전도 측정기 혹은 피부 표면습도 측정기를 착용하게 하고 컴퓨터 스크린 앞에 앉힌다. 그리고 설문을 수행하는 도중에 역겨움을 유발하는 이미지(예를 들어 상처가 곪아 구더기들이 그 속에서 자라는 이미지)에 노출시키고, 그 순간 피실험자의 심전도 혹은 피부표면 습도에 어떠한 변화가 생기는지를 측정한다.

이러한 측정 방식은 역겨움이라는 감정을 객관적으로 파악하겠다는 의도에서 비롯되었다. 하지만 이미지에 대한 피실험자의 반응을 역겨움이라고 보아야 하는지, 아니면 다른 감정으로도 해석이 가능한지가 애매하다. 구더기 이미지를 보고 역겨움을 느끼는 사람들도 있겠지만, 위협과 공포를 느끼는 사람들도 역시 있을 것이다. 극소수의 피실험자들은 구더기 이미지를 보고 이 상황을 연출한 연구자에게 분노를 느낄 수도 있을 것이고('왜 연구자가 나에게 이런 실험이라는 이야기를 미리 해주지 않았지?'), 예외적으로 매우 특이한 식성을 가지고 있는 피실험자들은 구더기를 보고 식욕을 느꼈을 수도 있다. 즉, 기계를 사용한 측정 방식은 이미지가 유발하는, 피실험자의 몸으로 표현된 변화를 보기에는 수월하나, 그 변화의 내용이 무엇인지를 파악하는 데에는 별 도움을 주지 못한다.

또한 이러한 측정 방식은 보통 실험실에서 이루어지기 때문에 사전 동의를 얻은 소수의 대학생을 연구 대상으로 삼아 적용되는 것이 일반적이다. 한 연구팀에서 사용할 수 있는 기계의 개수가 많지 않기 때문에 다수의 표본을 활용하여 측정하기가 현실적으로 어렵기 때문이다. 이 문제는 다양한 사회인구학적 요인들을 반영하여 연구를 수행하는 데 장애가 되고 이는 연구 결과, 즉 역겨움에 대한 민감함의 측정 결과가 한국의 일반 시민들을 대표하는 결과가 아닐 수도 있음을 의미한다. 소위 표본의 대표성(representative sample) 문제는 이 맥락에서뿐만 아니라 심리학 연구 일반에 적용되는 내용이기도 하다.

4. 역겨움에 대한 민감도 측정 방식: 설문의 활용

다른 측정 도구로는 설문이 있다. 역겨움에 대한 민감함을 측정하기 위해 사용되는 설문 도구는 보통 역겨움을 유발하는 상황을 기술하는 진술들을 주고 그 진술에 대한 입장이 어떠한지를 응답자에게 묻는다. 역겨움에 대한 민감함을 측정하기 위해 가장 빈번히 사용하는 설문 도구에는 주로 다음과 같은 문항이 포함되어 있다(Olatunji et al, 2007).

1. 다음의 네 가지 진술을 읽고, 주어진 진술에 동의하는지 그렇지 않은지를 알려주십시오.
   - 특정한 상황에 처할 경우, 나는 원숭이 고기를 먹을 수도 있다.
   - 나는 누군가 토하는 것을 보면, 역겨운 기분이 든다.
   - 나는 공중화장실 변기에 나의 어떠한 신체 부위도 닿지 않도록 애쓴다.
   - 단골 음식점이라고 하더라도 주방장이 감기에 걸렸다면 굳이 그 음식점에 가지는 않을 것이다.

2. 다음의 상황이 어느 정도 역겨움을 유발하는지 알려주십시오.
   - 마시려던 우유에서 상한 냄새가 날 때
   - 음식물 쓰레기통을 열었다가 그 안에서 구더기를 보았을 때
   - 친구가 개똥 모양의 초콜릿을 선물로 주었을 때
   - 내 것인 줄 알고 마셨던 음료수가 옆 사람의 것이었을 때

이러한 설문의 이점은 응답자의 역겨움에 대한 민감도를 비교적 정확히 측정할 수 있다는 점이다. 원숭이 고기, 공중화장실 변기, 쓰레기통 안의 구더기 등의 용어는 공포 또는 분노와 같은 부정 감정과 큰 상관이 없고, 역겨움과 밀접한 관련이 있을 것이라 쉽게 짐작할 수 있다. 또한 이러한 설문 문항들은 역겨움에 대한 민감도가 높은 사람들이 그렇지 않은 사람에 비해 어떠한 태도 차이를 보이는지를 확인하기 위한 대상을 직접 언급하지 않기 때문에, 행동면역체계의 개인차를 파악하는 데 도움이 된다. 가령 설문에서 '귀하는 성소수자에 대해 역겨움을 느끼십니까?' 혹은 '귀하는 북한에서 이주한

사람들을 보면 역겨운 감정이 드십니까?'와 같은 질문을 던진다면, 행동면역 체계 활성화의 부산물인 역겨움이라는 감정이 주는 영향력을 정확하게 파악할 수 없게 된다.

이와 같은 이점에도 설문 도구를 사용하는 작업이 완전한 것은 아니다. 설문 문항을 통해 개인의 역겨움에 대한 민감도를 측정하게 되면 보고된 역겨움이 '감정'인지 아니면 인지 과정을 거쳐 표현된 '판단'인지 구분하기 어렵다는 문제가 있다. 예를 들어 친구가 개똥 모양의 초콜릿을 주는 상황을 상상하고 측정한 역겨움의 정도는 '개똥'에 즉각적으로 반응한 결과인지 아니면 '초콜릿'을 염두에 넣고 판단한 내용인지 구분하기 어렵다는 것이다. 또한 "나는 공중화장실 변기에 나의 어떠한 신체 부위도 닿지 않도록 애쓴다"는 진술에 찬성하는 응답자가 '변기'라는 역겨움을 주는 대상에 대한 반응을 반영해 대답을 했는지 아니면 '공중화장실에서는 변기에 신체 부위를 닿지 않게 하는 것이 바람직하다'라는 규범적인 위생관에 기반하여 대답했는지를 구분하기 어렵다.

이 문제는 역겨움에 대한 민감함을 '감정(emotion)'으로 이해할지 아니면 '도덕률(morality)'로 이해할지를 둘러싼 학계의 논쟁과 관련이 있다. 전술한 바와 같이 역겨움에 대한 민감함은 사람들이 가지고 있는 가장 기본적인 감정들 중 하나로 이해하는 것이 일반적이다. 그런데 최근 각광을 받고 있는 도덕기반 이론(moral foundations theory)에 따르면, 다양한 문화권에 존재하는 공통적인 도덕률 중 하나가 바로 역겨움을 유발하는 요인을 제거하여 순수함(purity)과 신성함(sanctity)을 유지하는 규범이라고 한다(Graham, Haidt and Nosek, 2009). 가령 '쓰레기통 속의 구더기'는 일부 개인이 역겨운 감정을 느끼게 되는 외부 자극이기도 하지만, 도덕기반 이론의 시각에서 보면 사회의 공공 위생 상태 개선을 위해 제거되어야만 한다는 도덕적 판단의 근거가 될 수도 있다.

따라서 감정으로서의 역겨움에 대한 민감함과 도덕률로서의 역겨움에 대한 민감함 간에 밀접한 관계가 있음이 자명하기는 하나(Wagemans, Brandt and Zeelenberg, 2018), 이들 사이에 충돌이 생기는 경우가 있다는 것이 문제다. 가령 멕시코 국경을 넘어 미국으로 밀입국하려다 죽은 어린아이의 반쯤 부패된 시체를 찍어 미국의 이민정책을 비판하는 영상물이 있다고 하자. 여기서 보이는 어린아이의 모습은 (이미 부패된 상태이기 때문에) 그 자체로 역겨움을 유발할 가능성이 높다. 이것은 무의식중에 작동하는 역겨움이라는 감정이 활성화된 결과다. 하지만 이 영상물을 통해 일반인들이 겪게 되는 도덕적 판단은 부패하고 있는 시신이 위생상 위험하기 때문에 빨리 처리되어야 한다는 것보다, 어린 나이에 고생하다 사망한 아이의 운명을 안타까워하면서 아이에 대해 연민을 느끼는 것에 가까울 것이다. 이러한 미묘한 차이는 설문을 통해 정확히 파악하기 어렵다.

하지만 설문을 통해 역겨움에 대한 민감도를 측정하는 방식은 위에서 언급한 기계를 이용한 방식에 비해 많은 수의 피실험 대상 혹은 응답자에게서 결과를 얻어낼 수 있다는 장점이 있다. 보통 사회과학 분야에서 하나의 설문은 1000명 이상의 응답자들을 대상으로 이루어지기 때문에, 이 문항들을 포함시키기만 하면 다양한 사회인구학적 특성을 갖는 표본으로부터 정보를 얻을 수 있다.

이렇듯 기계를 통한 측정 방식이건 설문을 통한 측정 방식이건 장단점이 있다. 여기서는 역겨움에 대한 민감도가 북한에 대한 인식에 어떠한 영향을 주는지 알아보기 위해 설문 자료를 활용한다.

5. 역겨움에 대한 민감도 측정

2018년 1000명을 대상으로 온라인 설문을 수행했다. 온라인 설문을 수행한 이유는 역겨움에 대한 민감도를 측정하기 위한 설문 도구를 대면 면접(face-to-face interview) 혹은 전화 면접(telephone interview) 상황에서 사용하기 어렵기 때문이다(위에 제시된 설문 문항들을 대면 면접 혹은 전화 면접에서 물어볼 때 조사원과 응답자가 서로 겪게 될 어색함과 난감함을 상상해 보면 쉽게 납득할 수 있을 것이다).

응답자들은 성별, 연령, 거주 지역을 기준으로 할당하여 추출되었고, 북한이나 통일과 관련된 질문뿐만 아니라 다음과 같은, 역겨움에 대한 민감도를 측정하는 여덟 가지 진술에도 의견을 제시하게 했다. 이 문항들은 "병원균에 대한 민감도 인식(perceived vulnerability to disease scale)"(Duncan, Schaller and Park, 2009)이라는 측정 도구에서 선택했다. 각 진술에 '매우 반대' 하면 0점, '매우 동의' 하면 7점을 주게 했고, 대부분의 응답자들은 그 사이에 있는 값들을 선택했다.

다음의 진술들의 귀하의 입장과 어느 정도 일치하는지 알려주십시오.

- 나는 다른 사람과 악수를 한 뒤, 되도록 빨리 손을 씻는 편이다.
- 나는 대중교통(버스, 지하철 등) 이용 시, 위생상의 이유로 손잡이 사용을 기피한다.
- 나는 누군가의 이빨 자국 흔적이 있는 필기구를 사용하고 싶지 않다.
- 나는 누가 입었던 것인지 불분명한 중고거래 의류나 헌 옷 입는 것을 좋아하지 않는다.
- 나는 등산을 가거나 운동을 할 때 친구와 함께 물통을 사용하고 싶지 않다.

- 나는 사람들이 입을 가리지 않고 재채기를 할 때 신경이 쓰인다.
- 나는 아픈 사람을 만나고 나면 청결에 보다 신경을 쓴다.
- 나는 돈을 만지고 난 후 손을 씻으려고 노력한다.

이 설문 문항들은 앞에서 제시된 문항들과 달리 '위생'에 초점을 맞추어 응답자들의 역겨움에 대한 민감도를 파악하기 위해 고안되었다. 역겨움에 대한 민감도는 생존과 번식에 위협이 되는 병원균과의 접촉을 피하기 위한 면역기제의 활성화(Kam and Estes, 2016)"라는 사전적 정의에 따르면, 역겨움을 쉽게 느끼는 사람들은 청결한 환경을 조성하기 위해 애쓸 것이라 기대할 수 있기 때문이다. 이에 이 척도를 '병균회피 척도라고 부르기로 한다.

이 척도를 통해 본 설문 응답자들의 역겨움에 대한 민감도는 〈그림 4-1〉과 같다. 우선 여덟 개의 진술 각각에 대한 답변의 평균값을 정리해 본 결과가 왼쪽에 제시되어 있다. 응답자들은 이빨 자국(평균값 5.09), 재채기(평균값 5.10), 그리고 헌 옷(평균값 4.51)에 상대적으로 민감한 반응을 보이는 반면, 악수(평균값 2.50)와 손잡이(평균값 2.56)에는 상대적으로 덜 민감했다. 물통(평균값 3.86), 아픈 사람(평균값 4.21), 돈(평균값 3.87) 관련 진술에 대해서는 지나치게 민감하지도 둔감하지도 않은 응답 패턴을 보였다. 한편 여덟 개의 진술에 대한 응답 간 평균값을 구하여 만든 척도(평균값 3.96, 표준편차 1.30)의 분포를 보면, 극단적으로 민감하거나 극단적으로 둔감한 응답자의 수가 적은, 정규분포(normal distribution)와 유사한 모습을 띠고 있음을 확인할 수 있다.

북한에 대한 태도를 확인하기 위한 설문 문항은 다음의 두 가지가 사용되었다.

(1) 귀하는 정부가 받아들이는 북한 이주민의 수를 더 늘려야 한다고 생각

〈그림 4-1〉 역겨움에 대한 민감도 측정 도구의 기술 통계

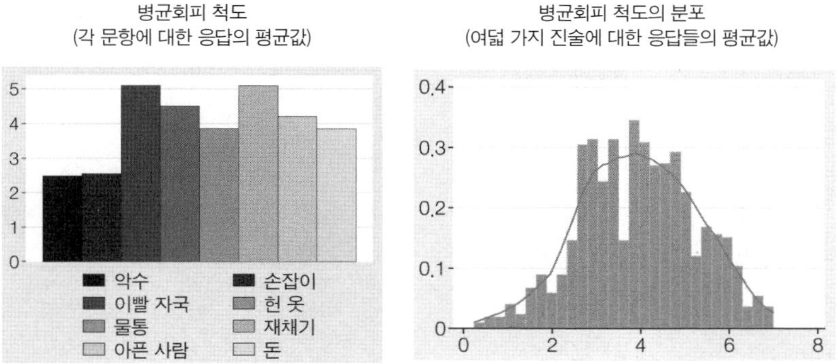

자료: 필자가 진행한 온라인 설문조사(2018).

하십니까, 더 줄여야 한다고 생각하십니까, 아니면 지금의 수를 유지해야 한다고 생각하십니까?

(2) 귀하는 남북통일이 필요하다고 생각하십니까, 아니면 필요 없다고 생각하십니까?

첫 번째 문항은 11가지 응답 조건 중 하나를 선택하게 하여 의견을 구했다(0='매우 감소하기를 바람', 5='변화 없기를 바람', 10='매우 증가하기를 바람'). 이 문항에 대한 응답의 평균값은 4.51이고 표준편차는 2.38이었다. 한편 두 번째 문항은 여덟 가지 응답 조건 중 하나를 선택하는 문항이다(0='전혀 필요하지 않다', 7='매우 필요하다'). 이 문항에 대한 응답의 평균값은 4.19이고 표준편차는 2.05이었다.

이 질문들에 대한 응답의 분포는 〈그림 4-2〉와 같다. 북한 이주민 수용에 대해서는 대부분의 응답자가 중립적인 입장을 보였으나, 그 수를 늘려야 한다고 생각하는 응답자에 비해 줄여야 한다고 생각하는 응답자의 비율이 약간 더 높다. 한편 설문 응답자들은 전반적으로 통일이 필요하다고 생각하는

〈그림 4-2〉 북한에 대한 태도(비율)

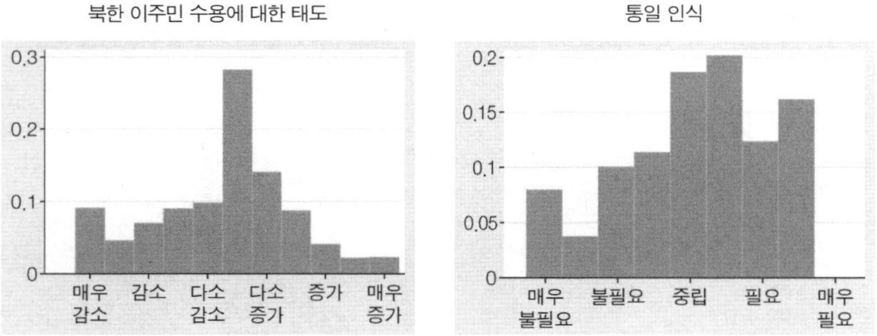

자료: 필자가 진행한 온라인 설문조사(2018).

경향을 보이나, 그렇지 않다고 생각하는 비율 역시 만만치 않음을 확인할 수 있다.

6. 분석 결과

여기서는 역겨움에 대한 민감도를 결정하는 요인이 무엇인지, 그리고 역겨움에 대한 민감도가 북한에 대한 인식에 어떠한 영향을 주는지를 파악하기 위해 통계분석을 실시했고, 그 결과를 〈그림 4-3〉에 담았다. 그래프를 읽는 방식은 다음과 같다. 가운데 세로줄은 0값에 위치하고 있는데, 그것은 역겨움에 대한 민감도를 설명하고자 하는 요인들의 효과(왼쪽 그래프)와 역겨움에 대한 민감도의 영향력(오른쪽 그래프)이 없음을 각각 의미한다. 즉, 그래프 안에 표시된 막대들이 세로줄(0값)을 걸치고 있을 경우는 유의미하지 않은 결과라고 보면 된다. 세로선 오른쪽 영역은 정방향의 영향력(예를 들어 교육 수준이 높아지면 역겨움에 대한 민감도도 높아짐)을 의미하고 세로선 왼쪽 영역은 역방향

〈그림 4-3〉 역겨움에 대한 민감함의 결정 요인 및 북한 인식에 주는 영향력

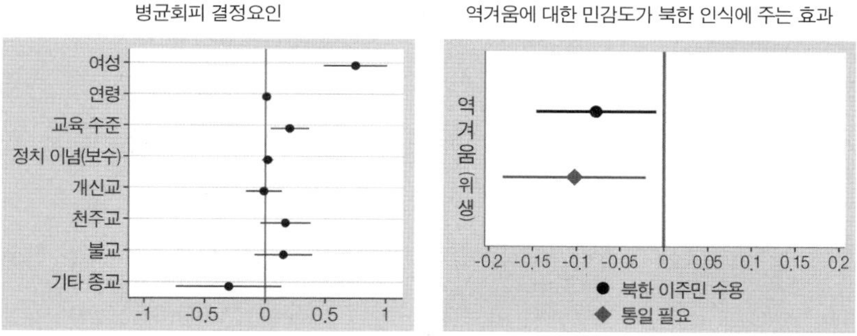

자료: 필자가 진행한 온라인 설문조사(2018).

의 영향력(예를 들어 역겨움에 대한 민감도가 높아지면 통일에 대한 지지가 낮아짐)을 의미한다.

우선 왼쪽 그래프부터 살펴보자.[2] 여기서는 역겨움에 대한 민감도를 결정하는 요인으로 성별, 연령, 교육 수준, 이념 성향(보수 성향), 종교(개신교, 불교, 천주교, 기타 종교)를 고려했다. 분석 결과, 남성보다 여성에게서 역겨움에 대한 민감도가 평균적으로 더 높은 것을 확인할 수 있고, 교육 수준이 높은 사람들이 교육 수준이 낮은 사람들에 비해 역겨움에 대한 민감도가 높음을 알 수 있다. 즉, 연령, 이념 성향, 종교는 역겨움에 대한 민감도의 차이를 결정하지 못한다는 것이다.

역겨움에 대한 민감함이 북한에 대한 인식에 어떤 영향을 주는지 살펴본 결과는 〈그림 4-3〉의 오른쪽 그래프에서 확인할 수 있다.[3] 역겨움에 대한 민감도가 높으면 한국 정부가 북한 주민을 지금보다 덜 수용하기를 원할 뿐만

2 이와 관련된 통계 분석 결과는 〈부록 1〉에서 확인할 수 있다.

3 이 결과는 〈부록 2〉에 보다 상세히 실었다.

아니라, 이와 동시에 통일에 대해서도 부정적인 인식을 갖고 있음을 알 수 있다. 이 결과는 북한에 대한 인식에 영향을 줄 수 있다고 흔히 여겨져 왔던 이념 성향, 교육 수준, 연령 등을 통제한 후 얻은 결과이기 때문에 주목할 만하다. 즉, 역겨움에 대한 민감도가 북한 인식에 주는 부정적인 영향은 진보-보수, 구세대-신세대를 막론하고 확인되는 현상인 것이다. 60년 이상 지속된 분단 상황이 북한과 북한 사람들에 대한 이질감을 증가시켰다는 기존 연구(Ha and Jang, 2016)의 맥락에서 이 결과는 한국 사람들이 내심 북한을 더 이상 '단일 민족'이라고 생각하지 않는다는 점을 시사해 준다. 북한은 이제 낯설고 생경한 외집단(out-group)이지 내집단(in-group)이 아니라는 말이다.

역겨움에 대한 민감함이 북한에 대한 인식에 미치는 효과를 조금 더 구체적으로 파악하기 위해 〈그림 4-4〉의 그래프를 작성했다. 〈그림 4-4〉의 왼쪽 그래프를 보면, 역겨움에 대한 민감함이 높아짐에 따라 북한 이주민을 더 많이('매우 증가') 받아야 한다고 생각할 확률이 완만하게 줄어들고 있다. 그러나 북한 이주민을 많이 받아야 한다고 생각하는 응답자의 비율이 워낙 낮기 때문에 주목할 만한 결과는 아니다. 마찬가지로 역겨움에 대한 민감함이 높아지더라도 수용하는 북한 이주민의 수를 줄이거나 늘리지 않고 현상 유지하는 것이 바람직하다고 생각할 확률에도 눈에 띄는 변화는 없다. 하지만 역겨움에 대한 민감도가 증가할수록 북한 이주민의 수가 매우 감소하기를 바랄 확률은 늘어남을 확인할 수 있다.

마찬가지로 오른쪽 그래프를 보면, 역겨움에 대한 민감도가 증가할수록 통일이 전혀 혹은 별로 필요하지 않다고 생각할 확률이 지속적으로 증가한다. 반면 역겨움에 대한 민감도가 증가할수록 통일이 매우 필요하다고 생각할 확률은 급속도로 하락한다.

〈그림 4-4〉 역겨움에 대한 민감함이 북한 인식에 주는 영향

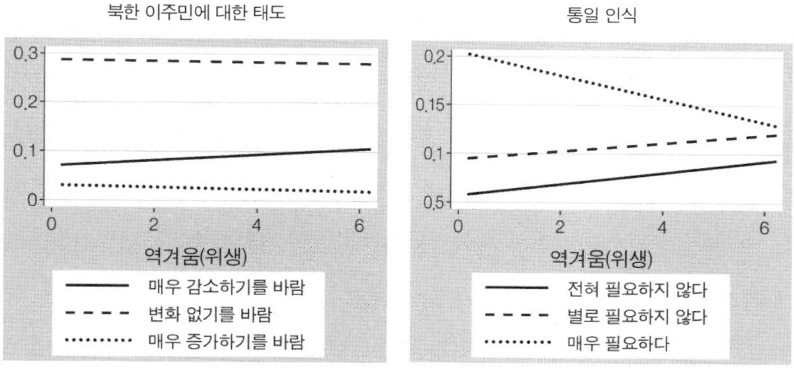

자료: 필자가 진행한 온라인 설문조사(2018).

7. 결과 해석: 몇 가지 가능성들

이 연구에서 역겨움이라는 특정 감정에 민감한 사람들은 북한 주민들에 대한 태도가 부정적이고, 통일에 대해서도 부정적인 인식을 가지고 있음을 확인했다. 이는 설문 응답자의 사회인구학적 특성들(세대, 성별, 교육 수준, 소득 수준, 거주 지역)과 이념 성향까지 통제하고 나서 얻은 결과다.

결과적으로 역겨움에 대한 민감함이 높은 사람들은 북한을 '우리 민족'이 아닌 타자로 인식하는 경향을 보임을 시사해 준다. 여기서 중요한 점은 한국 사람들이 북한을 '역겹다'고 느낀다는 내용을 보고하는 결과가 아니라는 것이다. 어떤 이유에서인지는 알 수 없으나, 타고난 역겨움에 대한 민감함이 높은 사람들이 그렇지 않은 사람들에 비해 상대적으로 북한에 대한 인식이 부정적이라는 이야기다. 이러한 해석 이면에 있는 논리는 순차적으로 다음과 같다. (1) 역겨움을 주는 자극에 대해 민감한 정도는 사람마다 다르다. (2) 역

겨움에 대한 민감도의 차이는 아마도 유전적으로 결정되는, 타고난 기질이라고 볼 수 있다. (3) 역겨움에 대한 민감도가 높은 사람들은 그렇지 않은 사람들에 비해 상대적으로 이질적이고 익숙하지 않은 자극을 회피하려고 하는 태도를 보인다. (4) 기존 연구에 따르면, 바로 이러한 이유에서 역겨움에 대한 민감도가 높은 사람들은 성소수자와 이민자에 대해서 부정적인 태도를 보인다. (5) 이 연구는 역겨움에 대한 민감함이 높은 사람일수록 북한 이주민에 대해 부정적인 태도를 보이고, 통일에 대해서도 미온적인 반응을 보임을 확인시켜 주고 있다. (6) 따라서 역겨움에 대한 민감도가 높은 한국 사람들은 상대적으로 북한 이주민, 더 나아가 북한을 이질적인 존재로 파악하고 있음을 시사해 준다.

이 연구 결과를 약간 다른 시각에서 해석해 볼 수도 있다. 하나는 역겨움에 대한 민감함이 강한 한국 사람들이 북한에 대해 갖는 부정적인 태도가 역겨움이라는 감정이 아니라 위협이라는 감정이 자극되어 나타났다는 해석이다. 이것은 역겨움에 대한 민감함이라는 감정과 대상에 대한 태도 간의 관계 중간에 위협이라는 제3의 요인이 작동한다는 점을 강조한다. 즉, 역겨움에 대한 민감함이 익숙하지 않은 대상에 대한 부정적인 태도와 상관관계를 맺고는 있으나 그 정도가, 주어진 대상이 주는 위협이 큰 경우는 크고, 위협적이지 않은 대상이 주어지는 경우에는 상대적으로 작을 수 있다는 것이다. 이 논리에 따르면 역겨움에 대한 민감도가 높은 한국 사람들이 북한에 대한 반감을 상대적으로 강하게 표출하는 이유는 북한이라는 대상이 우리에게 위협적인 존재이기 때문이다. 다시 말해 북한이 아니라 타이완이라는 상대적으로 훨씬 덜 위협적인 존재를 접할 경우, 역겨움에 대한 민감도가 아무리 높은 사람일지라도 타이완에 대해 부정적인 태도를 보이지 않을 것이라는 말이다. 이러한 해석에 따르면 역겨움에 대한 민감도가 높은 한국 사람들이 북한을 이질적인 존재로 여긴다는 해석은 옳지 않다. 북한이 주는 위협이 감소하면 역겨움에 대한 민감함이 높은 사람들도 북한에 대한 반감을 덜 갖게 될 것이라 기대되기 때문이다.

더 나아가 역겨움에 대한 민감도와 어떤 대상에 대한 태도의 상관관계가 행동면역체계 이론이 주장하는 바와 완전히 다를 가능성 역시 배제할 수 없다. 행동면역체계 이론의 핵심 주장을 최대한 확장시켜보면, 한 개인은 '나'를 제외한 모든 다른 외부의 대상과의 접촉을 회피할 것이라는 논리가 가능하다. 따라서 역겨움에 대한 민감도가 높은 한국 사람들이 북한에 대해 부정적인 태도를 취한다는 사실은 별로 주목받을 만한 가치가 없는 발견일 수도 있다. 역겨움에 대한 민감도가 높은 사람들은 (만약 그들이 남성이라면) 여성에 대해, (만약 그들이 영남 출신이라면) 호남 출신에 대해, (만약 그들이 젊은 세대라면) 나이든 세대에 대해, (만약 그들이 대학 교육을 받은 사람들이라면) 대학 교육을 받지 않은 사람들에 대해 부정적인 태도를 취할 것이기 때문이다. 심지어 내집단이라는 정체성이 나와 나의 직계 가족에 한정된 사람일 경우라면 역겨움을 유발하는 자극을 받을 경우, 행동면역체계가 사촌과의 접촉도 회피하도록 작동할 수 있다. 이렇듯 역겨움에 대한 민감도가 높은 사람들이 규정하는 내집단과 외집단의 구분이 개인마다 다를 것이기에 이 두 집단의 구분은 종종 자의적일 수밖에 없다. 이 논리에 따른다면 역겨움에 대한 민감도가 높은 사람들이 북한 이주민과 통일에 대해 부정적인 태도를 보인다는 것을 반드시 북한을 낯선 외집단으로 보고 있다고 해석할 필요가 없게 된다. 북한을 이성적으로 내집단으로 생각하면서도 충분히 그 대상에 대해 역겨움이 활성화되어 부정적인 태도를 가질 수 있기 때문이다.

:: 시사점 1 ::

연구 결과가 주는 교훈

여타 감정과 마찬가지로 역겨움이라는 감정 역시 특정 자극에 대한 반응으로 표현된다. 따라서 사람들을 설득하여 특정 행위를 유도하기 위해서는 동원되는 자극물에 대한 충분한 고려가 요구된다. 이 연구는 북한에 대한 이미지와 담론을 만들어내는 과정에 각별한 주의가 필요함을 시사해 준다. 북한을 협력 대상 혹은 원조 대상이라고 생각하면서 북한과의 접촉을 지속적으로 늘리면 궁극적으로 평화통일이 이룩될 것이라고 믿는 일부의 사람들이 있다. 이들이 자신의 입장을 공유하는 사람들의 저변을 늘리기 위해 북한과의 협력 혹은 북한 원조 정책을 홍보하는 작업을 준비하고 있다고 보자. 여러 가지 홍보 전략이 고려되겠지만, 많은 경우 한국 사람들의 북한에 대한 연민 혹은 공감을 자극하는 이미지와 메시지를 전달하는 전략이 채택될 가능성이 높다. 그런데 이들이 북한에 대한 우호적인 반응(공감)을 유도하기 위해 굶주리고 있는 북한 아이들의 이미지를 내세우면 오히려 역효과가 날 가능성이 있다는 점을 이 연구 결과가 지적해 준다. 고통받는 아이들의 이미지가 이성적으로는 연민을 불러일으키지만, 이미지 자체가 역겨움을 유발할 개연성을 배제할 수 없기 때문이다.

더 나아가 이 연구 결과는 일반인들을 설득하고 동원하기 위한 사회운동을 고안하고 이끄는 활동가들에게 명확한 메시지를 전달해 준다. 가령 녹색당에서 친환경정책을 도입하고자 하는 후보의 지지를 유도하려고 할 때, 빙하가 녹아내려 정처 없이 떠돌아다니는 북극곰의 이미지를 보여주는 것이 효과적인지 바다에 떠다니는 플라스틱 쓰레기를 대량 섭취한 채 죽은 고래의 해부된 위장의 이미지를 보여주는 것이 더 나은지, 아니면 미세먼지 때문에 유발된 폐렴으로 피를 토하며 고통받는 어린아이의 이미지를 보여주는 것이 더 현명한 선택인지를 고민하는 것은 중요하다. 이 연구는 친환경정책을 열렬히 지지하지만 역겨움에 대한 민감도가 높은 사람들은 북극곰 이미지에 설득될 가능성이 높지, 플라스틱을 삼킨 죽은 고래 혹은 폐렴 환자의 이미지에 설득될 가능성은 낮을 것임을 시사해 준다. 고래와 환자의 이미지는 상대적으로 역겨움에 대한 민감도를 올릴 것이기 때문이다. 사람들의 역겨움에 대한 민감함을 자극하여 그 나름의 성과를 얻고 있는 금연 캠페인의 예를 보면 더욱 쉽게 이해할 수 있다. 담뱃갑에 경고 문구뿐만 아니라 폐암 환자의 폐, 후두암 환자의 치료 모습 등과 같은 역겨움을 유발하는 이미지를 첨부함으로써 담배 소비를 줄일 수 있다는 논리는 이 연구의 논지와 일맥상통한다.

:: 시사점 2 ::

온라인 설문을 통한 자료 구축의 가능성

최근 사회과학 분야의 경험 연구는 자료의 양적 팽창으로 인해 그 외연을 넓히고 있는 중이다. 과거에는 설문 자료 혹은 행정 자료, 혹은 실험실에서 소규모로 구축되는 실험 자료를 활용하여 연구를 수행했다면, 지금은 SNS를 통해 얻는 자료와 텍스트 마이닝 작업을 통해 모은 정보를 사용한 연구가 가능한 환경이 조성된 상황이다. 자료의 양이 비약적으로 증가했다는 사실은 새로 얻은 자료를 기술(description)함으로써 얻을 수 있는 정보의 양이 늘었음을 의미한다. 가령 대통령 선거 전 후보들 간의 토론이 유권자의 투표 행태에 미치는 효과를 보기 위해서, 기존 연구는 실험실에서 가상의 토론에 피실험자를 노출시킨 후 정보를 얻는 방법을 사용했거나 토론이 열리는 날 설문조사를 수행하여 얻은 자료를 활용했다. 하지만 지금은 후보들 간의 토론이 진행되는 도중 실시간으로 SNS에서 확인되는 유권자들의 반응을 수집하여 분석을 수행할 수 있다.

그러나 자료의 양이 증가했다는 사실이 곧 설문 자료나 행정 자료와 같은 기존의 자료가 불필요하게 되었음을 의미하지는 않는다. 새로운 형태의 자료(흔히 '빅데이터'라고 부르는 자료)가 별 도움이 안 되는 경우도 여전히 많다. 예를 들어 여기에 제시된 연구 질문인 '역겨움에 대한 민감도가 높은 한국 사람들은 북한에 대해 어떠한 태도를 취하는가'에 답을 내기 위해 소셜 네트워크 서비스에서 생산되는 텍스트와 같은 비정형 자료를 분석하는 작업은 의외로 유용한 정보를 주지 못한다. 이 방법으로 모을 수 있는 자료는 일반인들이 이모티콘 혹은 구체적인 언어로 역겨움을 표현한 것들에 불과하지, 타고난 역겨운 자극에 대한 민감도가 아니기 때문이다.

사회과학 분야에서 급속도로 변화하는 자료 수집 방법을 적절히 활용하면 기존 분석 방식을 유지하면서도 새로운 결과를 도출할 수 있다. 바로 이것이 이 연구를 통해 보여주고자 하는 바이다. '역겨움에 대한 민감함'이라는 개념이 사회과학, 특히 심리학에서 논의되기 시작하면서 그것의 결정요인과 결과물들을 파악하기 위한 시도가 지속적으로 이루어져 왔으나 두 가지 큰 문제점을 안고 있었다. 하나는 심리학 연구가 보통 실험실에서 소수의 피실험자 혹은 응답자를 대상으로 이루어지기 때문에 거기서 얻은 결과가 다른 환경, 다른 조건에서도 그대로 확인될 수 있을지 확실하지 않다는 문제다. 또 다른 문제는 전술한 바와 같이, 기계를 사용하여 역겨움에 대한 민감함을 측정하는 작업이 신뢰할 만한 결과를 내지 못할 가능성이 크다는 것이다. 이에 역겨움에 대한 민감함을 측정하기 위해 고안된 문항들을 활용하는 설문조사 방법이 측정의 타당성, 결과의 일반화 가능성 문제를 극복할 수 있는 대안으로 고려될 수도 있다.

하지만 일반적으로 사용되는 설문 방식인 대면 면접 혹은 전화 면접에서 역겨움에 대한 민감도를 파악하기 위한 질문들을 물어본다면 조사원과 응답자 모두 민망한 상황이 연출될 가능성이 농후하다. 따라서 이 연구가 가능했던 이유는 최근 활용 빈도가 높아지고 있는 온라인 설문을 이용했기 때문이라 볼 수 있다. 조사원과 직접적으로 접촉하지 않은 상태에서 응답자는 역겨움에 대한 민감함을 측정하는 문항에 좀 더 성실하고 솔직하게 대답했을 것이다. 향후 온라인 설문 응답자의 대표성을 높일 수 있는 방안들이 고안되어 적용된다면 전통적인 사회과학자료 구축 방법인 설문의 효율성을 극대화할 수 있다.

〈부록 1〉 역겨움에 대한 민감함의 결정요인(〈그림 4-3〉 왼쪽 그래프에 제시된 결과표)

구분	모형 (1)
	역겨움에 대한 민감함
여성	0.68** (0.11)
연령	0.01** (0.00)
교육 수준	0.19* (0.07)
소득 수준	0.06** (0.02)
이념 성향 (보수)	0.02 (0.02)
개신교	-0.01 (0.06)
천주교	0.15 (0.09)
불교	0.14 (0.10)
기타 종교	-0.27 (0.19)
절편	2.36** (0.31)
결정계수(R-squared)	0.13
응답자 수	1,000

주: 1) OLS 분석 결과. 회귀계수와 17개 광역시·도 클러스터를 고려한 표준오차(cluster-robust standard error)를 보고함.
2) 17개 광역시·도 수준에서의 고정 효과(fixed effects)를 고려했음.
3) 종교 변수의 기준 범주(reference category)는 '종교 없음'임.
4) * p<0.05, ** p<0.01〔양측 검정(two-tailed test)〕

〈부록 2〉 역겨움에 대한 민감도가 북한에 대한 태도에 미치는 영향(〈그림 4-3〉 오른쪽 그래프와 〈그림 4-4〉에 제시된 결과표)

구분	모형 (1)	모형 (2)
	북한 이주민에 대한 태도	통일을 보는 시각
역겨움에 대한 민감도	-0.08* (0.03)	-0.10* (0.04)
여성	-0.63** (0.15)	-0.74** (0.11)
연령	0.01* (0.01)	0.04** (0.01)
교육 수준	0.02 (0.10)	-0.01 (0.05)
소득 수준	-0.00 (0.02)	0.01 (0.03)
이념 성향 (보수)	0.02 (0.05)	-0.13** (0.04)
개신교	0.35* (0.15)	0.56** (0.19)
천주교	0.14 (0.12)	0.24 (0.18)
불교	-0.11 (0.16)	0.08 (0.15)
기타 종교	-0.37 (0.24)	-0.58 (0.32)
의사결정계수(Pseudo R-squared)	0.01	0.04
응답자 수	1,000	1,000

주: 1) 순서형 로짓(ordered logit) 분석 결과. 회귀계수와 17개 광역시·도 클러스터를 고려한 표준오차를 보고함.

2) 17개 광역시·도 수준에서의 고정 효과를 고려했음.

3) 종교 변수의 기준 범주는 '종교 없음'임.

4) * $p<0.05$, ** $p<0.01$(양측 검정).

참고문헌

≪한겨레≫. 2017.11.15. "귀순 북한병사 '몸 속 수십 마리 기생충' … 옥수수로 식사 흔적".

송수연. 2017.11.15. "북한군인 몸에 회충 수십마리…'북한 기생충 감염 심각'". ≪청년의사≫.

자유아시아방송. 2017.11.16. "군 출신 탈북자 '북한군 근무환경 매우 열악'".

Aarøe, L., M. B.Petersen and K. Arceneaux. 2017. "The behavioral immune system shapes political intuitions: Why and how individual differences in disgust sensitivity underlie opposition to immigration." *American Political Science Review*, vol.111, no.2, pp.277~ 294.

Duncan, L. A., M. Schaller and J. H. Park. 2009. "Perceived vulnerability to disease: Development and validation of a 15-item self-report instrument." *Personality and Individual Differences*, vol.47, no.6, pp.541~546.

Graham, J., J. Haidt and B. A. Nosek. 2009. "Liberals and conservatives rely on different sets of moral foundations." *Journal of Personality and Social Psychology*, vol.96, no.5, pp.1029~1046.

Ha, S. E., and Jang, S. J. 2016. "National identity in a divided nation: South Koreans' attitudes toward North Korean defectors and the reunification of two Koreas." *International Journal of Intercultural Relations*, vol.55, pp.109~119.

Inbar, Y., D. A. Pizarro, J. Knobe and P. Bloom. 2009. "Disgust sensitivity predicts intuitive disapproval of gays." *Emotion*, vol.9, no.3, pp.435~439.

Inbar, Y., D. A. Pizarro and P. Bloom. 2009. "Conservatives are more easily disgusted than liberals." *Cognition and Emotion*, vol.23, no.4, pp.714~725.

Kam, C. D. and B. A. Estes. 2016. "Disgust sensitivity and public demand for protection." *The Journal of Politics*, vol.78, no.2, pp.481~496.

Ledoux, J. 1998. *The emotional brain: The mysterious underpinnings of emotional life.* New York: Simon and Schuster.

Olatunji, B. O., N. L.Williams, D. F. Tolin, J. S. Abramowitz, C. N. Sawchuk, J. M. Lohr and L. S. Elwood. 2007. "The disgust scale: Item analysis, factor structure, and suggestions for refinement." *Psychological Assessment*, vol.19, no.3, pp.281~297.

Roper, Caitlin. 2015.6.19. "How Pixar picked the 5 core emotions of Inside Out's star." *WIRED*.

Wagemans, F., M. J. Brandt and M. Zeelenberg. 2018. "Disgust sensitivity is primarily associated with purity-based moral judgments." *Emotion*, vol.18, no.2, pp.277~289.

제2부

디지털 사회과학으로 본 정치와 사회의 문제

제 5 장

뉴스 미디어에 재현된 정당

지역 언론의 이슈와 인물

김정연 | 연세대학교

국회의원 재보궐선거에 출마한 한 정당 정치인이 지역 신문의 기자를 매수하려 시도한 정황이 포착되어 선거관리위원회가 조사에 착수했다. 지난 2019년 4월 경남 통영·고성 지역 국회의원 보궐선거에 출마한 자유한국당 소속 정치인 선거 캠프에서 지역 신문 기자에게 금품을 제공하고 후보자에 대해 우호적인 기사를 쓰도록 요구했다는 의혹을 받은 것이다(채혜선, 2019). 특히 이렇게 선거 시즌을 전후한 시기에는 정치인들이 언론의 협조에 의지하는 모습을 자주 볼 수 있다. 중앙 정치의 유력 인사들이 지역 언론에 더 친밀하게 보이고자 지방 행보를 하거나 지역 인사들 역시 언론 보도에 노출되는 것을 신경 쓴다. 혹은 선거 기간 외에도 지역을 기반으로 세를 확보해 나가고자 하는 정치인의 경우 지역 언론과 결탁해 사람들에게 영향력을 행사하고자 한다.

언론과 권력은 서로 밀착되어 있다. 통상적으로 정치는 언론 미디어를 통해 대중의 이해와 지지를 구하고자 하고, 언론은 정치 현실을 재현하며 미디어 소비자의 주목을 얻으려 한다. 그동안 정치와 언론을 둘러싼 여론의 형성을 이야기할 때, 한국에서는 주로 전국 미디어 관점에서 정치 여론 형성이 주도되어 왔다고 해도 무방하다. 그렇다면 지역 언론이 노출하는 정치 지형의 특성은 어떤 모습을 보이고 있을까? 이 장은 이러한 궁금증에서 시작한다. 실제로 한국의 지역주의는 선거 때마다 고질적인 문제로 존재해 왔는데, 지역주의와 관련이 깊은 지역 연고 정당에 대한 선호도를 오히려 지역 언론이 부추긴다는 주장도 있다(조철래, 2009). 지역을 근거지로 하는 정당이나 당 대표에 대해 지역 언론이 우호적으로 보도하며 편파적 지역주의 보도를 생산해낸다는 것이다.

이 장에서는 지역 언론에 묘사된 정당의 모습을 통해 실제 정치현실을 해석하고자 한다. 이를 위해 지역 언론의 정당과 관련된 보도의 특징과 변화 패턴을 볼 것이다. 구체적으로는 지역 뉴스 미디어에 묘사되는 정당 관련 뉴스 콘텐츠의 주제를 이해하고 지역끼리 차이를 비교할 수 있을 것이다. 뉴스 미디어에서 정당이 어떤 이슈로 회자되는지, 그리고 정당과 관련해서 등장하는 정치 권력자는 누구인지 알아보려 한다.

1. 지역 언론이 좋아하는 정당의 이슈는 무엇인가?

정당은 사람들을 이끌고자 하는 강력한 동기가 있기 때문에 스스로 어떤 이슈를 다룰 수 있는 능력이 있다고 보이기를 원한다. 예를 들어 미국 시민은 낮은 세금 정책과 시장의 자율적인 경쟁에 관한 문제를 이야기할 때는 공화당이, 사회적 취약계층에 대한 지원을 넓히는 문제를 이야기할 때는 민주당이 강점이 있다고 생각해 왔다. 우리는 정당이 이러한 이슈를 '소유'하고 있다고 생각해도 될 것이다(Petrocik, 1996). 만약 정당이 이슈를 가지고 있으면 시민들은 정치적 세계를 훨씬 더 수월하게 이해할 수 있다. 그래서 이슈가 정당을 이해하는 지름길이 될 수 있다(Holian, 2004). 시민들은 특정 이슈를 특정 정당이 잘 해결할 것이라는 신뢰를 가지고 있고, 이러한 신뢰감에 바탕을 두고 합리적인 판단을 하기 때문에 이슈가 지름길의 역할을 한다는 의미다.

시민들은 정당과 연관된 이슈를 자연스럽게 받아들이기도 한다. 보통 자신의 선호도와 일치하는 성향의 뉴스를 받아들이려는 경향이 있기 때문이다. 시민들의 지역별 언론매체 이용 경향을 조사한 결과, 지역의 정치적 성향과 뉴스 콘텐츠의 소비 경향이 밀접하다는 연구가 있다. 뉴스 미디어 콘텐츠의 이념적 성향이 뉴스 미디어 이용자의 정치적 성향과 비슷할 때 이용자들이 해당 뉴스 미디어를 좋아하게 되는 것이다. 반면, 자신의 이념적 성향과 보도 성향이 다르고 그 차이가 크다면 뉴스 소비를 기피하기도 한다(Gentzkow and Shapiro, 2010). 뉴스 미디어가 다루는 콘텐츠를 통해 지역의 관심 변화와 대중의 선호를 해석할 수 있는 것이다.

여기서는 먼저, 지역 종합지 뉴스 콘텐츠에서 한국의 정당과 관련해서 어떠한 보도 양상을 만들어내는지 보려 한다. 한국의 지역 종합지는 한국언론진흥재단 빅카인즈 데이터베이스에서 검색할 수 있다. 이 장에서는 다음의 지역별 뉴스 미디어를 볼 것이다.

강원: ≪강원도민일보≫

경인: ≪경기일보≫, ≪경인일보≫

충청: ≪대전일보≫, ≪중도일보≫, ≪중부매일≫, ≪중부일보≫, ≪충북일보≫, ≪충청일보≫, ≪충청투데이≫

호남: ≪광주매일신문≫, ≪광주일보≫, ≪무등일보≫, ≪전남일보≫, ≪전

북도민일보≫, ≪전북일보≫

영남: ≪경남도민일보≫, ≪경남신문≫, ≪경상일보≫, ≪국제신문≫, ≪대구일보≫, ≪매일신문≫, ≪부산일보≫, ≪영남일보≫, ≪울산매일≫

제주: ≪제민일보≫, ≪한라일보≫

1) 영남·충청 지역 언론의 보수 정당에 대한 관심

지역 종합지에 나타난 한국의 정당 관련 뉴스 콘텐츠를 분석하기 위해 두 시기를 비교해 보려 한다. 바로 현 국회와 지난 국회 시기다. 제20대와 제19대 국회 시기에는 각각 다른 이념적 성향의 정당이 다수 의석을 차지해 국정 운영을 주도한 바 있다.[1] 한국의 정당은 새누리당, 자유한국당, 민주통합당, 더불어민주당 등 이름을 변경해 왔지만 크게 보수와 진보 성향의 두 정당이 대표 정당으로 존재해 왔다고 할 수 있다. 지역의 언론에서 보수 성향 정당과 진보 성향 정당과 관련해 어떤 주제의 뉴스 콘텐츠를 보여주는지 시기별로 비교해 보자(〈그림 5-1〉).

먼저, 당연한 결과이지만 정치 관련 기사의 편중이 다른 주제들과 비교해 압도적으로 높았다. 그다음으로는 지역, 사회, 경제 순이었다. 제19대 국회 시기에는 보수 성향 정당 관련 기사 중 정치 주제의 콘텐츠가 진보 성향 정당 관련 기사보다 미미한 수준이지만 더 많았고, 제20대 국회 시기에는 반대로 진보 성향 정당 관련 기사 중 정치 주제의 콘텐츠가 보수 성향 정당 관련 기

---

1 이 글에서는 제19대 국회 기간인 2012년 5월 30일부터 2016년 5월 29일까지, 제20대 국회 전반기 기간인 2016년 5월 30일부터 2018년 5월 29일까지를 분석 시기로 설정했다. 데이터 수집에 사용한 검색 키워드는 '새누리당', '민주통합당', '더불어민주당', '자유한국당'이고, 수집된 자료의 수는 8만 건이다.

〈그림 5-1〉 시기별 지역 종합지 뉴스 콘텐츠의 토픽

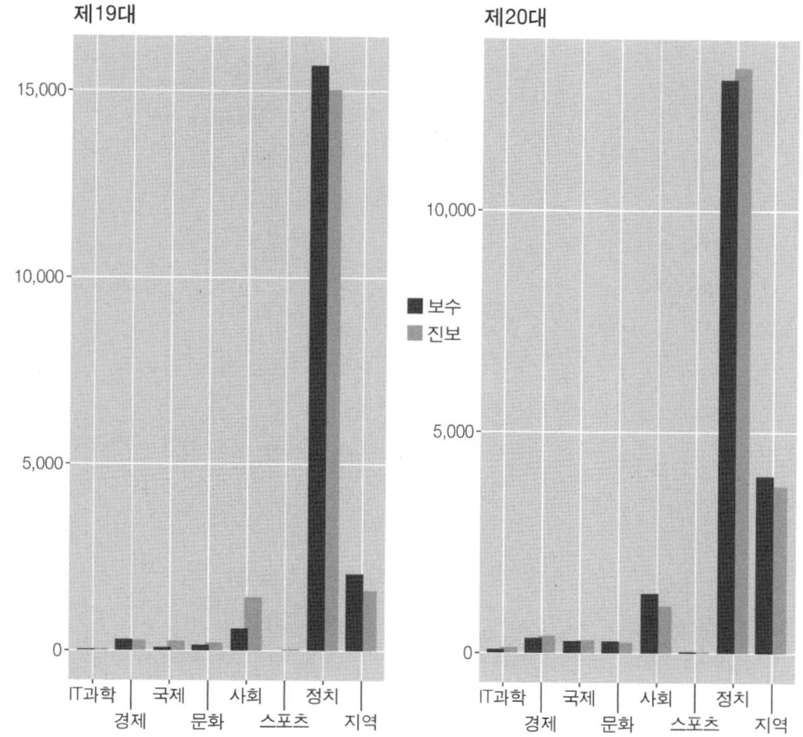

자료: 필자가 분석한 결과를 토대로 직접 작성.

사보다 더 많았다.

다음으로 뉴스 콘텐츠의 주제를 더 자세히 지역별·시기별로 나눠서 살펴보자. 〈그림 5-2〉, 〈그림 5-3〉, 〈그림 5-4〉, 〈그림 5-5〉, 〈그림 5-6〉, 〈그림 5-7〉은 제19대 국회 시기 보수 성향 정당 관련 뉴스 콘텐츠에 나타난 주제를 지역별로 살펴본 결과다.

제19대 국회 시기 보수 성향 정당 관련 뉴스 콘텐츠는 충청 지역과 영남 지역에서 많은 주제를 포괄했는데 충청 지역에서는 82개, 영남 지역에서는

〈그림 5-2〉 제19대 국회의 보수 성향 정당 관련 토픽(경인 지역)

(단위: %)

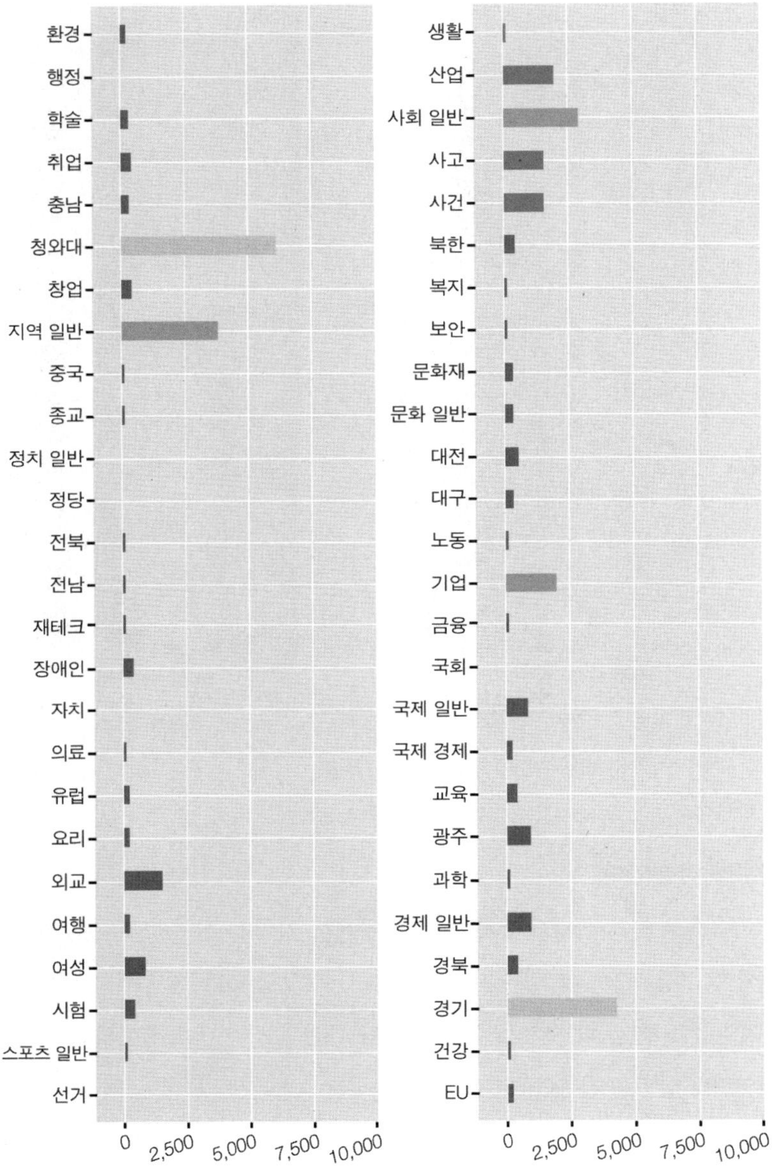

자료: 필자가 분석한 결과를 토대로 직접 작성.

〈그림 5-3〉 제19대 국회의 보수 성향 정당 관련 토픽(강원 지역)

(단위: %)

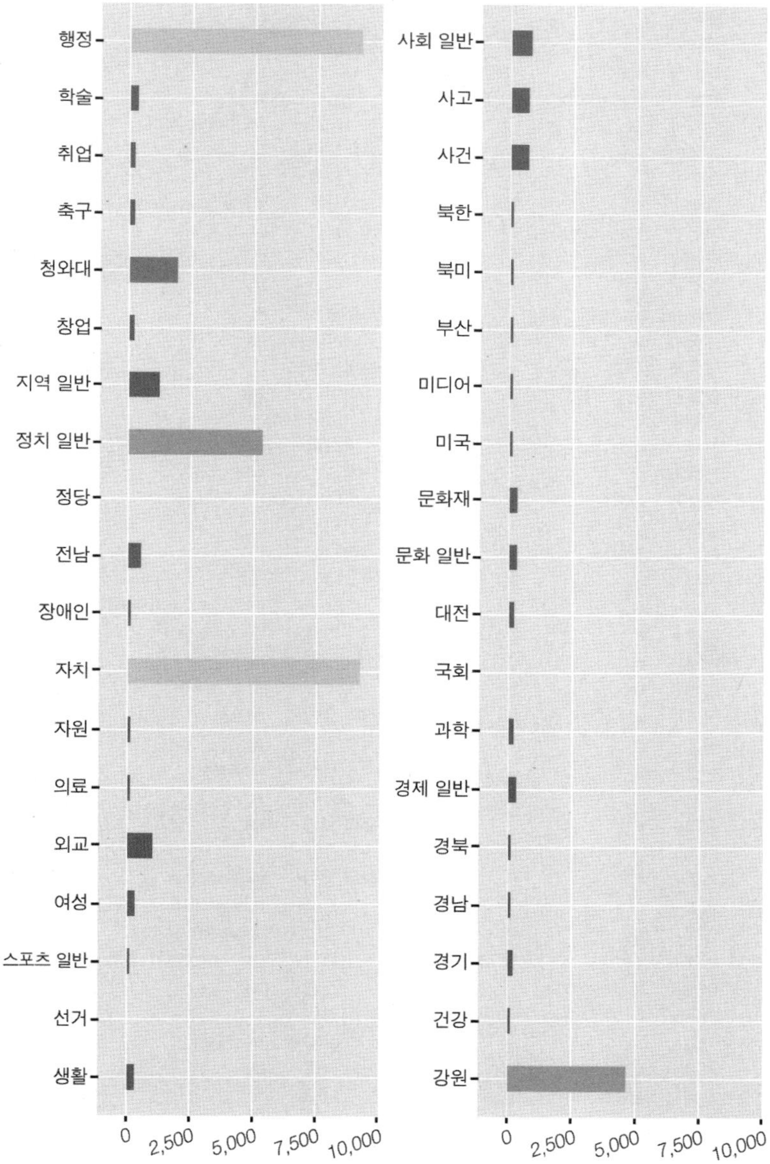

자료: 필자가 분석한 결과를 토대로 직접 작성.

〈그림 5-4〉 제19대 국회의 보수 성향 정당 관련 토픽(충청 지역) (단위: %)

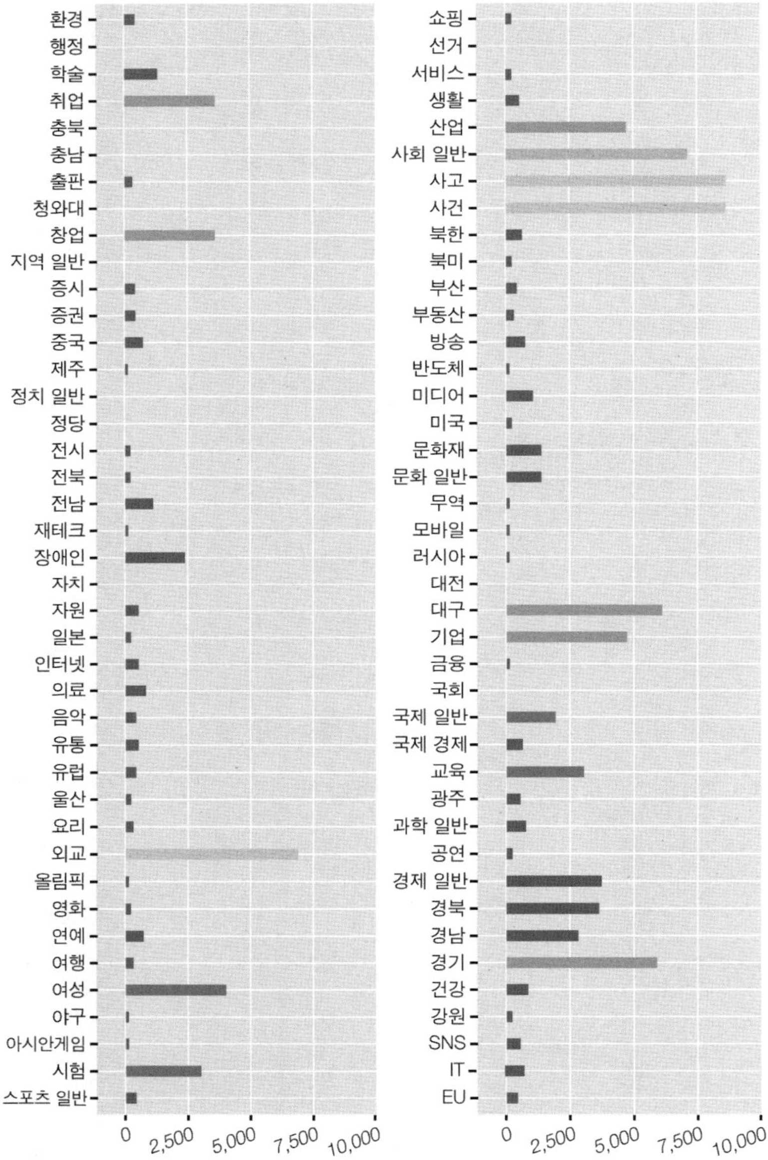

자료: 필자가 분석한 결과를 토대로 직접 작성.

〈그림 5-5〉 제19대 국회의 보수 성향 정당 관련 토픽(호남 지역) (단위: %)

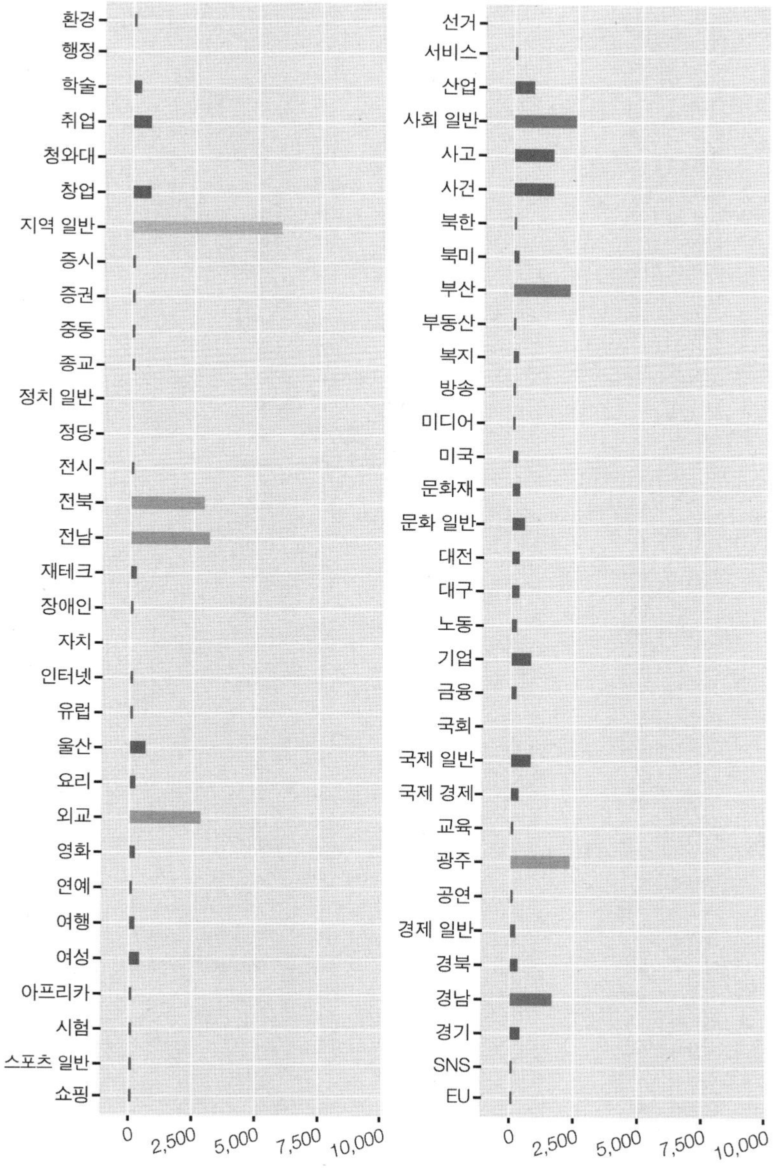

자료: 필자가 분석한 결과를 토대로 직접 작성.

〈그림 5-6〉 제19대 국회의 보수 성향 정당 관련 토픽(영남 지역) (단위: %)

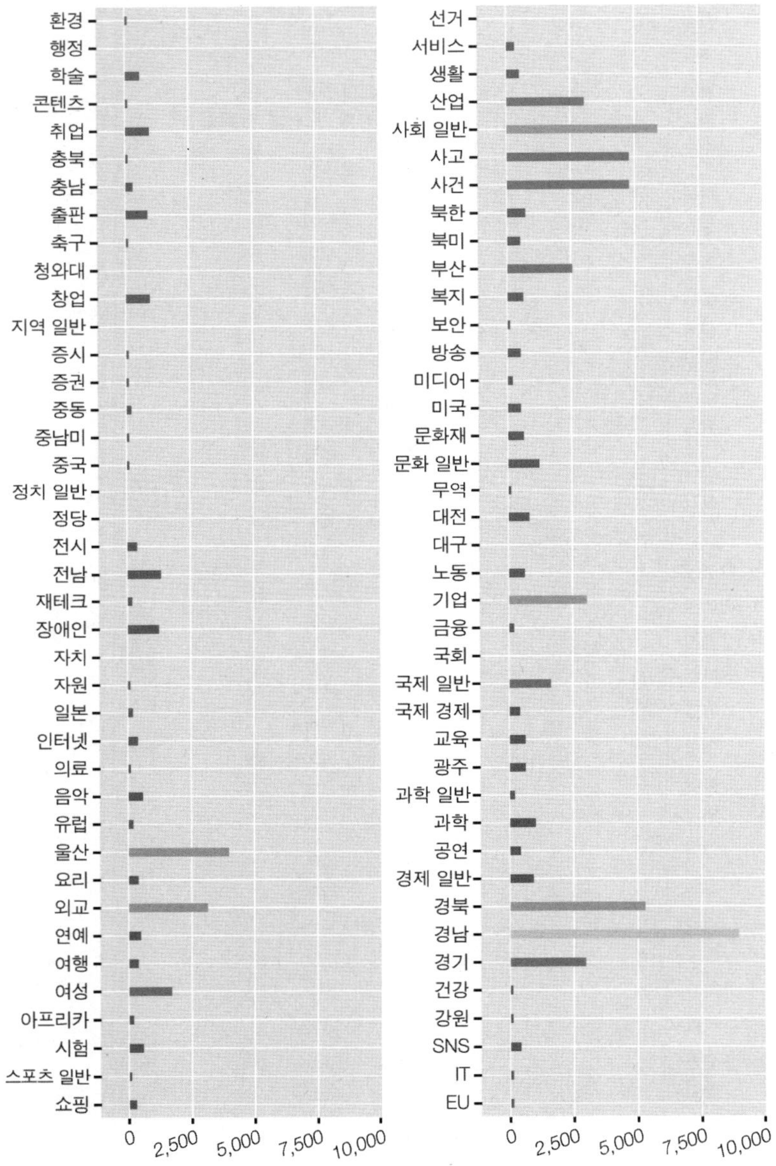

자료: 필자가 분석한 결과를 토대로 직접 작성.

〈그림 5-7〉 제19대 국회의 보수 성향 정당 관련 토픽(제주 지역) (단위: %)

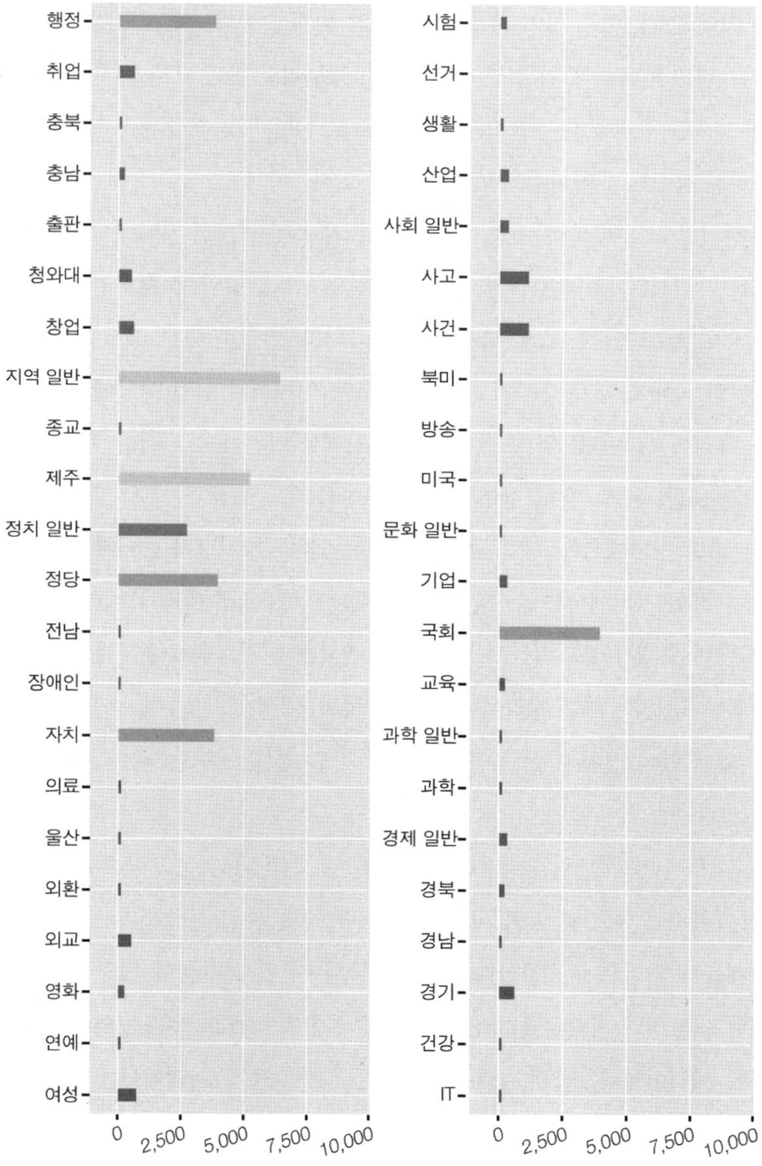

자료: 필자가 분석한 결과를 토대로 직접 작성.

81개의 주제가 뉴스 콘텐츠로 생성되었다. 그다음으로는 호남 지역 65개, 경인 지역 52개, 제주 지역 44개, 강원 지역 38개 순이다. 제주 및 강원 지역에서는 제19대 국회 시기 집권 여당이었던 새누리당 관련 보도가 몇 가지 소수의 편중된 주제만 다루고 있어 상대적으로 이들 지역에서 새누리당에 대한 다양한 관심도가 떨어지고 있음을 알 수 있다.

지역별로 보면 사건·사고 사회 이슈와 외교 이슈는 전 지역에서 높은 비중으로 다뤄졌다. 충청 지역에서는 기업, 산업, 취업, 창업 등 경제 이슈에 대한 뉴스가 보도되었고, 북한, 국제 문제뿐 아니라 장애인, 여성, 교육, 문화재 등 다양한 국내 문제가 다뤄져 충청 지역 뉴스 미디어가 집권 여당에 대해 다양한 관심을 가졌음을 알 수 있다. 영남 지역도 마찬가지로 기업, 취업, 창업, 학술, 출판, 문화, 과학, 장애인 등 다양한 주제를 포괄하는 보도가 이루어졌다. 호남 지역에서는 기업, 산업, 취업, 창업과 같은 경제 문제가 이슈였다. 경인·강원 지역에서는 소수의 특정 주제만이 다뤄졌는데 특징적으로는 청와대 관련 주제가 보도되었고, 강원 지역에서는 행정, 자치 주제에 대해 높은 관심이 있었다. 제주 지역에서는 정당, 국회, 행정, 자치 주제 중심으로 보도가 되고 있어 정치 이슈에 대한 관심이 높고 생활 이슈 논의는 부재함을 알 수 있다.

〈그림 5-8〉, 〈그림 5-9〉, 〈그림 5-10〉, 〈그림 5-11〉, 〈그림 5-12〉, 〈그림 5-13〉에서는 제20대 국회 시기 보수 성향 정당 관련 뉴스 콘텐츠에 나타난 주제를 지역별로 살펴보았다. 제20대 국회 시기 보수 성향 정당 관련 뉴스 콘텐츠는 영남 지역에서 가장 다양한 주제를 포괄했고, 그다음으로는 경인·충청 지역이었다. 영남 지역에서는 90개, 경인·충청 지역에서는 82개의 주제로 뉴스 콘텐츠가 생성되었다. 그리고 나머지 지역은 호남 지역 50개, 제주 지역 49개, 강원 지역 45개로 나타났다. 제20대 국회 시기 충청과 경인 지

〈그림 5-8〉 제20대 국회의 보수 성향 정당 관련 토픽(경인 지역)

(단위: %)

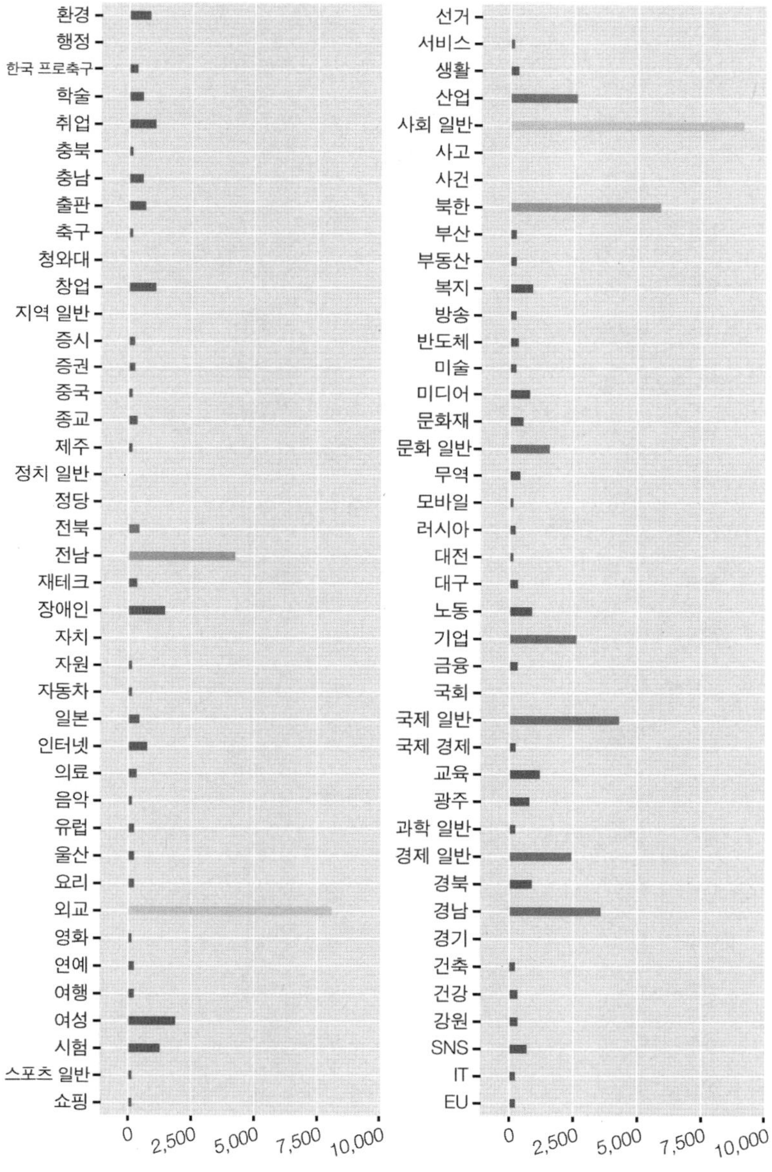

자료: 필자가 분석한 결과를 토대로 직접 작성.

〈그림 5-9〉 제20대 국회의 보수 성향 정당 관련 토픽(강원 지역)

(단위: %)

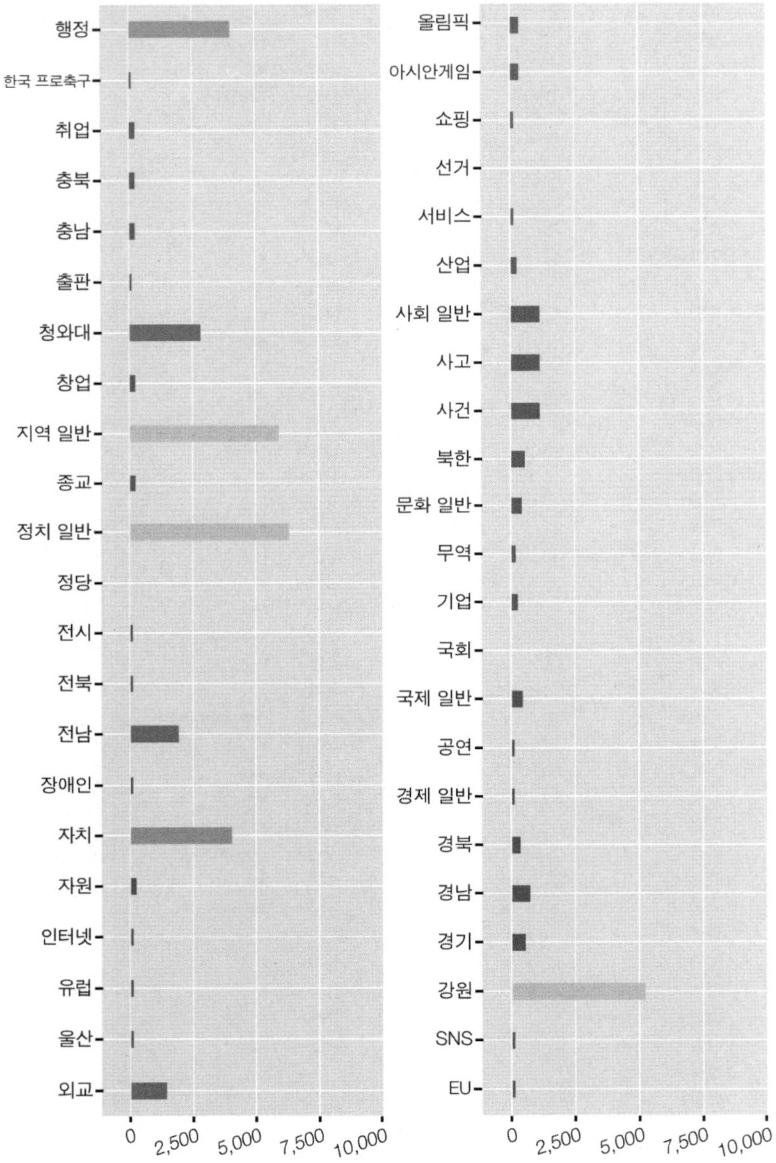

자료: 필자가 분석한 결과를 토대로 직접 작성.

〈그림 5-10〉 제20대 국회의 보수 성향 정당 관련 토픽(충청 지역)

(단위: %)

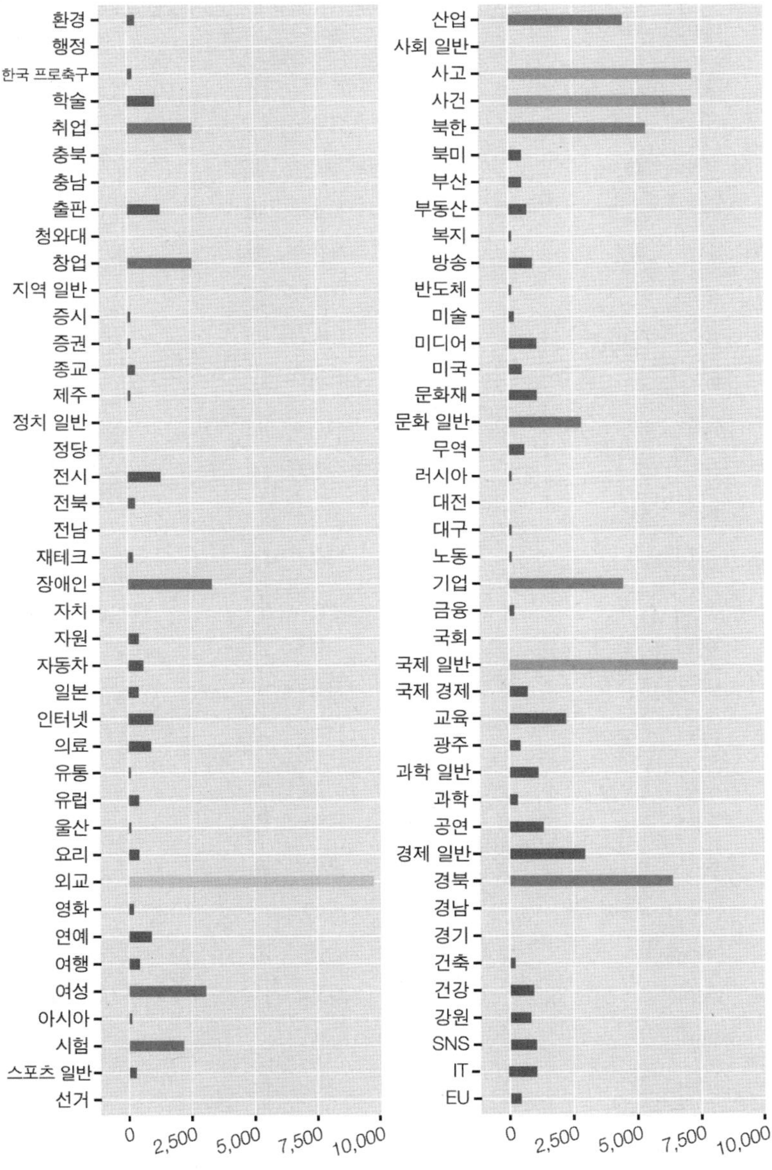

자료: 필자가 분석한 결과를 토대로 직접 작성.

〈그림 5-11〉 제20대 국회의 보수 성향 정당 관련 토픽(호남 지역)

(단위: %)

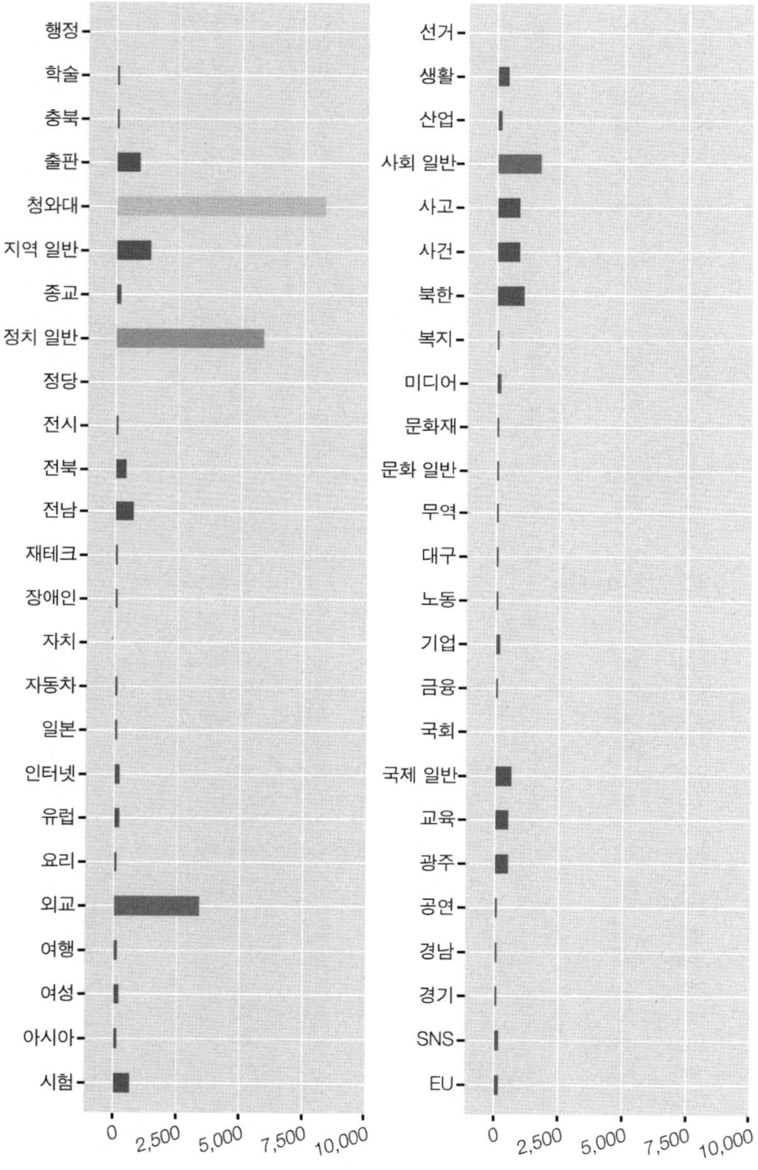

자료: 필자가 분석한 결과를 토대로 직접 작성.

〈그림 5-12〉 제20대 국회의 보수 성향 정당 관련 토픽(영남 지역)

(단위: %)

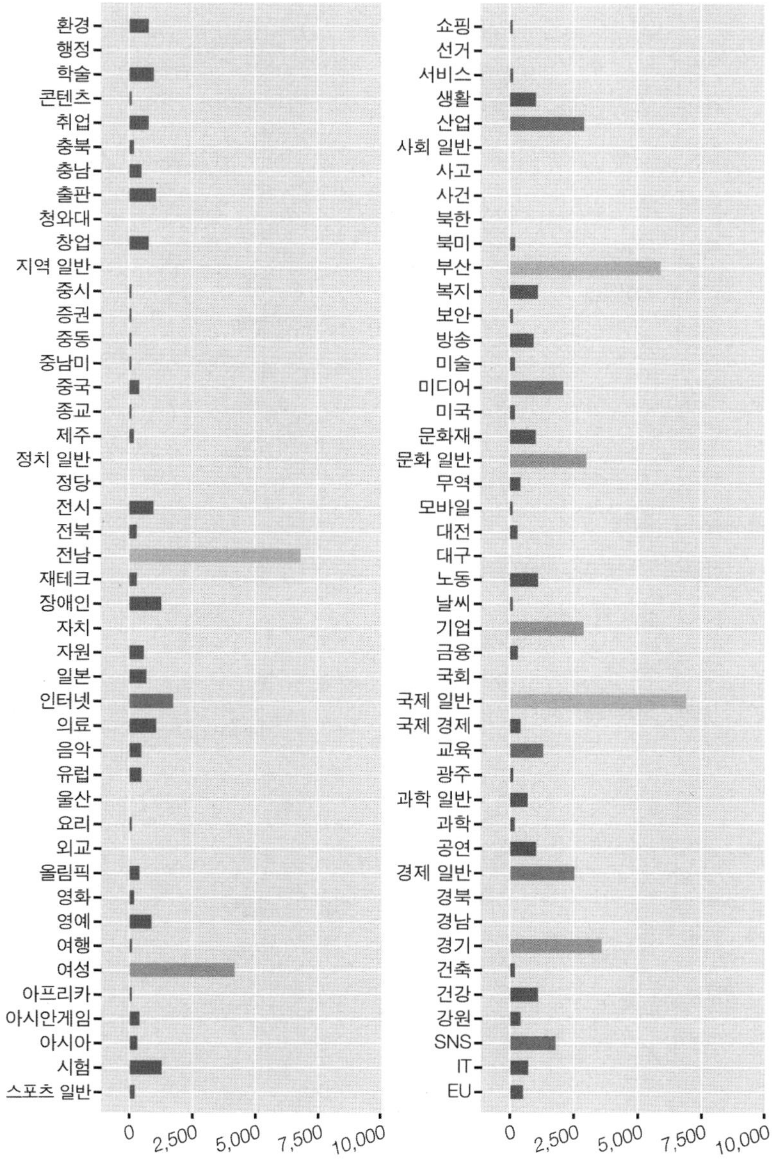

자료: 필자가 분석한 결과를 토대로 직접 작성.

〈그림 5-13〉 제20대 국회의 보수 성향 정당 관련 토픽(제주 지역) (단위: %)

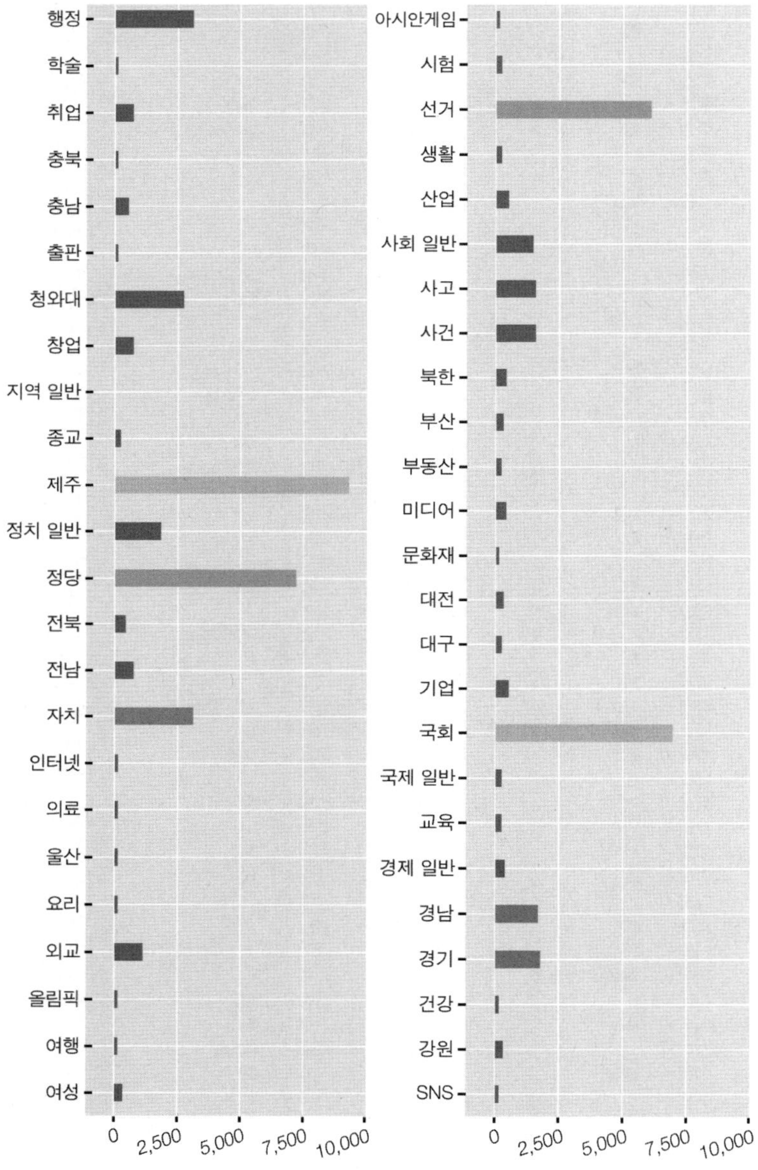

자료: 필자가 분석한 결과를 토대로 직접 작성.

역의 경우 보수 성향 정당 관련 보도에서 북한 이슈가 제19대 국회 시기와 비교해 증가 폭이 큰 것이 특징적이다. 소셜 네트워크 서비스 이슈의 경우 제19대 국회 시기 보수 성향 정당과 관련해서는 다뤄지지 않았는데 제20대 국회 시기에 들어 논의가 증가한 것을 알 수 있다. 강원 지역에서는 행정, 자치, 청와대 이슈가, 제주 지역에서는 정당, 선거, 국회, 행정, 자치 이슈가 다뤄지고 있어 정치 주제 위주로 보도가 노출되고 있음을 유추할 수 있다.

2) 호남·충청 지역 언론의 진보 정당에 대한 관심

〈그림 5-14〉, 〈그림 5-15〉, 〈그림 5-16〉, 〈그림 5-17〉, 〈그림 5-18〉, 〈그림 5-19〉에서는 제19대 국회 시기 진보 성향 정당 관련 뉴스 콘텐츠에 나타난 주제를 지역별로 살펴보았다. 충청 지역과 호남 지역에서 가장 다양한 주제들을 포괄했는데, 충청과 호남 지역 모두 80개 주제의 뉴스 콘텐츠가 생성되었고, 그다음으로는 영남 지역 76개, 경인 지역 70개, 제주 지역 48개, 강원 지역 43개 주제의 뉴스 콘텐츠가 보도되었다. 제주나 강원 지역의 경우 몇 가지 소수의 편중된 주제만이 다뤄지고 있어 이들 지역은 새누리당뿐 아니라 민주통합당에 대해서도 다른 지역보다 포괄적 관심도가 떨어진다는 것을 알 수 있다.

〈그림 5-20〉, 〈그림 5-21〉, 〈그림 5-22〉, 〈그림 5-23〉, 〈그림 5-24〉, 〈그림 5-25〉에서는 제20대 국회 시기 진보 성향 정당 관련 뉴스 콘텐츠에 나타난 주제를 지역별로 살펴보았다. 호남, 경인, 충청, 영남, 제주, 강원 순으로 다양한 주제를 포괄하고 있었고 호남 지역 86개, 경인 지역 81개, 충청 지역 80개, 영남 지역 76개, 제주 지역 63개, 강원 지역 39개 주제의 뉴스 콘텐츠가 생성되었다. 강원 지역은 보수 성향 정당이나 진보 성향 정당 관련 보도에

〈그림 5-14〉 제19대 국회의 진보 성향 정당 관련 토픽(경인 지역)

(단위: %)

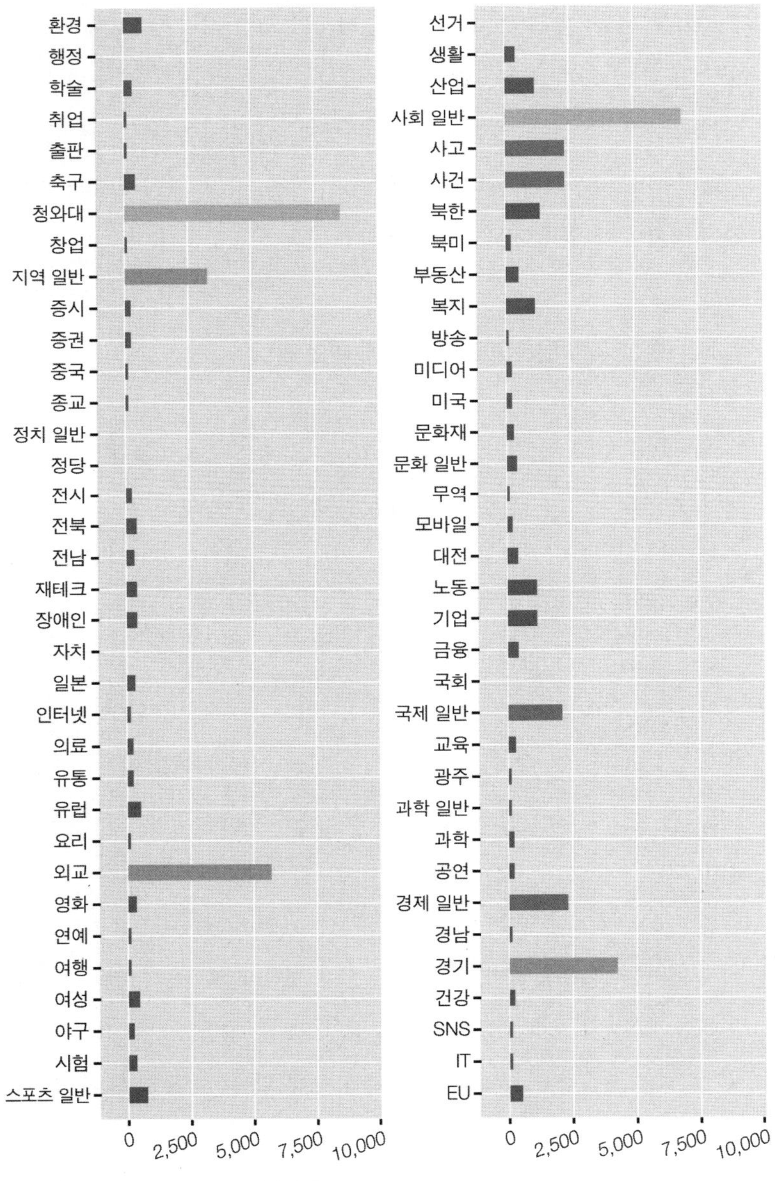

자료: 필자가 분석한 결과를 토대로 직접 작성.

〈그림 5-15〉 제19대 국회의 진보 성향 정당 관련 토픽(강원 지역) (단위: %)

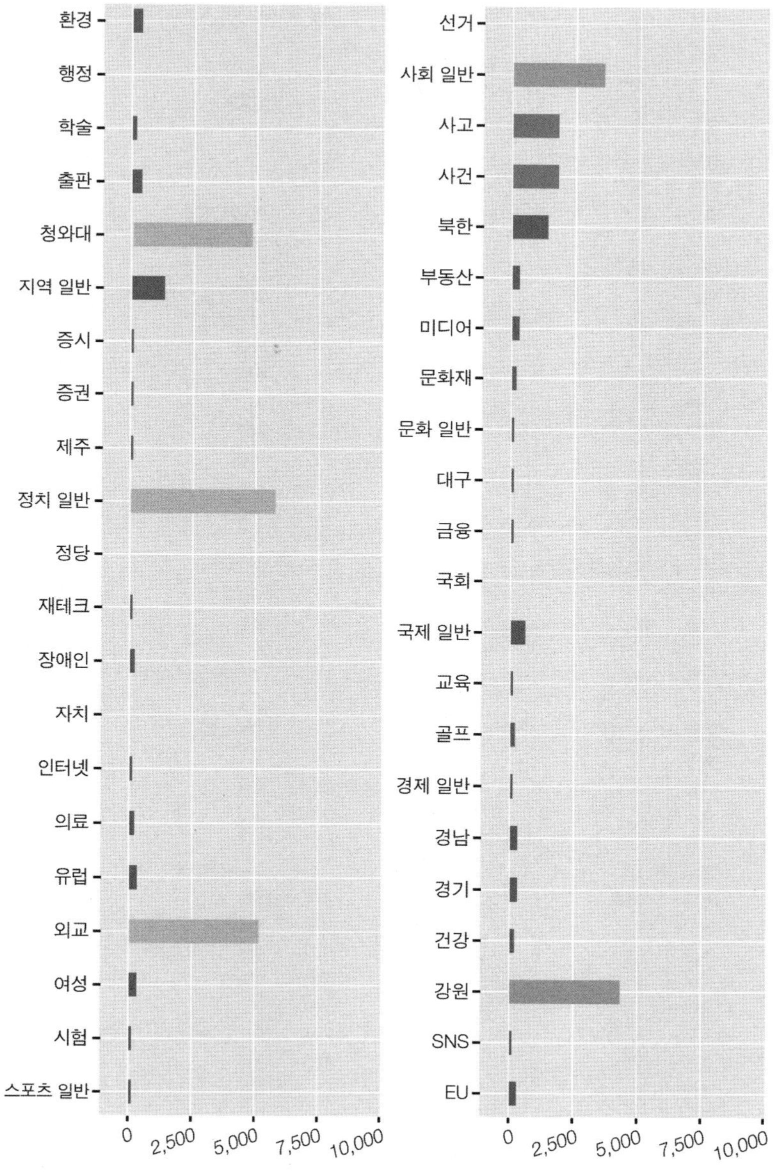

자료: 필자가 분석한 결과를 토대로 직접 작성.

〈그림 5-16〉 제19대 국회의 진보 성향 정당 관련 토픽(충청 지역) (단위: %)

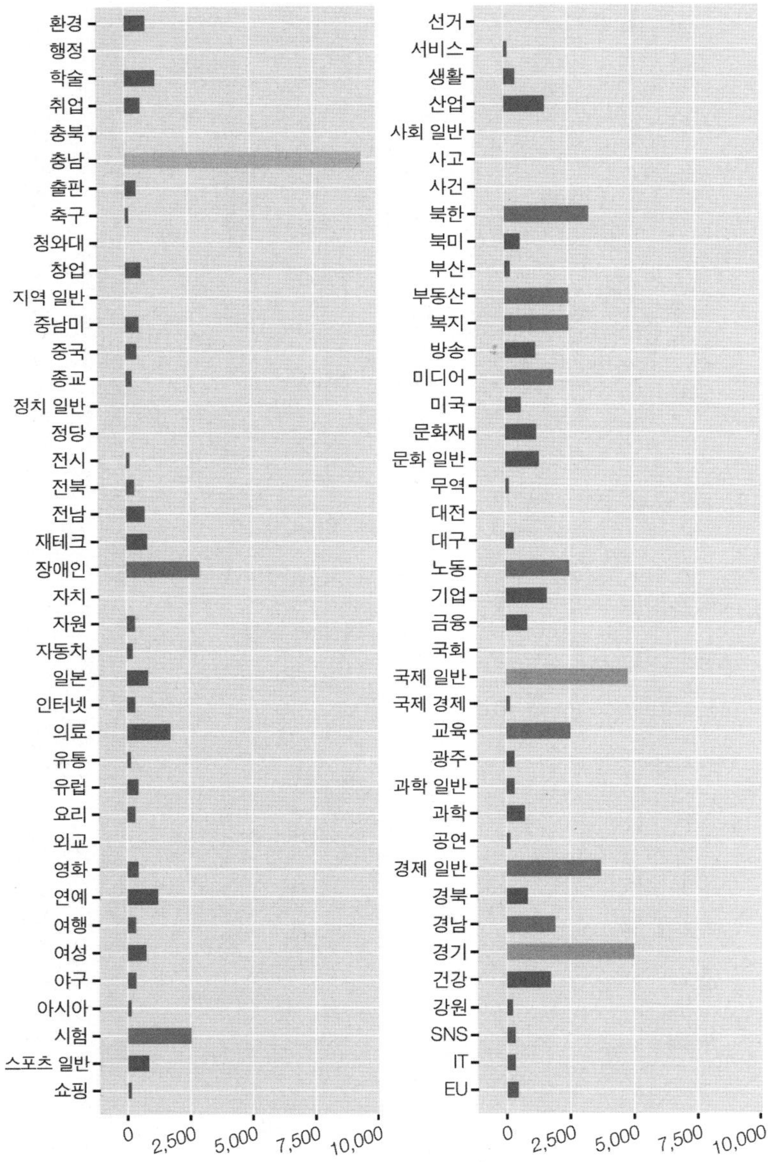

자료: 필자가 분석한 결과를 토대로 직접 작성.

〈그림 5-17〉 제19대 국회의 진보 성향 정당 관련 토픽(호남 지역)

(단위: %)

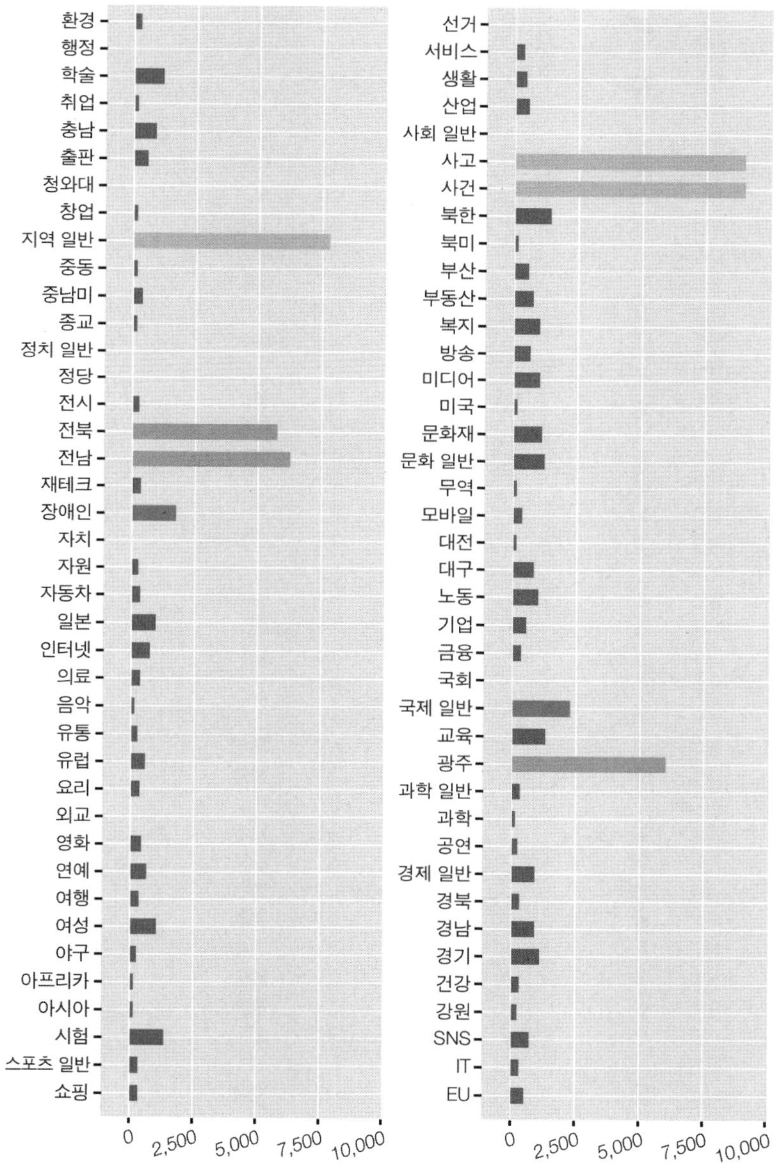

자료: 필자가 분석한 결과를 토대로 직접 작성.

〈그림 5-18〉 제19대 국회의 진보 성향 정당 관련 토픽(영남 지역) (단위: %)

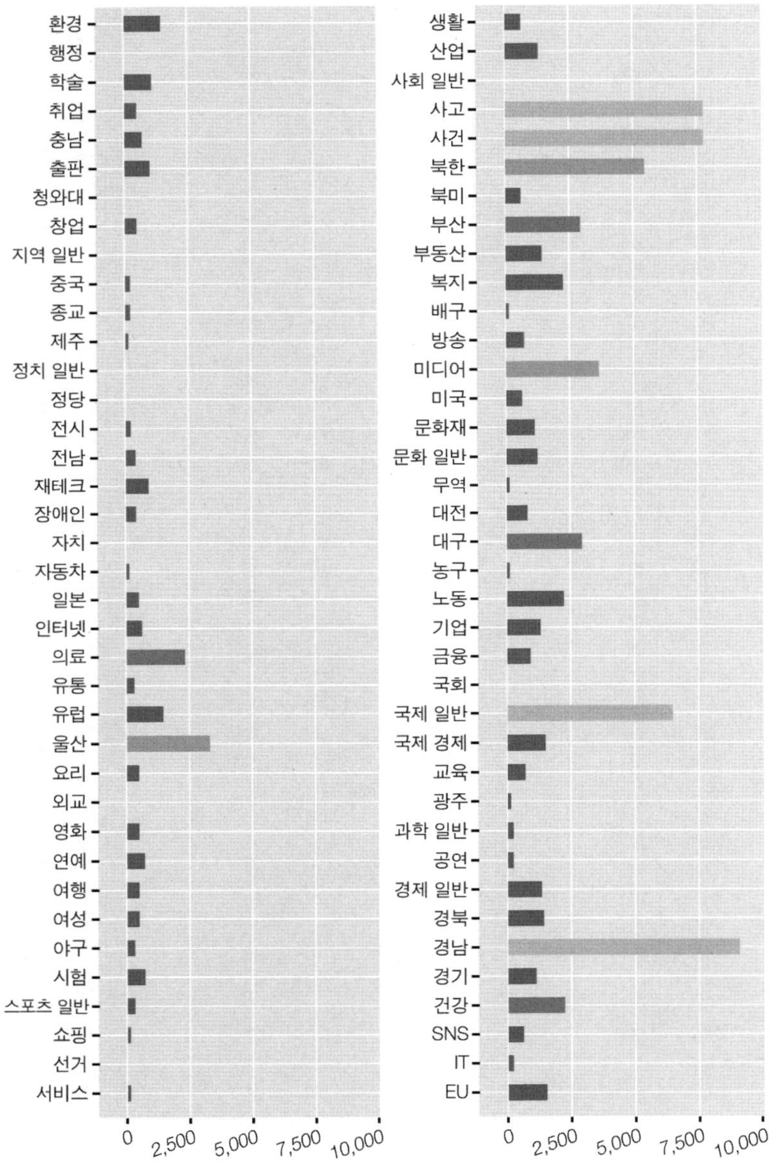

자료: 필자가 분석한 결과를 토대로 직접 작성.

〈그림 5-19〉 제19대 국회의 진보 성향 정당 관련 토픽(제주 지역)

(단위: %)

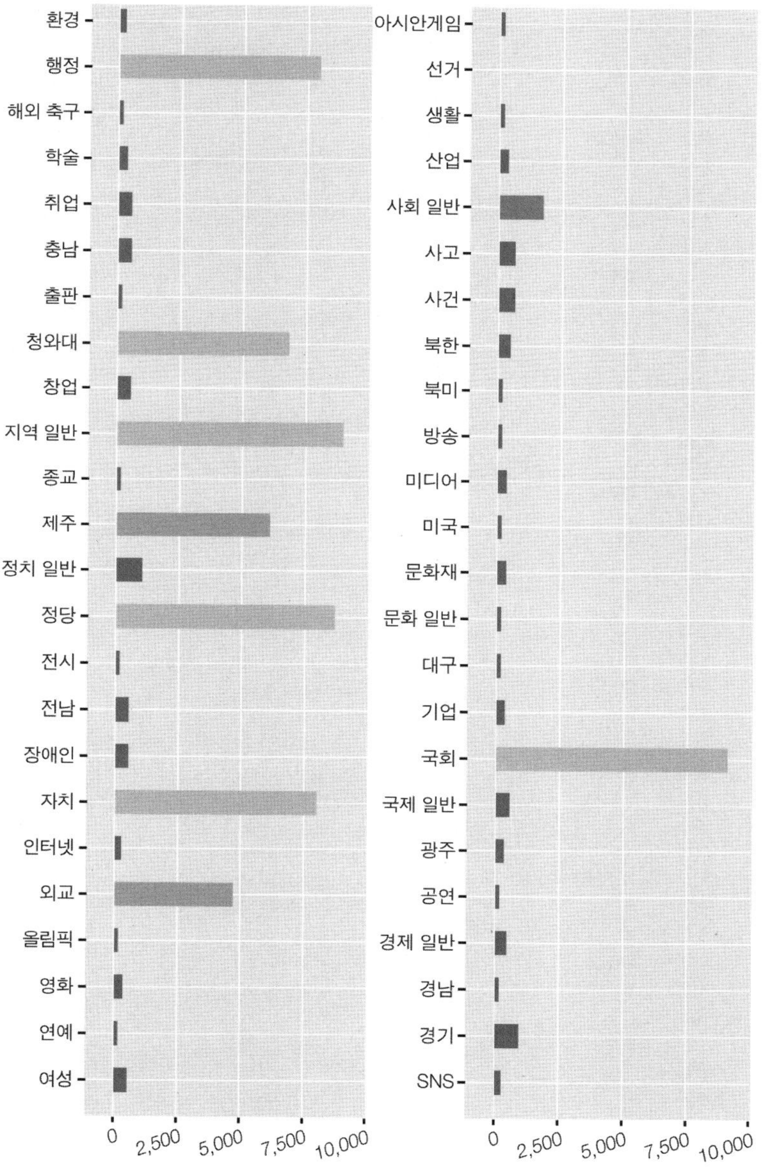

자료: 필자가 분석한 결과를 토대로 직접 작성.

〈그림 5-20〉 제20대 국회의 진보 성향 정당 관련 토픽(경인 지역) (단위: %)

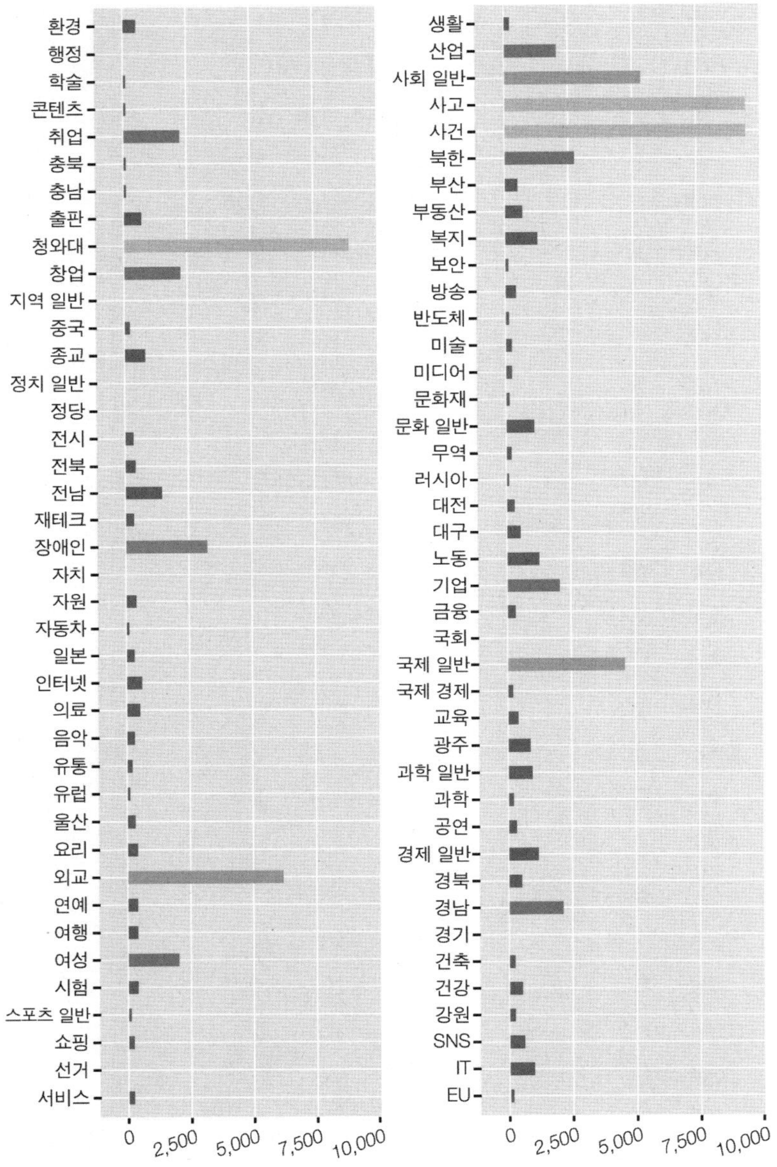

자료: 필자가 분석한 결과를 토대로 직접 작성.

〈그림 5-21〉 제20대 국회의 진보 성향 정당 관련 토픽(강원 지역) (단위: %)

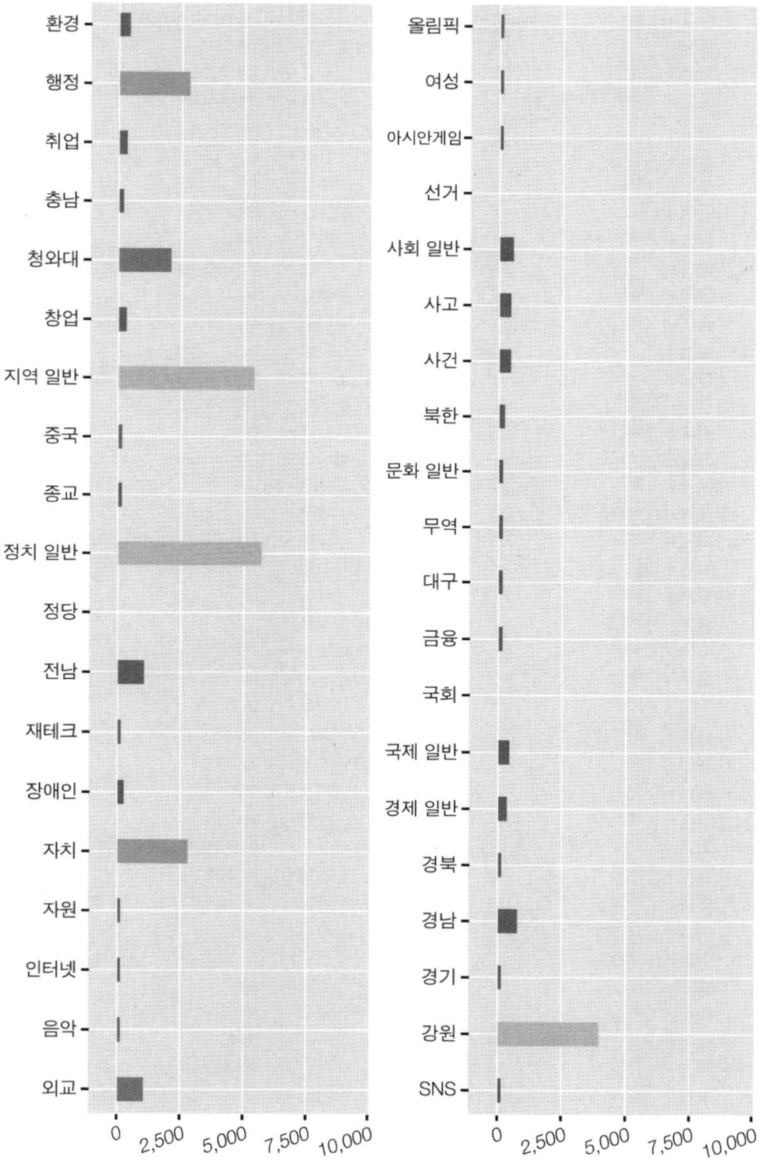

자료: 필자가 분석한 결과를 토대로 직접 작성.

〈그림 5-22〉 제20대 국회의 진보 성향 정당 관련 토픽(충청 지역) (단위: %)

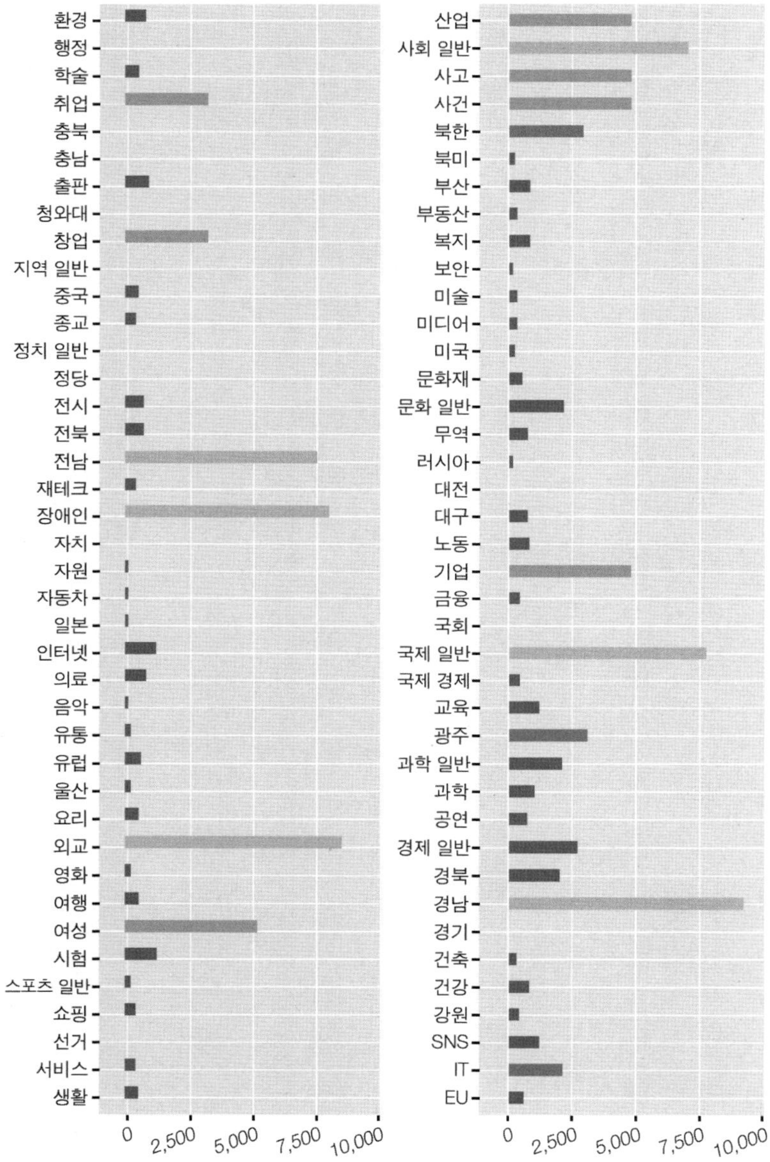

자료: 필자가 분석한 결과를 토대로 직접 작성.

〈그림 5-23〉 제20대 국회의 진보 성향 정당 관련 토픽(호남 지역)

(단위: %)

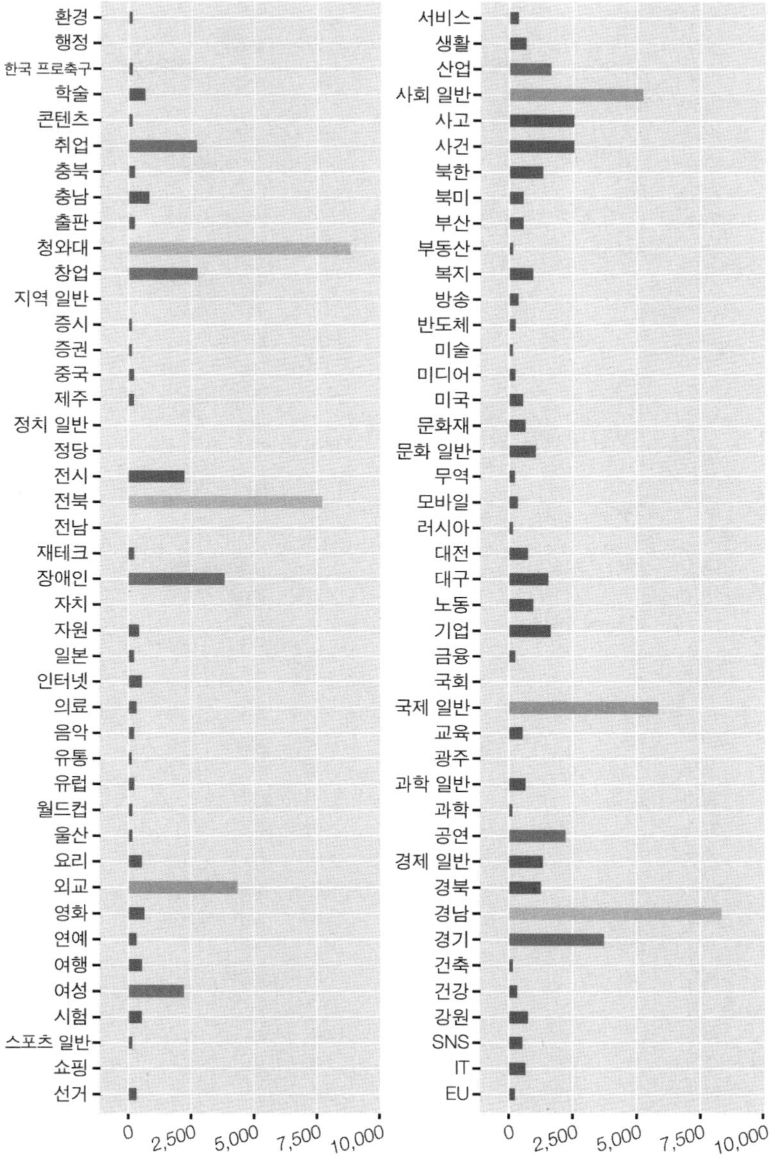

자료: 필자가 분석한 결과를 토대로 직접 작성.

〈그림 5-24〉 제20대 국회의 진보 성향 정당 관련 토픽(영남 지역) (단위: %)

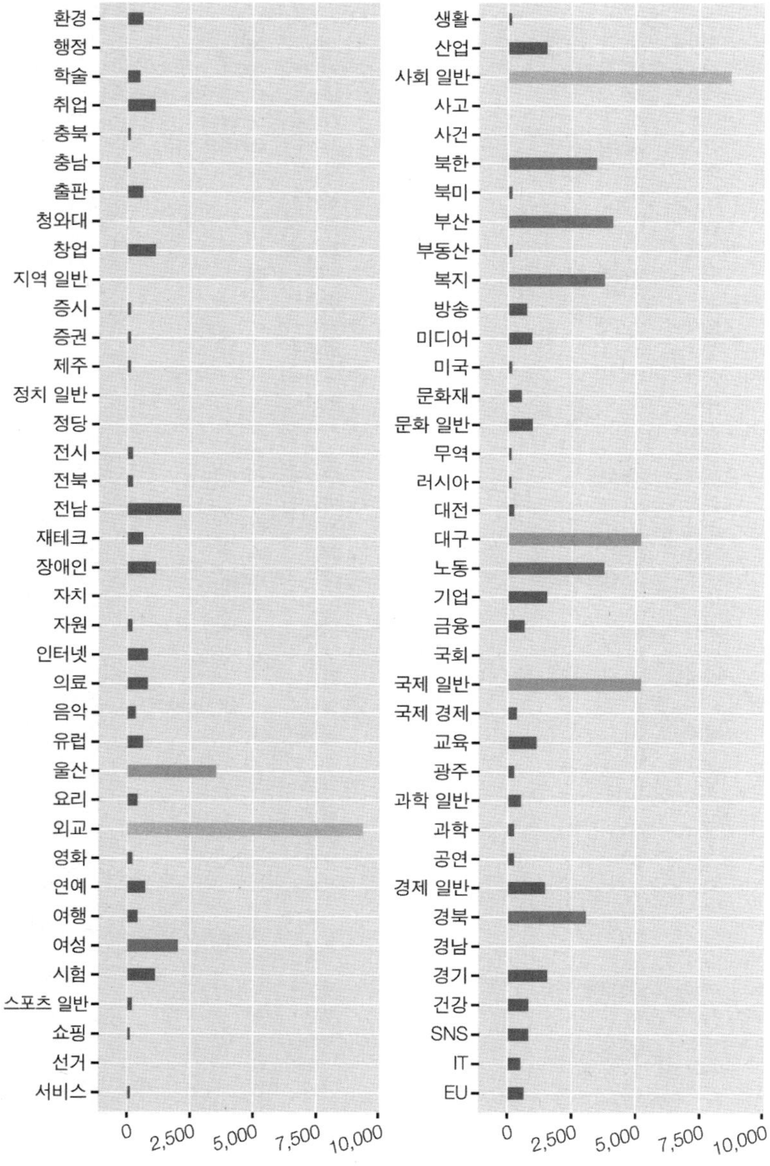

자료: 필자가 분석한 결과를 토대로 직접 작성.

〈그림 5-25〉 제20대 국회의 진보 성향 정당 관련 토픽(제주 지역) (단위: %)

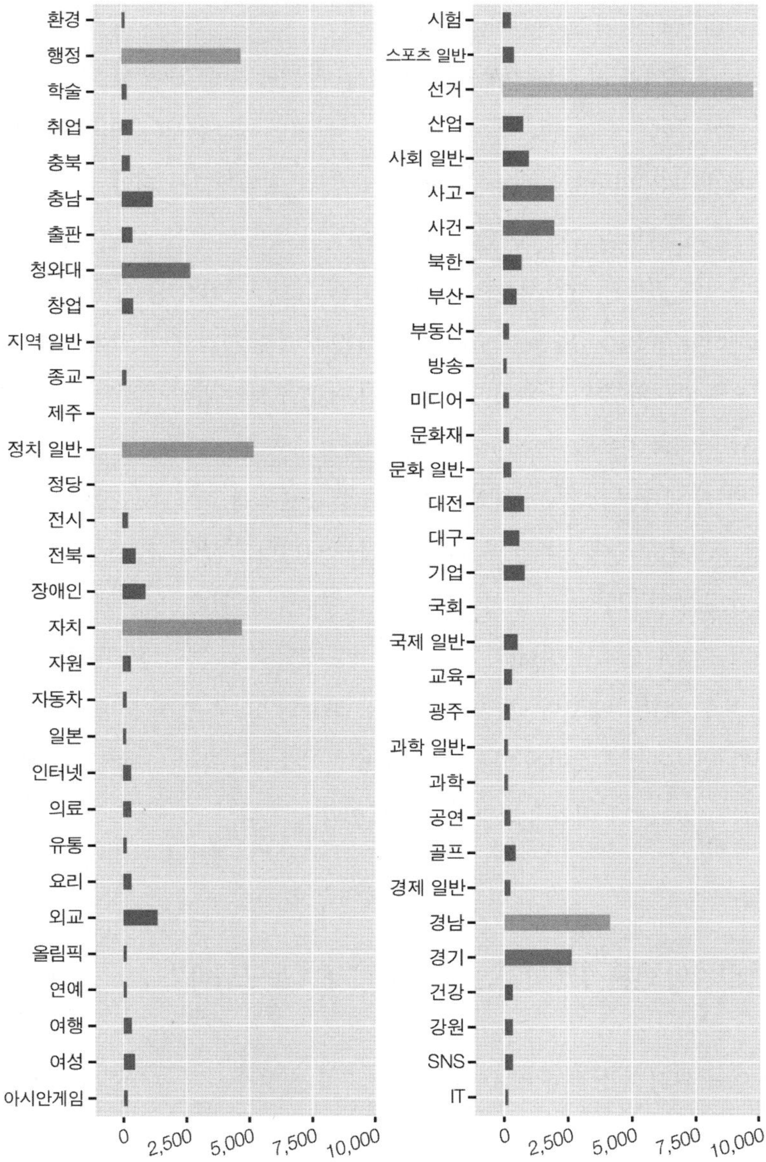

자료: 필자가 분석한 결과를 토대로 직접 작성.

서 다른 지역보다 상대적으로 관심 이슈가 적었고, 이는 제19대 국회 시기와 제20대 국회 시기 모두 마찬가지였다.

호남 지역의 경우 제20대 국회 시기 진보 성향 정당 관련 보도에서 가장 다양한 주제를 다룬 것으로 나타난다. 호남·경인 지역에서는 청와대와 외교 주제가 높은 비중으로 나타났고, 충청과 영남 지역에서는 취업, 장애인, 여성, 문화, 교육, 기업, 경제 등 사회 문제가 다뤄지고 있다. 제주 지역에서는 앞에서의 결과와 마찬가지로 청와대, 선거, 행정, 자치와 같은 정치 이슈에 대해서만 관심이 집중된 모습이었다. 제19대 국회 시기와 비교해 보면 전반적으로 호남과 경인 지역의 경우 다뤄진 이슈 주제의 범위가 넓었고, 충청과 영남 지역의 경우 높은 비중으로 강조되는 이슈가 늘어났다.

한 가지 주목할 것은, 지역 종합지 뉴스 콘텐츠에 묘사되는 진보 성향 정당 관련 보도 중에서 북한 주제가 주요하게 나타나고 있어, 진보 성향 정당이 북한 문제에 대한 이슈를 가지고 있음을 유추할 수 있다. 또한 제19대 국회 시기 충청과 영호남 지역의 경우 진보 성향 정당 관련 보도에서 부동산 이슈가 보수 성향 정당보다 증가된 비중으로 노출되었다는 것이 특징적이다. 전체적으로 편중된 토픽이 다뤄지고 있어, 지역별로 정당이 다양한 이슈를 포괄하고 있는지에 대해서 고민할 필요가 있다.

2. 지역 언론이 좋아하는 정치 유력자는 누구인가?

정당 관련 뉴스 콘텐츠에서 나타나는 주요 정치 인물은 누구일까? 현실적으로 정치적 인물들 간의 실제 관계를 파악하는 것이 어렵기 때문에 최근에는 빅데이터를 활용한 네트워크 연구가 활발히 이뤄지고 있다. 네트워크를 통해 정치인들의 권력 구조를 이해하는 실마리를 찾을 수 있다. 네트워크상에서 인물들이 놓인 위치를 살펴보고 정치권력 구조의 특징과 인물들의 상호 관계를 유추할 수 있는 것이다(Heaney, and Scott, 2009; Lazer, 2011; 김용학, 2004). 여기에서는 지역 종합지에서 어떤 인물이 네트워크의 허브(hub) 역할을 하고 있는지 알아보려 한다. 허브에 위치한 인물은 다른 인물들에 대해 영향력을 발휘할 수도 있을 것이다.

1) 지역 정치? 중앙 정치의 반복

지역 뉴스 콘텐츠가 좋아하는 정치 유력자는 누구일까? 정치 인물들을 연결하는 중심에 위치한 인물이 누구인지 살펴보자.[2] 먼저 〈표 5-1〉은 제19대 국회 시기 지역별 상위 10위의 정치 유력자들이다.

지역 종합지 뉴스에서 정당 관련 콘텐츠에 등장하는 인물 중 다수가 정치인인 것은 당연한 결과다. 이들은 다른 인물들과 연결되어 네트워크상의 정보에 쉽게 접근 할 수 있고 네트워크 내에서 연계된 활동을 적극적으로 하는 사람들이라고 해석할 수 있다(Borgatti and Halgin, 2011). 네트워크상에서 허브 역할을 하는 인물은 다른 인물들과 관계를 맺는 매개자처럼 역할하며 파벌을 만들 수도 있다.

제19대 국회 시기 지역별 정치 유력자들을 보면 박근혜, 문재인, 안철수, 김무성(당시 새누리당 대표최고위원) 등이 있다. 이들이 대부분의 지역에서 상위권을 차지하고 있어 지역 뉴스 콘텐츠 네트워크가 중앙 정치와 비슷하다는

2 연결 중심성은 어떤 행위자가 다른 행위자와 많이 연결되어 네트워크에서 중심에 위치하는 정도를 파악하기 위한 개념이다.

〈표 5-1〉 지역별 유력자(제19대 국회 시기)

	경인		강원		충청		호남		영남		제주	
	보수	진보	보수	진보	보수	진보	보수	진보	보수	진보	보수	진보
1	원유철	박근혜	황영철	박근혜	박근혜	박근혜	김무성	박근혜	박근혜	박근혜	김무성	박근혜
2	김무성	문재인	김기선	문재인	김무성	문재인	박근혜	문재인	김무성	문재인	안철수	문재인
3	박근혜	박기춘	염동열	조일현	정진석	안철수	안철수	안철수	유승민	안철수	유승민	이명박
4	서청원	안철수	김진태	이정희	안철수	이명박	김종인	이춘석	문재인	이명박	문재인	강창일
5	김종인	이명박	이강후	최문순	정우택	박기춘	박지원	이용섭	최경환	노무현	박근혜	김우남
6	안철수	황우여	이양수	황영철	김종인	이상민	문재인	유성엽	이한구	김부겸	남경필	김재윤
7	안상수	문희상	송기헌	김 현	변재일	문희상	천정배	박지원	이주영	박기춘	홍준표	문희상
8	윤상현	손학규	한기호	한금석	유승민	변재일	정동영	김대중	김종인	김정길	안희정	박기춘
9	김진표	김진표	김진선	심상정	원유철	노무현	정진석	강기정	안철수	김무성	박원순	황우여
10	심상정	강해인	김무성	이상민	도종환	박정희	정운천	이명박	조해진	이정희	이택수	이한구

자료: 필자가 분석한 결과를 토대로 직접 작성.

것을 알 수 있다. 경인 지역 보수 성향 정당 관련 뉴스 콘텐츠에 가장 많이 등장한 인물은 원유철이며, 그는 경기도 평택시를 지역구로 둔 4선 의원이었다. 20대 총선 전 공천 갈등 문제로 정당 내분이 일었던 시기에 새누리당 대표 권한대행을 맡기도 했다. 강원 지역 보수 성향 정당 관련 뉴스 콘텐츠에 등장한 정치 유력자는 황영철로 강원도 홍천군·횡성군 지역구의 새누리당 3선 의원이다.

충청 지역의 정당 관련 뉴스 콘텐츠에 나타난 인물들은 다른 지역에서 노출된 인물들과 가장 비슷하다. 반면 강원 지역의 경우 다른 지역과 일치도가 가장 낮다. 즉, 강원 지역에만 등장하는 정치 인물들이 다수라는 의미다. 지역별로 특징적인 면을 살펴보자면, 경인 지역에서도 다른 지역과 비슷한 인물들이 등장했지만 서청원, 안상수, 윤상현, 손학규, 강해인이 경인 지역 정당 관련 보도에만 등장했다. 호남 지역의 특징적 인사는 천정배, 정동영, 이춘석, 이용섭, 김대중, 강기정 등이었다. 영남 지역은 최경환, 이주영, 김부

겸, 제주 지역은 남경필, 홍준표, 강창일, 김우남 등이 해당 지역에서 허브 역할을 한 것으로 보인다.

2) 강원·호남의 지역 인사 강세

제20대 국회 시기 지역별 상위 10위의 정치 유력자들을 살펴보자(〈표 5-2〉). 문재인 대통령이 대부분의 지역에서 상위권을 차지하고 있고, 문재인 대통령을 제외하고 지역별 정당 관련 뉴스 콘텐츠에 많이 등장한 인물은 강원 지역 정창수, 최문순, 제주 지역 원희룡, 문대림이다. 제20대 국회 시기는 제19대 국회 시기보다 지역 간 인물들의 출현이 더 비슷한데 경인, 충청, 영남, 제주 지역의 정치 유력자들은 다른 지역의 상위 인물들과 비슷한 인물임을 알 수 있다.

〈표 5-2〉 지역별 유력자(제20대 국회 시기)

	경인		강원		충청		호남		영남		제주	
	보수	진보	보수	진보	보수	진보	보수	진보	보수	진보	보수	진보
1	문재인	문재인	정창수	최문순	문재인	문재인	문재인	문재인	문재인	문재인	원희룡	문대림
2	남경필	이재명	최문순	이재수	홍준표	양승조	최경환	김영록	홍준표	김경수	문재인	원희룡
3	홍준표	전해철	이철규	강청룡	양승조	이시종	김성태	이용섭	양승조	홍준표	홍준표	문재인
4	김성태	박남춘	이재수	김중남	박성효	허태정	김동철	강기정	박성효	김성태	김방훈	김경수
5	이재명	남경필	노승락	정재웅	이인제	오제세	김경진	민형배	이인제	김태호	문대림	김우남
6	박남춘	양기대	문재인	원창묵	박경국	이재명	이용섭	최영호	박경국	추미애	김성태	추미애
7	박근혜	김성태	심규언	정창수	이시종	이인제	우원식	이정현	이시종	박근혜	고은영	홍준표
8	유정복	우원식	염동열	이근식	허태정	추미애	조배숙	이은방	허태정	드루킹	박근혜	오영훈
9	우원식	김경수	정일화	구자열	김성태	박성효	나경채	양향자	김성태	우원식	김우남	고은영
10	전해철	추미애	황영철	문재인	이상민	박경국	홍준표	김성환	이상민	오거돈	장성철	김방훈

주: 영남 지역 진보 측 8위에 오른 '드루킹'은 세 글자로 된 인물의 이름으로 인식되어 추출된 결과로, 정치 관련 이벤트이자 행위자와 관련된다고 보고 삭제하지 않았다.

자료: 필자가 분석한 결과를 토대로 직접 작성.

반면, 강원 지역과 호남 지역의 경우 지역 기반의 인물들이 다수 등장했다. 강원 지역의 보수 성향 정당 관련 뉴스 콘텐츠에는 이철규 자유한국당 강원도 동해 지역구 초선 의원, 노승락 강원도 홍천군수, 심규언 강원도 동해시장이, 진보 성향 정당 관련 뉴스 콘텐츠에는 강청룡 강원도의원, 정재웅 강원도의원, 정재웅 강원도의원, 원창묵 강원도 원주시장 등 강원 지역 관련 인사들이 상위 리스트에 속해 있다. 호남 지역의 경우 보수 성향 정당 관련 뉴스 콘텐츠에 광주 지역구 의원인 김동철, 김경진이 출현했고, 진보 성향 정당 관련 뉴스 콘텐츠에는 김영록 전라남도지사, 민형배 광주 광산구청장, 최영호 광주 남구청장 등 호남 지역 관련 인물들이 높은 순위에 위치해 있다.

3) 지역 정치 유력자들의 네트워크

지역 종합지의 정당 관련 뉴스 콘텐츠에 나타난 정치 인물들의 네트워크를 이미지화해 보았다(〈그림 5-26〉, 〈그림 5-27〉). 충청 지역의 경우 보수와 진보 정당 관련 뉴스 콘텐츠에서 단일의 핵심 네트워크 크기가 크고 인물들이 대거로 밀집해 있는 모습이 흥미롭다. 그에 비해 강원과 제주 지역에서는 중

〈그림 5-26〉 지역 종합지 보수 성향 정당 관련 뉴스 콘텐츠의 인물 네트워크

지역	19대 국회 시기	20대 국회 시기
경인	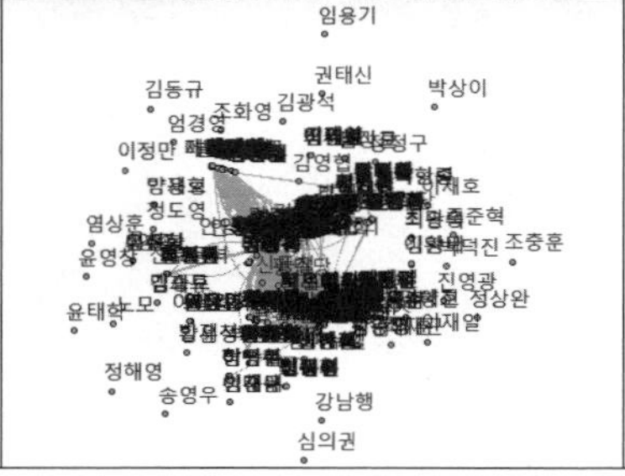	

지역	19대 국회 시기	20대 국회 시기
강원	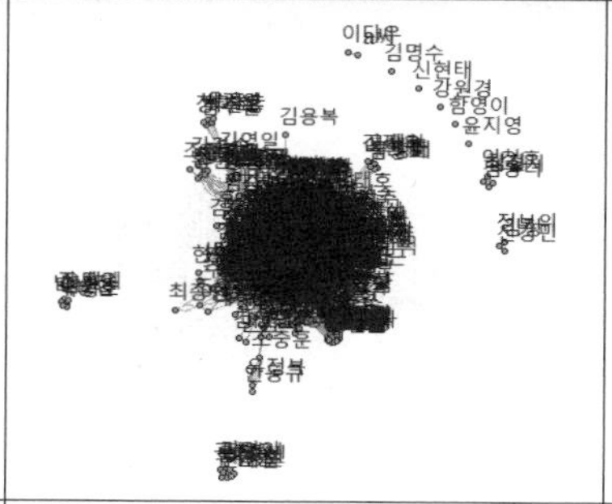	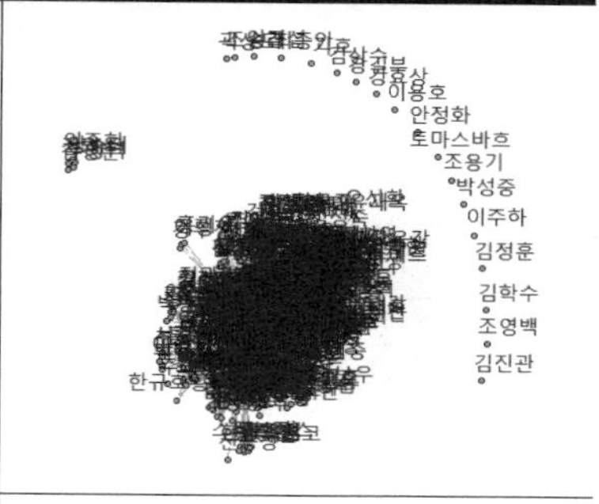
충청	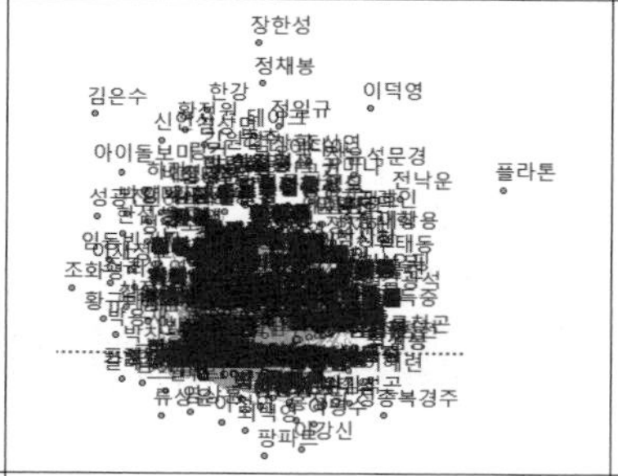	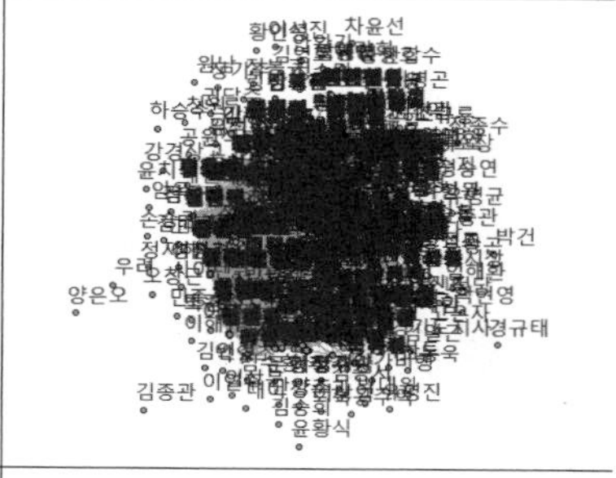
호남		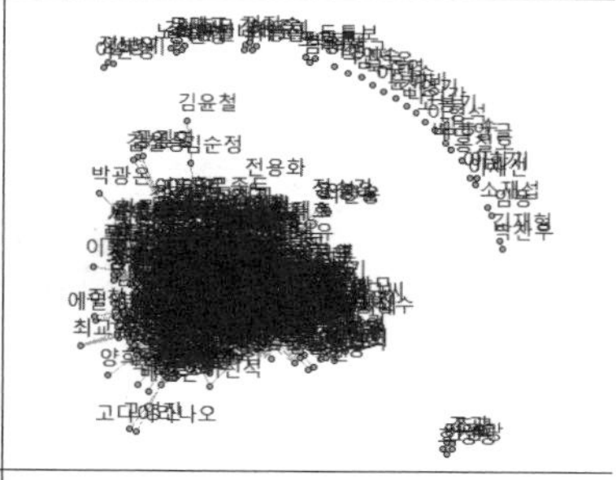
영남	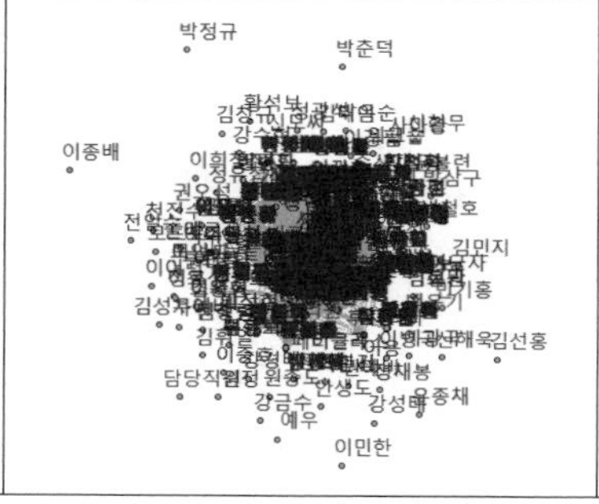	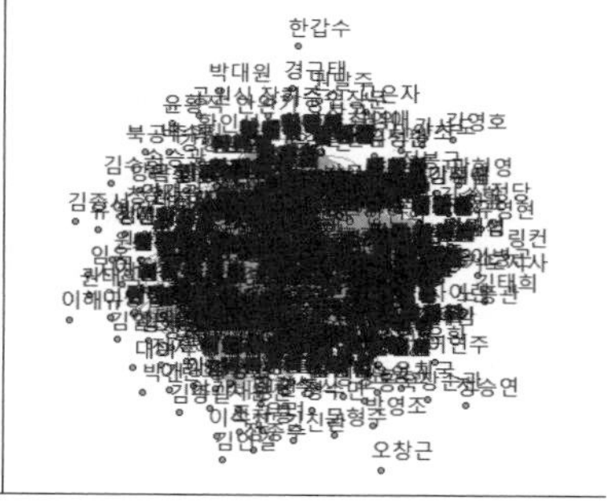

지역	19대 국회 시기	20대 국회 시기
제주	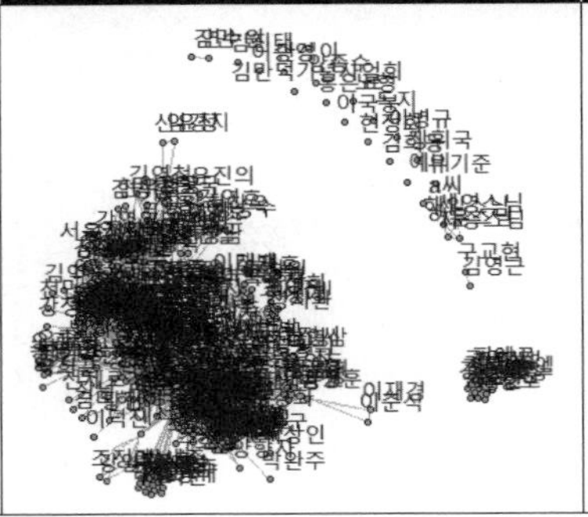	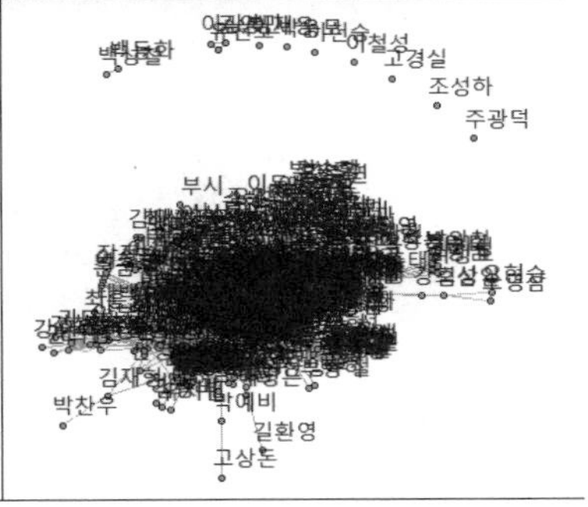

자료: 필자가 분석한 결과를 토대로 직접 작성.

〈그림 5-27〉 지역 종합지 진보 성향 정당 관련 뉴스 콘텐츠의 인물 네트워크

지역	19대 국회 시기	20대 국회 시기
경인	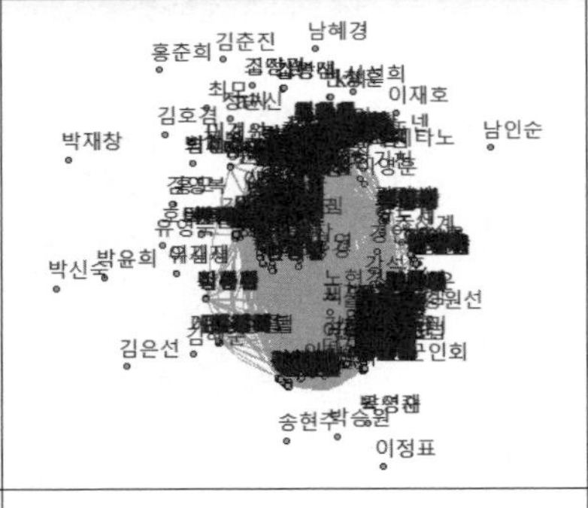	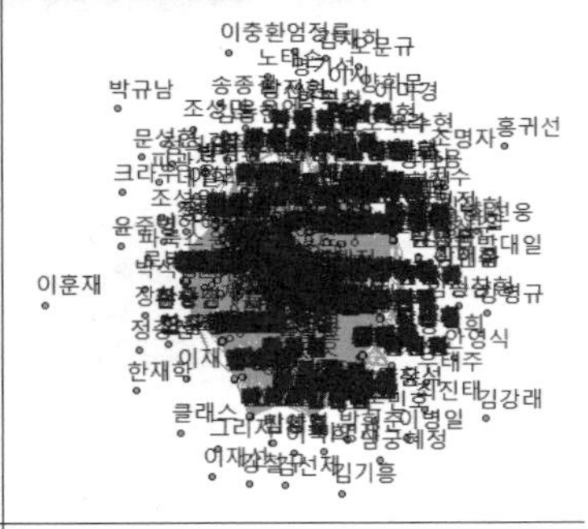
강원	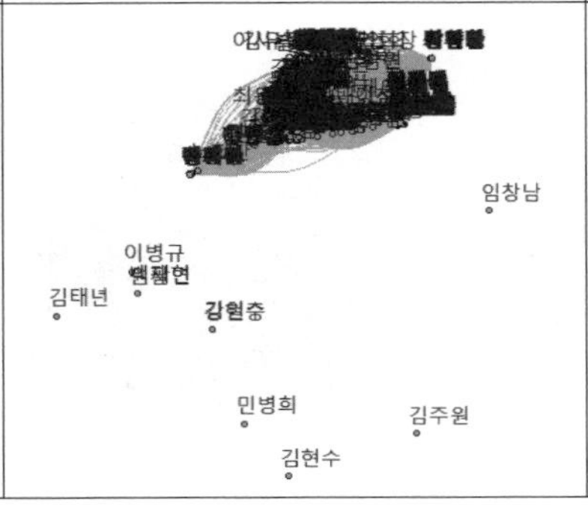	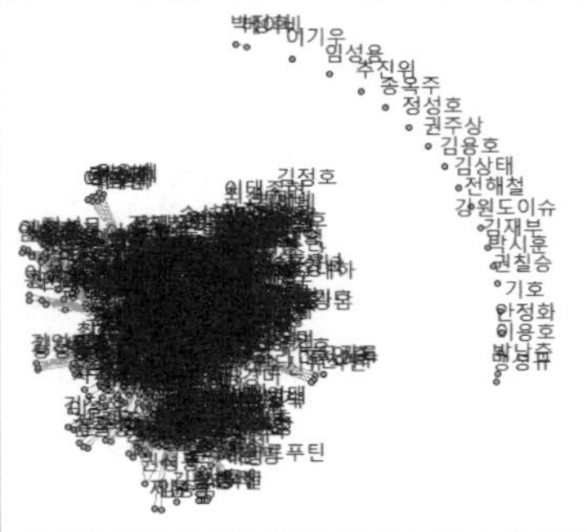

지역	19대 국회 시기	20대 국회 시기
충청		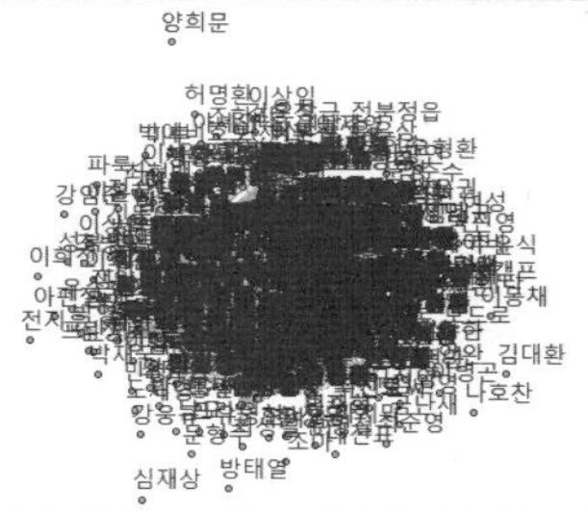
호남	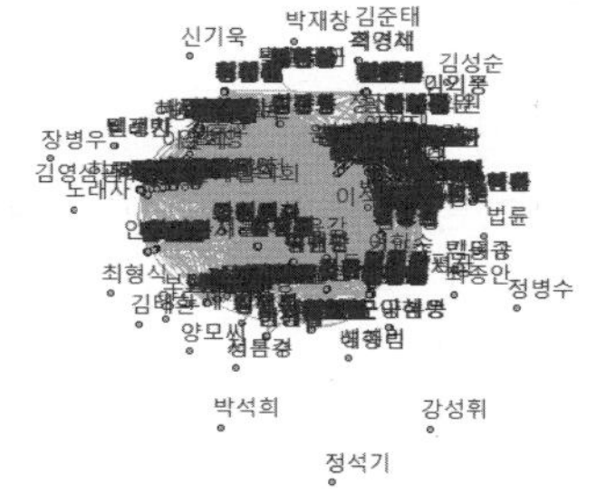	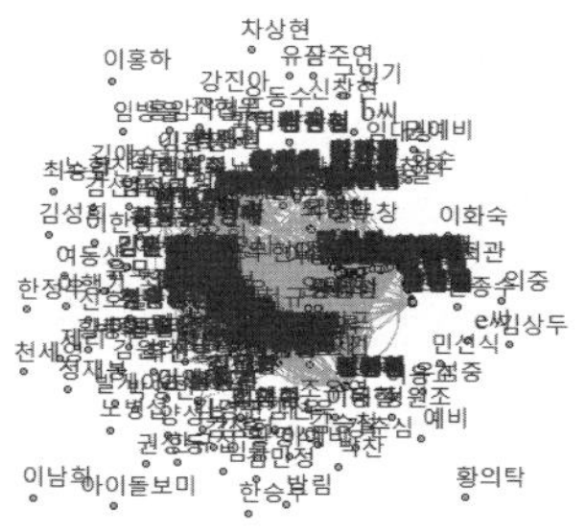
영남	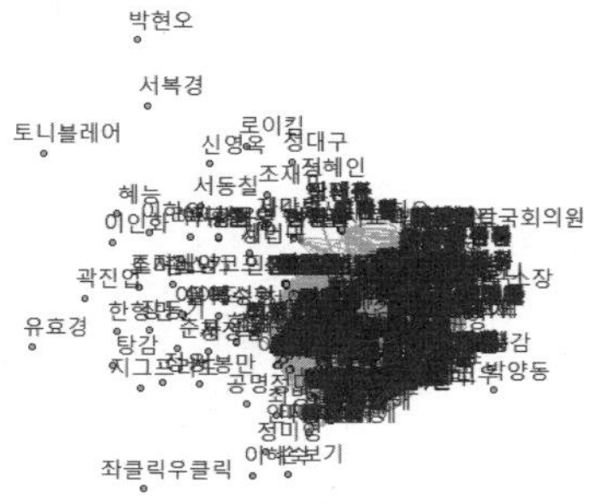	
제주	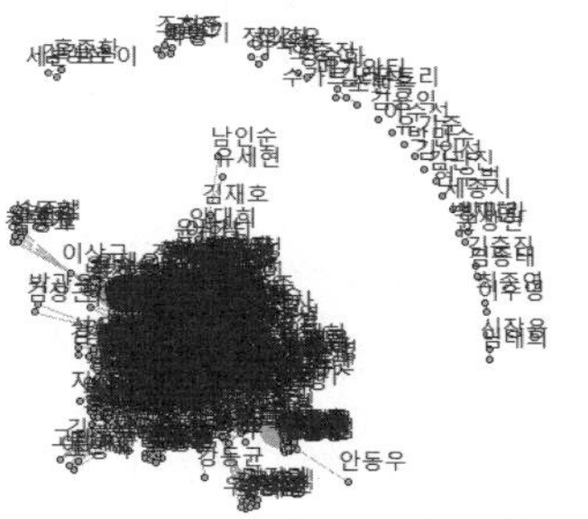	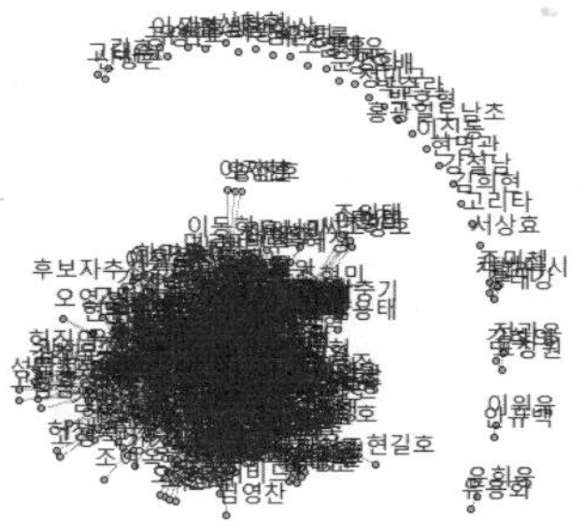

자료: 필자가 분석한 결과를 토대로 직접 작성.

심 네트워크가 있고, 그 중심 네트워크에서 거리를 두고 있는 분열된 모습의 아웃라이어(outlier)들이 보인다. 경인과 호남 지역에서는 하위 네트워크들이 있어 분산된 분파 네트워크의 모습을 보였다.

3. 마무리

뉴스 미디어에서 정당 관련 보도를 할 때 무엇에 주목해서 노출하는지를 살펴보는 것은 미디어에서 정치현실 구조가 어떻게 반영되고 있는지에 대한 문제와 관련되어 있다. 이 장에서는 지역 뉴스가 제시하고 있는 정당 관련 뉴스 콘텐츠의 주제와 지역 정치 인물들의 동태성을 유추하고자 했다.

우선, 지역 종합지에 묘사된 정당 관련 뉴스 콘텐츠의 주제는 충청 지역에서 가장 다양한 이슈를 포괄하고 있었다. 또한 제19대와 제20대 국회 시기의 경우 보수 성향 정당 관련 뉴스 콘텐츠는 영남 지역에서, 진보 성향 정당 관련 뉴스 콘텐츠는 호남 지역에서 가장 다양한 주제를 포괄했다. 제주나 강원 지역에서는 편중된 소수의 주제만이 다뤄졌고, 특히 제주 지역에서는 정치 이슈에 대한 높은 관심에 비해 생활 이슈에 대한 관심이 현저히 낮았다. 또한 제19대 국회 시기 충청과 영호남 지역의 경우 부동산 이슈가 보수 성향 정당 관련 보도에서보다 진보 성향 정당 관련 보도에서 많이 등장했다. 이 밖에 특징적인 것은 진보 성향 정당 관련 보도 중에서 북한 주제가 주요하게 나타나 진보 성향 정당이 북한 문제에 대한 이슈를 가지고 있다는 것을 짐작할 수 있었다.

한편, 지역 언론의 정당 관련 뉴스 콘텐츠에서도 전국적 대중 정치인, 혹은 당 대표, 광역지방자치단체장 등이 여전히 허브 역할을 하고 있어 지역 정치 역시 중앙 정치에 이끌리고 있음을 알 수 있었다. 충청·경인·영남 지역의 언론에서 유력자로 노출되는 인물들의 경우, 다른 지역과 비교할 때 상당히 유사해 지역 언론이 주목하는 정치 인물들이 지역 간에도 비슷하다는 것을 알 수 있었다. 반면, 제20대 국회 시기 강원, 호남 지역에서는 지역 기반 활동 정치인들이 허브 역할을 하고 있어 이들의 강한 지역적 기반을 유추할 수 있었다. 정치 인물 네트워크를 시각화했을 때, 충청과 영남 지역에서 인물들 간 중심된 네트워크를 위주로 밀도가 높았다. 경인·호남 지역에서는 분파 관계가, 강원·제주 지역에서는 아웃라이어의 모습이 나타난 것이 흥미롭다.

사람들은 뉴스 미디어가 선택한 것들에 더 주목한다. 특히 정치 뉴스 콘텐츠는 정치적 인물들의 호소와 정치적 입장에 대한 정보 제공이 상당한 비율을 차지하며 구성되기 때문이다(Semetko et al., 1991). 뉴스 주제와 인물이 유권자에게 부각되는 것의 중요성을 생각할 때 지역 언론이 한국의 정당과 관련해 당면한 과제들을 충분히 전달하고 있는지, 네트워크의 중심에 있는 정치적 인물들이 현실 정치에서 어떤 역할을 해내고 있는지 고민할 필요가 있다(Katz and Feldman, 1962).

참고문헌

김용학. 2004. 『사회 연결망 이론』. 박영사.

조철래. 2009. 「영호남 지역신문의 지역주의 보도 연구: 2004년 국회의원 선거를 중심으로」. ≪언론과학연구≫, 9(3), 510~542쪽.

채혜선. 2019.4.2. "정점식 측근 '우호적 기사 써달라' 기자 매수 의혹". ≪중앙일보≫.

Borgatti, S. P. and D. S. Halgin. 2011. "On Network Theory." *Organization Science*, vol.22, no.5, pp.1168~1181.

Gentzkow. M. and J. M. Shapiro. 2010. "What Drives Media Slant? Evidence From U.S. Daily Newspapers." *Jorunal of the econometric society*, vol.78, no.1, pp.35~71.

Heaney, M. T. and D. M. Scott. 2009. "Social Networks and American Politics Introduction to the Special Issue." *American Politics Research*, vol.37, no.5, pp.727~741.

Holian, D. B. 2004. "He's stealing my issues! Clinton's crime rhetoric and the dynamics of issue ownership." *Political Behavior*, vol.26, no.2, pp.95~124.

Katz, E. and J. J. Feldman. 1962. "The debates in the light of research: A survey of surveys." in S. Kraus(ed.) *The great debates*. Bloomington: Indiana University Press.

Lazer, David. 2011. "Networks in Political Science: Back to the Futere." *Political Science & Politcs*, vol.44, no.1, pp.61~68.

Petrocik, J. R. 1996. "Issue Ownership in Presidential Elections, with a 1980 Case Study." *American Journal of Political Science*, pp.825~850.

Semetko, Holli, A., Jay G. Blumler, David H. Weaver, Steve Barkin, G. Cleveland Wilhoit and Michael Gurevitch. 1991. *The Formation of Campaign Agendas: A Comparative Analysis of Party and Media Roles in Recent American and British Elections*. Hillsdale, NJ: Lawrence Erlbaum Associates Publishers.

제**6**장

교통 빅데이터로 본 시간과 공간의 사회적 구성

박민제 | 중앙일보
김정민 | 카카오모빌리티
이원재 | KAIST

지금도 문밖 세상 사람들은 어딘가로 이동하고 있다. 얼핏 보면 군중의 흐름이란 수천수만의 우연한 부대낌들이 만들어내는 브라운운동(Brownian motion) 같다. 하지만 우리는 군중 속 개인이 저마다 목적을 가지고 움직이고 있음을 안다. 군중의 흐름은 이 작은 목적들이 모여 만들어내는 모종의 질서를 품고 있다. 이 집합적 질서는 개인의 목적이 모여 만들어내지만 개인의 사연들만으로는 설명하기 어려운, 개인들이 엮인 집단 수준에서만 이해할 수 있는 구조적인 성격도 가지고 있다.

그러나 거리를 타고 흐르는 인간 집단의 흐름에서 질서를 느끼는 것과 이에 대한 증거를 제시하는 것 사이에는 일정한 간극이 존재한다. 인간의 삶의 터전에 대한 공간 인식은 지도라는 시각적 정보에 얽매이기 십상이다. 행정구역의 경계 위에 얹어진 도로와 대중교통 노선 정도가 지도를 통해 일차적으로 얻는 정보다. 그런데 이 정보를 바탕으로 인간의 이동을 상상하다 보면 굳이 인간을 생각할 필요가 없다. 그저 도로와 노선을 따라 움직이는 인간이라면 미로 속 생쥐에 불과할 것이기 때문이다.

따라서 인간이 스스로 생각하고, 선택하며, 실행하는 주체라면 이들이 움직이는 정보를 직접 얻어 이를 통해 집합적 흐름의 규칙을 찾아내야 한다. 이때 지도 위의 지시선들은 인간이 행동을 할 때 고려하는 여러 조건 중 하나일 뿐이지, 이를 전적으로 결정하지는 않는다.

우리는 서울시와 카카오모빌리티에서 제공한 인간 이동 데이터를 분석해 왔다. 서울시는 KAIST(한국과학기술원) 문화기술대학원 소셜컴퓨팅랩에, 카카오모빌리티는 ≪중앙일보≫에 각각 데이터를 제공했고, 데이터를 받은 기관들은 한국의 시민들이 언제, 어디를 목적지로 하여 이동하는지 분석했다. 그 결과를 통해 이동의 집합적 질서들에 대한 수치 정보를 추출해 내고 이를 시각화하자 지도 위의 경계선을 넘나드는 움직임의 흔적이 나타났다. 이를 바탕으로 오늘날 한국인의 지리적 이동에 대한 몇 가지 설명을 제시했다. 이 중 서울시 대중교통 데이터 분석은 학술논문으로 발전시켰으나, 이 장에서는 오늘날 한국 사회를 살아가는 시민들의 집합적 경향성을 기술했던 것을 소개하고자 한다.

이미 보도된 기사를 다시 한 번 소개하는 것이어서 이미 기사를 접한 독자들에게는 중복되는 느낌을 줄 것이다. 그러나 한국인의 이동이 갖는 사회적 함의를 전체적인 맥락에서 다시 이해하는 기회를 제공하기 위해 최대한 원래의 내용을 유지하려고 했다. 향후 전문적인 연구를 하고자 하는 독자들의 이해를 돕고자, 우리가 사용한 전산 기반 빅데이터 분석 기법에 대한 대략적인 설명을 마지막에 붙였다.

이 장에서 기술하고자 하는 세 개의 분석은 각각, 서울시 교통카드 로그 데이터, 서울시 택시 호출 서비스 데이터, 추석 전후 네비게이션 이용 기록 데이터를 사용했다. 세 개의 로 데이터(raw data)는 모두 테라급의 용량을 가진 빅데이터였으며, 한국인의 이동에 대한 직접 정보를 가지고 있었다. 이를 바탕으로 우리는 서울의 생활권, 서울 내부의 시간별 기능 분화, 마지막으로 21세기 한국 명절에서 나타나는 사회적 행동의 특징을 살펴보고자 한다.

1. 대중교통 이용 데이터로 추론해 낸 서울의 생활권

1000만 인구가 사는 서울은 면적만 605.28km²에 달한다. 서울 사람이라도 강동구 둔촌동에 있는 지하철 9호선 중앙보훈병원에서 맞은편 끝 개화역(강서구 개화동)까지 1시간 30분이 걸리는 거리를 매일 오가기란 어려운 일이다. 시민들은 사실상 일상생활이 가능한 권역 안을 주로 오간다. 여기서 만들어지는 것이 눈에 보이지 않는 생활 속의 경계, '생활권'이다.

KAIST 문화기술대학원 소셜컴퓨팅랩은 서울시로부터 제공받은 2011~2013년 4월 둘째 주 월요일, 화요일 티머니 사용 내역 데이터 4000만 건을 분석해 눈에 보이지 않는 경계를 추적했다. 25개 자치구와 423개 동으로 구분된 행정적 필요에 의한 경계를 실제 사람들이 버스와 지하철이라는 대중교통 수단을 통해 어떻게 넘나드는지, 어떤 차이를 드러내는지 비교·분석하기 위해서다.

분석 결과 서울은 서남-도심, 강남, 동북-도심, 북한산, 서북, 강서 등 총 여섯 개의 생활권으로 나눠졌다. 서로 이동량이 많은 동끼리 연결하는 클러스터링(clustering) 방식으로 묶은 결과다. 하나의 생활권으로 묶인 지역은 내부 교통량이 외부 교통량보다 유의미하게 많은 지역을 의미한다. 여섯 개의 생활권은 각각 일자리(직장), 잠자리(주거)와 여가를 즐기는 지역이 결합된 형태로 만들어졌다.

〈그림 6-1〉 중화1동(중랑구)까지 강남 생활권, 7호선이 허문 강남·강북의 벽

빅데이터로 본 서울 주요 생활권

2011~2013년 4월 둘째 주 월·화요일 교통카드 사용 내역 4000만여 건 분석

⟷ 표시는 거점 지역에서 생활권 내 이동이 빈번한 주요 구간, 굵을수록 많음

6대 주요 생활권을 제외한 나머지는 소규모 생활권과 기타 지역

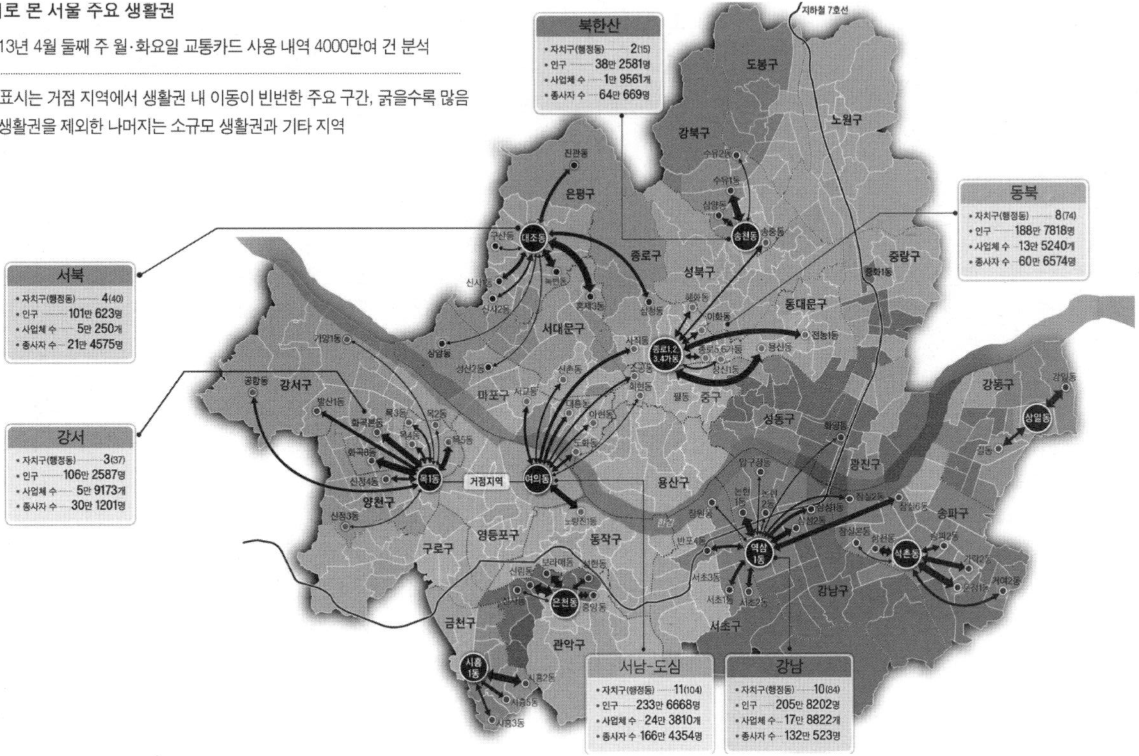

자료: KAIST 이원재·박주용 교수팀; 《중앙일보》, 2015년 10월 29일 자.

1) 여섯 개로 구분되는 서울

가장 큰 생활권은 서남-도심 생활권으로 확인되었다. 관악구, 동작구, 영등포구, 서대문구, 종로구, 서초구, 구로구, 금천구, 중구, 용산구, 마포구 등 11개 자치구, 104개 동으로 이뤄졌다. 서울 중구 일대에 널리 퍼져 있는 전통적인 구도심 지역에 직장을 둔 이들이 여기서 가까운 지역에 주거를 정한 경우가 많은 것으로 해석된다.

두 번째로 큰 강남 생활권은 10개 자치구 84개 동으로 이뤄졌다. 강남구, 서초구를 관통하는 테헤란로를 중심으로 한 업무 지역과 송파구, 강동구와 한강 너머 성동구, 중랑구 등 주거 지역이 엮여 있다. 한 도곡동 주민은 "회사, 백화점, 식당, 어린이집 등 모든 핵심 시설이 이 지역 안에 다 해결 가능하도록 몰려 있어 굳이 먼 지역으로 나갈 이유가 없다"고 설명했다.

강남 생활권은 북쪽으로는 성동구, 중랑구까지 영역이 확장된다. 한강만 건너면 바로 연결되는 성동구 옥수동, 마장동에서부터 최북단인 중랑구 중화1동까지 모두 강남 생활권으로 분류되었다. 성동구청 관계자는 해당 지역이 강남과의 연결성이 높게 나왔다는 분석 결과에 대해 "지하철 3, 7호선만 타면 금방 강남에 갈 수 있을 정도로 접근성이 좋기 때문"이라고 설명했다. 그는 "성동구 내에 일반계 고등학교가 두 개 밖에 없어(2015년 기준) 교육 여건이 좋지 않은 점도 강남권과의 생활 접근성을 높이는 데 영향을 미쳤을 것"이라고 덧붙였다.

노원구, 동대문구, 강북구 등 여덟 개 자치구가 하나로 묶인 동북-도심 생활권도 종로구, 중구 등 도심의 핵심 업무 지역이 주거지와 연결된 형태다. 그 밖에 서대문구, 은평구, 마포구 등으로 구성된 서북 생활권, 강서구, 양천구, 영등포구가 연결된 강서 생활권, 도봉구와 강북구가 연결된 북한산 생활권 등이 발견되었다.

이는 단순히 물리적 거리가 가까운 지역이 아닌 사람이 실제로 다녀서 연결이 되는 지역들을 기준으로 생활권을 구분한 결과다. 개개인에게 주어진 이동의 자유를 환경에 맞게 활용한 결과 일정한 질서, 패턴이 드러난 것이다.

각 생활권에는 교통량이 집중되는 거점 지역이 존재한다. 가장 큰 서남-도심권에서는 여의동이 하루 교통량이 가장 많았다. 지하철 5호선 여의도역, 여의나루역에 9호선 샛강역, 국회의사당역이 있는 데다 서강대교, 마포대교, 원효대교를 통해 오가는 버스 노선이 밀집한 지역이다. 하루 이용량이 12만 3614건이다. 그 밖에 중구의 소공동, 회현동도 거점 지역 역할을 하는 것으로 나타났다. 강남권은 2호선 강남역, 역삼역과 테헤란로가 위치한 역삼1동(9만 30건)이 거점 지역으로 꼽혔다. 동북-도심권에서는 종각역이 있는 종로 1, 2, 3, 4가동(12만 1331건), 서북권은 3호선 연신내역이 있는 대조동(5만 448건), 강서권은 5호선 오목교역, 목동역이 있는 양천구 목1동(4만 8316건)이 거점 역할을 하는 것으로 조사되었다. 도봉구와 강북구가 결합된 북한산 생활권에서는 미아사거리역이 있는 송천동(2만 4806건)의 교통량이 가장 많은 것으로 조사되었다.

2) 바로 옆 동네여도 갈리는 생활권

강남권 서쪽 경계는 지하철 3호선 교대역과 남부터미널역을 잇는 서초1동과 서초3동으로 나타났다. 같은 서초구지만 서초1동은 강남 지역, 서초3동은 관악구, 구로구, 영등포구 등 서남권과 중구, 종로구 등 도심과의 연계가 더 크다는 얘기다. 이 같은 경계가 생긴 이유에 대해 지역민들은 대법원, 검찰청, 예술의 전당, 남부 터미널 등 공공시설이 밀집한 데다 회사, 음식점 등이 밀집해 있는 지역적 특징에 기인한 것으로 분석했다. 2014년 기준 서초3동의 사업체 수는 6884개로 서초구 관내에서 가장 많았다. 서초3동 동사무소에 따르면 집값이 비싸 서초 지역에 살지는 못하지만 관악구, 금천구 등 서남권에 살면서 일하러 오는 사람이 많다. 법조 단지에 오는 민원인과 변호사 사무소 종사자가 많은 것도 생활권 구분에 영향을 미쳤을 것으로 파악된다.

강남권의 경계는 반포동와 방배동을 따라 강북까지 이어진다. 관념적으로 강남권으로 분류되었던 반포동과 방배동 상당수가 강남권에서 제외되었다. 반포3동 소재 한 공인중개사 대표는 "9호선 개통 등의 영향으로 여의도로 출퇴근 하는 사람이 늘었다"며 "주말에도 지리적으로 인접한 강남 쪽이 아닌 서래마을이나 사당역 등에서 시간을 보내는 이들이 많다"고 설명했다.

대규모 생활권 외에 섬처럼 구분되는 소규모 생활권도 존재했다. 강남권의 송파구 잠실역과 석촌동, 문정동, 거여동이 연결된 생활권과 관악구의 신림역과 난곡이 묶인 지역이 대표적이다. 송파구에 40여 년간 산 한 주민은 "송파구에는 직장과 학교 문제로 강남구 쪽으로 이동하는 이들이 많습니다. 특히 대치동 학원가에 학생들 보내는 사람들이 많죠. 하지만 일부 다가구·다세대 주택이 많은 지역은 강남권까지 학교를 보내거나 할 여력이 안 되는 이들이 있습니다. 그런 경우엔 지역 내에서 모든 일상을 보내는 경우가 많은 만큼 독립된 생활권으로 묶이게 되는 것 같습니다"라고 말한다.

관악구 인근 지역, 경기도와 경계에 있는 강동구와 금천구 시흥동 일대의 독립 생활권은 서울 지역보다 인근 하남시, 광명시 등과의 연관성이 더 크기 때문에 독립적 생활권 형태로 분류된 것으로 풀이된다.

3) 생활권은 잠재적 주거 수요를 판단할 주요 기준

여섯 개로 나눠진 서울의 생활권은 시민에게 많은 의미가 있다. 경제적으로는 잠재적 주거 수요를 판단할 수 있는 주요 기준이 될 수 있을 것이다. 예컨대 강남 생활권의 경우 테헤란로에 밀집한 업무 시설과 대치동 학원가를 중심으로 한 교육 시설이 기능적으로 주거를 담당하는 지역들을 끌어들여 만들어진 권역이다. 집값이 비싸 직접 살지는 못하지만 이 지역의 기능을 이용하고 싶은 이들이 대중교통망을 감안해 정한 주거의 범위가 생활권이라는 영역으로 표시된 셈이다. 직장이 주택 수요를 창출하는 국내 현실이 반영된 결과다. 결국 생활권은 직장을 기준으로 한 잠재적 주거 수요를 판단할 수 있는 잣대가 될 수 있는 셈이다.

정치적으로는 각 생활권별로 동질성을 보이는 경우가 많은 지역끼리 묶인 것으로 보인다. 특히 여론조사를 할 때 서울은 정치적 특성이 다른 권역별로 여섯 개를 나눠서 표본을 만드는데, 이 구분이 대중교통 이용 행태를 바탕으로 한 생활권 구분과 대체로 일치했다. 어떻게 보면 인접 지역에 살면서 일상을 공유하는 지점이 많은 이들끼리 정치적 동질성이 생기는 것은 자연스러운 현상으로 보인다.

거대 생활권 내에 존재하는 소규모 생활권에 대해서는 대책 마련이 필요할 수 있다. 부유한 생활권 내에 저소득층이 모여 사는 거주지가 생기고 이곳을 둘러싼 사회적·공간적 경계가 뚜렷해질 우려가 있어서다. 이른바 게토화(ghettoisation)가 진행되는 지역들이다. 이 같은 지역들은 접근성을 점진적으로 높이면서도 해당 지역의 싼 주거 비용에 변화를 주지 않는 정책을 세울 필요가 있다.

2. 시간에 따른 서울 내부의 기능 변화와 분화

2018년 4월 1일부터 28일까지 4주간 '카카오내비' 길 안내 건수를 종합해 요일별로 주요 업종의 피크타임을 추출한 결과 토요일에만 39개 업종(73.6%)의 피크타임이 몰렸다. 일요일은 여섯 개, 금요일 네 개 순이었다.

토요일은 내비게이션이 가장 바쁜 날이다. 오전 8시 '학교'에 대한 길 안내량이 한 주간 가장 많이 몰린다. 통상 주중에는 자녀들이 대중교통 또는 단체 차량을 이용해 통학하는 경우가 많지만 주말에는 부모가 운전하는 자가용으로 학교에 가는 경우가 많아서 검색량이 몰리는 것으로 풀이된다. 토요일마다 방과 후 수업의 일환으로 축구 경기를 하거나 반별 축구대회 등 부모가 동행하는 행사도 각 학교별로 많이 열린다. 그 외에 운동장을 대여한 동호회·주민 행사도 많다.

9시에는 고속도로 휴게소, 10시에는 골프장과 의료 시설을 찾는 이들이 많다. 통상 지방으로 함께 놀러 갈 경우 고속도로 휴게소 등에서 1차적으로 만나는 일이 많기 때문으로 보인다. 오후가 되면 내비게이션에는 놀이 시설, 공연장, 박물관, 스포츠 시설 등 가족 단위 또는 연인끼리 함께 방문하는 장소에 대한 길 안내가 몰린다. 특히 오후 3시는 PC방, 공원, 전통시장, 영화관, 찜질방 등, 일주일 중 가장 많은 여덟 곳이 피크타임을 기록한 시간대다. 오후 4시에는 대형 마트, 6시에는 음식점과 주점을 찾는 이들이 많았다. 오후 9시, 노래방을 끝으로 '놀토(노는 토요일)'는 끝난다.

두 번째로 많은 업종의 피크타임이 몰린 시간은 일요일이었다. 총 여섯 개 업종으로 교회, 성당 등 종교 시설, 묘지, 납골당, 동물원, 농장, 백화점, 가구점 등이다. 일요일보다 토요일에 이동량이 몰리는 것은 주 5일제의 영향으로 분석된다. 토요일은 바깥에서, 일요일은 집에서 보내며 그다음 주를 준비하

〈표 6-1〉 주요 업종의 한 주간 길 안내 피크타임

시간	월	화	수	목	금	토	일
7시	- 기업						
8시						- 학교	
9시						- 고속도로 휴게소	
10시						- 골프장 - 의료시설	- 종묘시설 - 묘지(납골당)
11시						- 결혼식장 - 항구 - 전자제품 판매점	- 동물원 - 농장
12시						- 낚시터 - 학원 - 기타 문화시설	
13시		- 카센터				- 놀이시설 - 공연장 - 박물관 - 스포츠 시설 - 아쿠아리움 - 주차장 - 요양원(노인정)	
14시			- 편의점		- 금융기관	- 관광지 - 미술관 - 미용실 - 사진관 - 세차장 - 애견센터(동물병원)	- 백화점 - 가구점 - 서점 - 세탁소 - 카페
15시						- PC방 - 공원 - 전통시장 - 영화관 - 찜질방 - 주유소 - 철도역 - 터미널	
16시					- 공공기관	- 대형마트 - 도로 - 호텔	
17시					- 경찰서 - 공항	- 아파트 - 전철역	

시간	월	화	수	목	금	토	일
18시	- 장례식장 (화장터)		- 골프연습장			- 음식점 - 주점	
19시							
20시							
21시						- 노래방	

주: 2018년 4월 1~28일까지 4주간 길 안내 건수를 집계한 평균이다.
자료: ≪중앙SUNDAY≫, 2018년 9월 29일 자.

는 패턴이 자리 잡았다는 이야기다.

평일에는 특정 업종에 대한 길 안내량이 정점을 찍는 경우가 많지 않았다. 월요일에는 오전 7시에 기업체를 목적지로 설정하고 운행하는 사람이 많다. 출근길 정체가 가장 심한 월요일인 만큼 막히지 않는 길을 찾으려는 사람들이 내비게이션을 이용한 것으로 분석된다. 오후 6시에는 장례식장에 대한 길 안내가 일주일 중 가장 많았다. 주말 사이 장례식에 가야 할 일이 생길 경우 월요일에 가는 수요가 반영된 것이다. 하지만 피크타임과 다른 시간대의 차이는 그리 크지 않았다. 월요일 오후 6시를 100이라고 하면 화요일 오후 6시(2위)는 99.5, 수요일 오후 6시(3위)는 98.9로 조사되었다.

〈그림 6-2〉 주요 업종의 한 주간 길 안내량

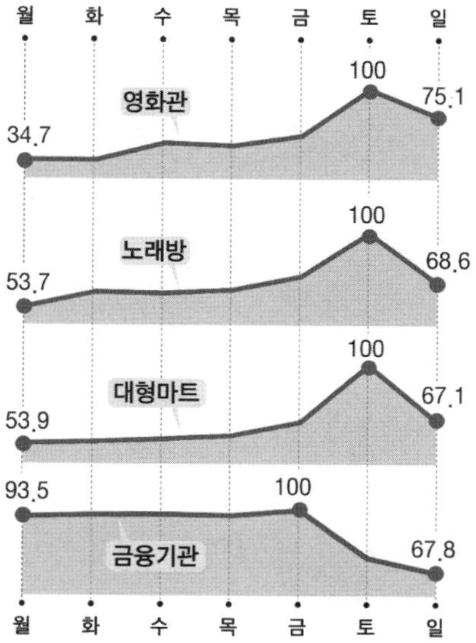

주: 가장 길 안내가 많았던 요일을 100으로 본 상대적 수치이다.
자료: ≪중앙SUNDAY≫, 2018년 9월 29일 자.

수요일 오후 6시에는 골프연습장 길 안내 건수가 치솟았다. 대기업에서 수요일마다 문화행사를 하는 경우가 많기 때문으로 풀이된다.

1) 밤의 이동을 보여주는 택시 데이터

서울의 버스 정류장은 6244개(2017년 기준)다. 지하철역은 307개다. 버스와 지하철은 정류장과 지하철역 사이를 촘촘히 이으며 낮 시간 서울을 연결한다. 하지만 시곗바늘을 돌리면 상황이 달라진다. 대중교통이 끊어지는 시간 서울 시민 이동의 주도권은 7만여 대의 택시로 넘어간다. 택시 외에 다른 교통수단이 사실상 없는 시간대에 사람들은 동·구·시로 갈라진 행정적 경계를 넘어 어떻게 오고 갈까.

카카오모빌리티가 가진 서울 권역의 택시 출발지와 도착지 정보(2018년 9월 1일~10월 31일 데이터)를 활용해 상호 이동이 많은 동끼리 연결하는 클러스터링 방식으로 분석했더니, 서울을 동서로 가르며 경기도 일대로 이어지는 두 개의 거대 생활권이 모습을 드러냈다. 서울 동쪽 지역과 경기도 하남·남양주시 일대 222개 동이 하나로 묶인 강남 생활권과 서울 서쪽 지역과 경기도 부천·고양시 일대 239개 행정동이 포함된 서부 생활권이다.

강남 생활권의 중심지는 강남역이 위치한 강남구 역삼1동이다. 동쪽으로는 경기도 양평군 서종면까지 이어진다. 북쪽으로는 경기도 포천시 내촌면, 남쪽으로는 과천시 갈현동이 경계다. 서부 생활권은 북쪽으로는 경기도 고양시 일산동, 남쪽으로는 경기도 시흥시 매화동, 서쪽으로는 경기도 부천시 상2동까지가 경계다. 서부 생활권의 심야 시간 교통 거점은 종로구 종로1, 2, 3, 4가동, 영등포구 여의도동, 용산구 이태원1동, 마포구 서교동 등으로 나타났다.

두 생활권의 동-서 경계는 용산구 한남동, 동작구 흑석동, 관악구 신림동을 잇는 'C'자 형태 선으로 갈렸다. 서울 북쪽 지역은 두 생활권에 포함되지는 않지만 독자적 허브가 없는 지역으로 나타났다. 이 시간대 택시 이용 목적이 대부분 귀가라는 점을 고려하면 퇴근 후 방문한 지역에서 주거지까지 이동하는 지역적 경계를 보여주는 '회식 생활권'으로도 볼 수 있다. 이동 수요와 이동 거리, 택시 기사의 선호 등이 종합적으로 반영된 결과다.

같은 생활권에 속한 지역은 내부 교통량이 외부 교통량보다 유의미하게 많은 지역을 의미한다. 강남역에서 택시를 탄 경우 같은 생활권 내에서 이동할 확률이 더 높다는 의미다.

2) 직장인 하루 동선은 삼각형 모양

택시 이동 생활권은 30~40대 한국 직장인의 전형적인 생활 패턴을 반영한다. 심야 시간에 택시를 타고 이동하는 집단은 통상 30~40대 직장인이 많다. 이들은 주로 집 → 직장 → 제3의 지역 → 집으로 이어지는 삼각형 구조로 움직인다. 동서 두 개로 나눠진 거대 생활권에는 각각 주거지와 회사가 많은 업무 지구, 유흥지나 퇴근 후 취미 활동을 할 수 있는 상권, 공부를 할 수 있는 학원가 등이 포함된 제3의 지역이 함께 묶여 있다. 개별 생활권 범위 내에서 사람들은 삼각형을 그리며 최적의 경로로 이동하고 있다는 것을 보여주는 셈이다.

이 같은 택시 생활권은 출퇴근 시간에는 네 개 권역으로 더 잘게 쪼개진다. 같은 방식으로 오전 출근 시간대(7시~10시) 택시 생활권을 분석한 결과는 심야 시간대와 달랐다. 심야에는 한 번에 택시를 타고 이동하는 경우가 많지만 출근 시간에는 대중교통으로 광역 간 이동을 한 뒤 직장에 가까운 근접 지역에서 택시를 이용하거나 짧은 거리만 택시를 이용하는 사람이 많기 때문으로 풀이된다. 사람들이 밀집해 살아가는 수도권 내에서도 이동에 대한 수요는 장소와 시간에 따라 크게 변하는 것으로 볼 수 있다.

3) 이태원의 밤은 강남보다 두 시간 더 길다

심야 시간 택시 수요가 많은 지역은 모임의 중심지이자 유흥의 중심지다. 카카오모빌리티 택시 호출 빅데이터를 활용해 오후 11시부터 새벽 4시까지 택시 호출이 가장 많이 몰리는 심야 시간 거점 지역 다섯 곳을 추렸다. 강남구 역삼1동(강남)이 모든 서울 지역을 통틀어 가장 많은 사람이 몰리는 심야 시간 교통의 중심지로 꼽혔다. 광화문 일대를 포함하는 종로1, 2, 3, 4가동(종로), 마포구 서교동(홍대), 증권사가 밀집해 있는 영등포구 여의동(여의도), 용산구 이태원 1동(이태원)도 심야 시간대 각 지역의 교통 허브 역할을 수행하는 지역이었다.

다섯 개 거점 지역 중 택시 호출이 가장 많이 몰리는 시간대를 나눠서 분석한 결과 이태원의 피크타임이 전 지역에서 가장 늦은 오전 2시로 조사되었다. 하루 택시 호출량 중 16.9%가 오전 2시와 3시 사이에 몰렸다. 대부분의 사람이 자고 있을 시간인 오전 4시와 5시 사이도 15.9%를 차지했다. 홍대는 오전 1시가 피크였으며 강남과 종로는 12시였다. 여의도의 피크타임은 오후 11시로 심야 시간 교통 거점 중 가장 빨랐다. 이 시간대 택시 승차의 목적이 대부분 귀가인 점을 감안하면 이태원의 밤은 강남보다 두 시간 더 긴 셈이다.

차이가 나는 이유는 유흥 상권의 성격 차이 때문이다. 강남, 종로, 여의도는 업무 시설과 유흥 시설이 복합적으로 존재하는 상권이다. 즉, 직장 관련 업무로 회식을 한 뒤 귀가하는 인구가 많다는 얘기다. 반면 홍대와 이태원은

〈그림 6-3〉 강남구 역삼1동(강남역)에서 출발한 택시 행선지

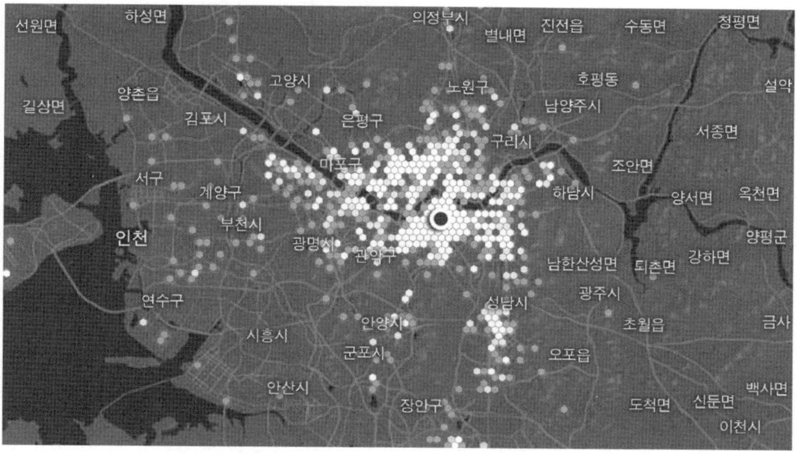

출근 시간(오전 7~10시)

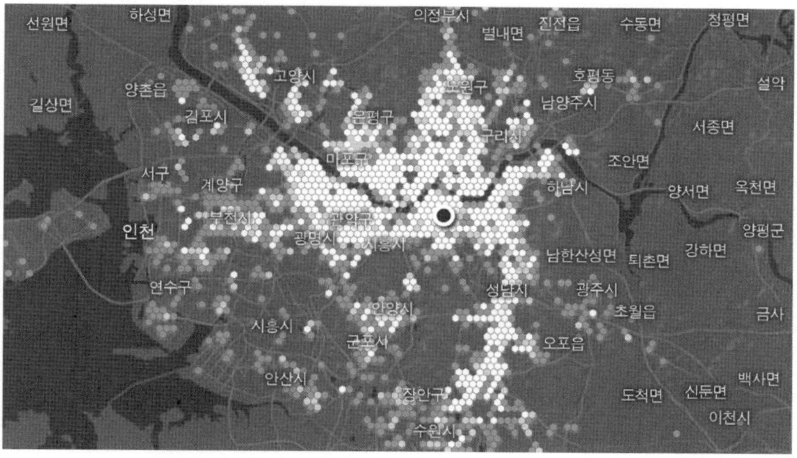

심야 시간(오후 11시~오전 4시)

주: ◉는 강남역 위치이고, 음영이 밝을수록 많이 간 지역이다.
자료: ≪중앙일보≫, 2018년 12월 25일 자.

업무와 무관하게 순수하게 유흥을 즐기는 인구가 많은 지역이다. 특히 다음 날 출근 걱정이 없는 대학생과 청년층이 자주 찾기 때문에 더 늦은 시간에 귀

가하는 사람이 많은 것으로 풀이할 수 있다.

교통 허브로서의 이태원의 위치도 늦은 시간 몰리는 택시 수요를 설명하는 특징이다. 심야 시간대에 이태원을 도착지로 하고 들어오는 택시 비율은 전체의 29%(이태원 출발 택시는 71%)다. 강남(16%), 종로(6%), 홍대(23%), 여의도(13%)와 비교해 보면 높은 수준이다. 다른 지역에 비해 심야 시간대에 유입되는 인구가 많다는 의미다. 이태원은 늦게까지 여는 상점이 많아 다른 주요 중심지에서 첫 번째 술자리를 마친 사람들이 2차 술자리를 하기 위해 들어오는 지역으로 볼 수 있다.

심야 시간대 이동 거리는 통상 27km 이하(전체 승객의 90% 선)로 조사되었다. 27km는 강남역에서 출발하면 남쪽으로는 수원시, 북쪽으로는 의정부시까지 가는 거리다. 오전 시간대 이동 거리는 16km 이하로 더 짧았다. 서울 주요 지역에서 분당, 산본, 일산, 중동, 평촌 등 1기 신도시까지의 거리가 보통 25km 안팎인 점을 감안하면 현재 교통망을 기준으로 서울에서 이들 신도시까지가 출퇴근 거리의 한계선이라 추정할 수 있는 결과다.

3. 21세기 명절에 나타나는 사회적 행동의 특징

설과 추석 명절 때마다 언론에서 관용구처럼 보도되는 말이 있다. '민족의 대이동'이다. 매년 연휴 기간 평균 3000만 명 이상이 고향을 찾아 이동한다. 한국 전체 인구의 70% 이상이다. 이들은 연휴 기간 어디로 향했다가 무엇을 하고 돌아오는 걸까. '카카오내비' 서비스를 제공하는 카카오모빌리티 길 안내 빅데이터(2017년 9월 30일~10월 9일)를 활용해 명절 기간 사람들이 어디를 방문했고 무슨 일을 했는지에 대해 심층 분석해 보았다.

1) 추석 당일 오후 3시, 아들은 사위로 딸은 며느리로 바뀐다

'시가를 먼저 가나, 처가를 먼저 가나'는 매 명절 반복되는 논쟁적 질문이지만 적어도 카카오 내비게이션을 사용하는 사람들은 시가를 먼저 방문한 뒤 처가에 갔다 귀경하는 이동 경로를 따랐다. 카카오내비 길 안내 건수 빅데이터를 시간대별로 분석한 결과에 따르면 내비게이션에 '시가'와 같은 남편 쪽 본가를 목적지로 설정한 뒤 운행한 이들은 추석 하루 전날인 10월 3일(2017년 추석연휴 기준) 오전 11시에 가장 많았다. 같은 날 오전 10시가 두 번째로 많았으며 이튿날인 추석 당일 오전 11시가 세 번째였다. 반면 '처가' 등 관련 키워드로 운행한 사용자는 추석 당일 오후 3시에 정점을 찍었다. 같은 날 오후 4시, 오후 2시가 그다음이었다. 명절 당일 시가에서 처가로 넘어가는 오후 3시가 최 씨는 아들에서 사위로 바뀌고 아내는 며느리에서 딸로 위치가 변하는 시점인 셈이다.

일별 데이터로 집계해도 비슷한 결과가 나온다. 시가는 추석 이틀 전부터 평상시 대비 길 안내 건수가 급증했다. 하루 전날 가장 많이 찾았으며 당일부터는 서서히 줄어드는 추세를 보였다. 처가는 추석 전날까지만 해도 평상시와 큰 차이 없는 비슷한 길 안내 수를 유지했다. 하지만 추석 당일부터 급증한다. 추석 직전 주 토요일(9월 23일 기준) 대비 일곱 배 이상 길 안내 건수가 늘었다. 급증 추세는 그다음 날까지 이어진 뒤 다시 평상시와 비슷한 수준으로 돌아갔다.

이 같은 조사 결과는 적어도 방문 시간대를 놓고 보면 추석 전날 시가에 갔다가 차례를 지내고 처가에 간 뒤 귀경하는 명절 이동 경로가 내비게이션의 주 사용층인 30~40대 젊은 층 사이에서 통상적인 패턴으로 자리 잡은 것이라 추정해 볼 수 있게 해준다. 명절을 주로 시가에서만 보냈던 기성세대와

〈그림 6-4〉 2017년 추석 이동 데이터 분석 (단위: %)

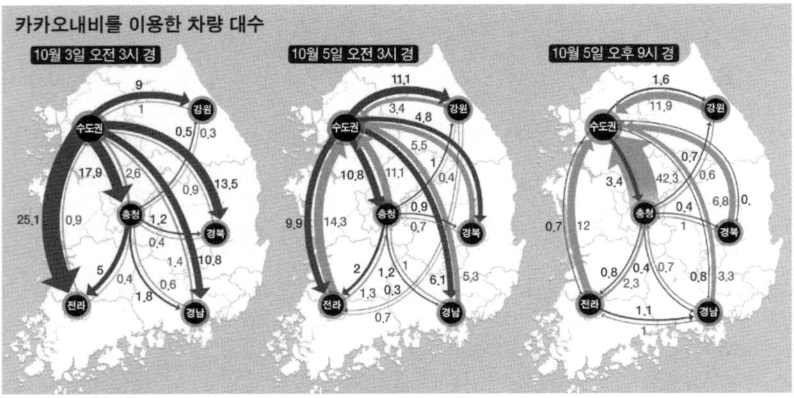

주: 1) 전국을 6대 권역으로 나눠 시간대별 길 안내 건수를 파악한 결과 귀성·귀경 흐름이 역전되는 시점은 추석 다음 날 오전 2시경이었다.
2) 수치는 같은 시간대 전체 길 안내 건수를 100으로 봤을 때 각 구간이 차지하는 비율이다.
자료: 카카오모빌리티; ≪중앙SUNDAY≫, 2018년 9월 22일 자.

달리 젊은 세대는 양가를 모두 방문한다는 측면에서 명절의 고질병이었던 시가-처가 차별 문제가 일정 부분 완화된 것으로 볼 수 있다.

하지만 양가를 모두 방문한다고 해도 시가를 먼저 간 다음 길게 머물고 처가의 경우 짧은 시간만 방문하는 이들이 많아 여전히 차별적 요소가 남아 있다는 지적도 있다.

실제 어느 장소를 방문한 뒤 다음 장소로 이동하기까지 시간을 측정한 체류 시간 조사에서 추석 당일을 분석한 결과, 시가(274.6분)가 처가(246.1분)보다 조금 길었다. 차례 준비에 소요되는 시간이 많고 여기에 투입되는 노동은 여성의 몫이라는 사고를 가진 사람이 여전히 많은 점, 과거처럼 명절을 시가에서만 보내는 방식을 지지하는 세대와 달라져야 한다고 생각하는 세대가 공존하는 과도기인 점 등이 복합적으로 반영된 결과다.

2) 당일만 명절, 다음 날부터는 골프장, 테마파크

추석 연휴 동안 길 안내 건수를 분야별로 분석한 결과는 현시점에서 우리에게 명절이 어떤 의미인지를 잘 알려준다. 데이터에 따르면 평상시와 비교해 추석 당일(2017년 10월 4일) 가장 붐볐던 곳은 요양원과 빌라, 마을회관으로 나타났다. 시간대별로 세분화하면 묘지, 요양원 등은 당일 오전 11시, 마을회관은 오후 1시, 빌라는 오후 4시에 방문자 수가 폭발적으로 늘었다. 명절을 맞아 부모님과 관련된 장소를 방문하는 수요가 종합적으로 반영된 결과로 풀이된다.

하지만 전통적 명절 분위기는 추석 당일을 기점으로 급격히 달라진다. 추석 하루 뒤인 5일에는 골프장, 테마파크, 낚시터, 시장, 마트의 길 안내 건수가 평상시 대비 대폭 증가했다. 골프장은 5일 오전 10시, 낚시터와 테마파크는 오전 11시, 시장과 마트는 오후 6시에 찾는 사람이 많았다. 명절마다 특수를 누리는 영화관의 경우 그다음 날인 6일에 길 안내 건수가 많았으며 오후 2시가 피크타임이었다.

이 같은 결과는 명절 연휴의 길이와 명절의 의미의 상관관계를 돌아보게 만든다. 일반적으로 명절 연휴 기간이 길어지면 사람들이 부모, 친지와 보내는 시간을 더 늘릴 것이라고 예상한다. 하지만 데이터상으로는 부모와 보내는 시간은 명절 길이와 큰 관련 없이 명절 당일로 국한된다. 즉, 명절을 중심으로 최소한의 시간만 실제 명절을 위한 시간으로 사용하고 나머지 시간은 개인적 즐거움을 찾는 여가에 활용한 것으로 해석할 수 있다. 내비게이션 이용자 중 젊은 세대가 많은 특성을 고려하면 미래 우리 사회 명절의 모습이 어떻게 변화할지 보여주는 결과다.

연휴 기간에 평상시 대비 길 안내 빈도가 이례적으로(정규분포상 상위 2.5%

이내) 치솟은 분야(핫스팟)를 조사한 결과에서도 이 같은 추세를 확인할 수 있다. 추석 전날인 3일에는 시장, 묘지, 납골당, 마을회관, 기차역 등의 장소가 핫스팟 명단 상위 5위 안에 이름을 올렸다. 4일에는 아파트, 고속버스 터미널, 묘지, 빌라, 연립주택, 납골당에 사람이 몰렸다. 이틀 모두 명절 관련 장소라 분류할 만한 곳들이 핫스팟이었다. 하지만 명절 당일인 5일에는 펜션, 여관, 모텔, 시장, 횟집, 항구, 포구, 관광, 명소 등이 핫스팟으로 분류되었다. 수도권 지역의 개별 지역명 핫스팟 분석에서도 3일은 관광지가 29.2%, 묘지가 39.6%였으나 5일에는 관광지가 61.4%, 묘지는 26.5%로 변화했다.

3) 골프장에서 381분, 묘지 98분 체류

어렵게 달려간 고향과 여행지에서 사람들은 어떤 장소에서 얼마나 오래 머물렀을까. 장소 유형별 체류 시간도 흥미로운 결과를 나타냈다. 체류 시간은 특정 목적지에 도착한 다음 다시 목적지를 찍고 떠나기까지의 시간을 말한다. 조사 결과 골프장에서는 평균 381분을 머문 반면, 성묘 장소인 묘지나 납골당에서는 98.7분, 요양병원 등 노인 보호 시설에서는 104.1분간 머무른 것으로 나타났다. 이는 공원(101.8분) 등에 간 사람들이 머무는 시간과 비슷한 수치다.

골프를 치는 데 걸리는 절대적 시간이 어쩔 수 없이 긴 점을 감안해도 큰 차이다. 이 같은 데이터는 변화한 장묘 문화, 길어진 연휴의 영향을 그대로 반영한 것으로 풀이된다.

연휴 기간 내내 하루 수천 건 이상의 안내 건수를 기록했던 백화점이나 쇼핑몰에서 머문 시간은 평균 133.9분을 기록했다. 명절 전후에 길 안내 건수가 치솟는 전통시장에서 머문 시간은 이보다 적은 평균 79.7분 정도였다. 공연장 등을 포함하는 문화 시설 중에는 아쿠아리움이 관람하는 데 가장 긴 시간(172.7분)이 소요된 것으로 나타났다.

2017년 추석 연휴 기간인 열흘 동안 개별 장소 길 안내 건수 절대량에서 가장 많았던 곳은 인천공항이었다. 연휴 내내 단 한 번도 순위가 떨어지지 않았다. 문을 연 지 얼마 되지 않아 사람들의 관심이 집중되었던 스타필드 고양과 스타필드 하남도 상위권이었다. 또 이케아 광명점, 롯데월드 타워&몰 등 쇼핑몰도 길 안내 10위권에 지속적으로 머물렀다. 국립대전현충원, 국립이천호국원, 용미리 제1묘지 등이 상위권에 오른 추석 당일을 제외하고는 공항과 쇼핑몰, 관광지에 대한 길 안내 건수가 상대적으로 많았다. 다만 공항과 쇼핑몰은 대체제가 적은 탓에 평상시에도 길 안내 검색에서 상위권을 유지한다는 점은 감안해야 한다.

4) 꽉 막힌 귀향 서울 → 완주, 평균 시속 47km '고행길'

호남 지방으로 가는 길은 귀향길 중 가장 어려운 고행길이다. 카카오내비에 기록된 데이터로 2017년 추석 하루 전 서울에서 출발해 도착할 때까지 평균 속도가 가장 낮은 지역을 조사한 결과 전북이 두 곳, 전남이 한 곳이었다. 10월 2일 서울 각 지역에서 전북 완주군으로 떠난 차량은 평균 시속 47km로 거북이걸음을 해야 했다. 군산, 전주, 익산, 남원 등으로 향하는 길도 서울을 출발점으로 했을 때 가장 험난한 귀향길 10위 안에 들었다. 모두 평균 시속 60km를 넘지 못했다. 10월 3일에는 전남 장성, 전북 익산, 부안 등이 고행길이었다. 한국도로공사 관계자는 "서울에서 전북으로 갈 때 가장 많이 이용하는 서해안고속도로는 막힐 때 우회할 수 있도록 연결된 지선 도로가 많지 않다"며 "부산, 경남이나 영동 지역으로 나가는 길보다 평균 속도가 떨어지는 것은 평상시 주말에도 나타나는 현상"이라고 말했다.

그러나 이 같은 양상은 추석 다음 날인 10월 5일을 기점으로 완전히 달라졌다. 10월 5일과 6일 서울에서 출발해 가는 길이 가장 막힌 목적지 1위는 강원도 강릉으로 나타났다. 10월 5일 서울-강릉 구간의 평균 속도는 시속 47km였다. 이 밖에도 강원도 삼척, 고성, 충남 서천 등도 연휴 후반에 거북이걸음으로 가야 하는 목적지였다. 연휴가 길어지면서 명절을 지낸 뒤 가족 단위 여행을 떠나는 행렬이 이어진 결과다.

4. 이동 데이터를 이용한 생활권 구분 기법

이 장에서는 생활권 구분을 위해서 다양한 이동 데이터를 사용했다. 그중 티머니 데이터는 출발 정류장과 도착 정류장의 위치를 좌표로 기록하고 있는데 이를 행정동 단위로 변경했다. 자가용, 택시와 같은 이동 수단을 사용할 경우 출발지와 목적지의 좌표가 큰 의미를 가지지만 버스, 지하철과 같은 대중교통 데이터의 경우 출발 정류장과 도착 정류장 정보가 사용자의 최초 출발지와 최종 도착지를 의미하지 않기 때문에 좌표-주소 변환이 필요했다. 앞서 언급한 내비게이션이나 택시 이동 데이터의 경우는 원칙적으로 좌표-주소 변환이 필요하지 않지만 해석상의 편의를 위해 일괄적으로 변환했다.

데이터를 분류하기 위해서는 클러스터링 기법 혹은 커뮤니티 검출 기법을 사용해야 한다. 대표적인 클러스터링 기법인 K-평균(K-means) 클러스터링 알고리즘의 경우 각각의 데이터를 공간상에 위치시키고 가까운 데이터들을 하나의 클러스터로 묶는 방식을 사용한다. 그러나 생활권 구분의 경우 데이터를 절대적인 공간상에 위치시키는 것이 불가능하다. 이를 해결하기 위해서 행정동을 노드로 하고 행정동 사이의 통행량을 링크로 하는 네트워크를 생성하고 노드 사이의 링크 강도를 사용하여 커뮤니티 검출을 수행했다. 여기에서는 여러 가지 방법 중 거반-뉴먼(Girvan-Newman) 알고리즘을 사용했다.

네트워크 기반의 커뮤니티 검출 알고리즘의 경우 각 행정동의 위치 정보를 사용하지 않고 커뮤니티 검출을 수행한다. 따라서 하나의 생활권이 연속되지 않는 경우도 발생한다. 그럼에도 대부분의 생활권이 연속된 지역으로 이루어져 있다는 것을 알 수 있다. 통행량에 가장 큰 영향을 주는 것이 지역 사이의 물리적 거리 혹은 소요 시간이기 때문에 가까운 거리에 있는 지역이 자연스럽게 하나의 생활권을 형성하는 것이다. 이는 통행량 기반의 커뮤니티 검출 방법이 지역 생활권을 나누는 유의미한 방법임을 의미한다.

대용량 데이터의 처리와 분석

이 장에서는 수개월 이상 적재된 수천만 건 이상의 대용량 데이터를 사용했다. 단일 머신으로 이러한 대용량 데이터를 처리하는 것은 상당한 시간이 소요될 뿐만 아니라, 많은 자원을 필요로 하는 일부 분석의 경우 수행 자체가 어렵다. 이러한 문제를 해결하기 위해서 우리는 하둡(hadoop) 기반의 분석 프레임워크를 사용했다. 하둡은 대량의 자료를 처리하기 위한 분산 응용 프로그램을 지원하는 프레임워크로 하둡 분산 파일시스템(Hadoop Distributed FileSystem: HDFS)과 같은 파일 시스템, 하이브(hive), 임팔라(Impala)를 포함한 다양한 질의응답 엔진, 스파크(spark)와 같은 대용량 데이터 분석 엔진 등을 사용할 수 있다. 특히 임팔라는 실시간 데이터 분석을 목적으로 하는 질의응답 엔진이기 때문에 다수의 분석을 빠르게 진행하기에 좋은 환경을 제공한다. 처리해야 하는 데이터의 양과 필요한 메모리 등을 고려하여 다양한 엔진을 복합적으로 사용했다.

대용량 데이터 분석에서 다양한 분석을 수행하기 위해서는 공간 시각화 과정이 필요하다. 시각화는 수치나 그래프에서 파악하기 어려운 다양한 정보를 제공한다. 여기에서는 대용량 데이터를 지도상에 시각화하고 분석자의 요구에 따라 시각화 형태를 변화시키기 위해 케플러(Kepler.gl)를 사용했다. 케플러는 사용자 환경에 따라 수십만에서 수백만 건의 데이터를 즉각적으로 시각화해 준다. 이러한 시각화 결과를 사용하여 사용자들의 이동 패턴을 직관적으로 파악하고 해석했다. 그러나 해당 툴의 시각화 결과물이 분석 결과를 충분히 반영하지 못하는 경우가 있어 별도의 시각화 툴을 제작하여 사용했다.

참고문헌

Kim, Jungmin, Park Juyong and Lee Wonjae. 2018. "Why do people move? Enhancing human mobility prediction using local functions based on public records and SNS data." *PLOS ONE*.

≪중앙SUNDAY≫. 2018.9.22~23. "길 안내 빅데이터 분석 〈상〉: 추석 풍속도, 한국인 일상".

≪중앙SUNDAY≫. 2018.9.29~30. "길 안내 빅데이터 분석 〈하〉: 한국인 일상".

≪중앙일보≫. 2015.10.29. "버스·지하철 빅데이터로 본 서울".

≪중앙일보≫ 2018.12.25. "카카오 빅데이터로 본 택시 이용".

제 7 장

청와대 국민청원은 무엇을 놓쳤나?

박영득 | 포항공과대학교
송준모 | 연세대학교

선거에서 몇 차례 낙선했던 어떤 정치인은 선거운동 기간에 길에서 머리를 조아리고 큰절을 하며 시민의 지지를 구했다. 간절한 마음이 유권자들에게 전달되었는지 그는 결국 국회에 입성하는 데 성공했다. 아마도 유권자들은 시민의 지지를 얻어 국회의원이 되면 선거운동 때 보여주었던 것처럼 낮은 자세로 시민의 요구를 경청하리라 기대했을지도 모른다. 그러나 국회의원 배지를 가슴에 달고 위풍당당해진 그는 자신 앞에 고개를 숙인 청소용역 노동자 앞에서 고개를 치켜든 채, 자신 앞에 고개 숙인 한 명의 시민을 완전히 무시했다. 선거 때는 시민을 섬기는 사람인 양 무릎을 굽혀 시민의 소리를 듣던 정치인이 선거가 끝나면 섬김을 받는 사람이 되어버리는 것이다. 이런 모습은 비단 특정 정치인 몇 명의 문제가 아니다. 그렇다면 어떻게 해야 언제나 시민의 목소리에 귀를 기울이는 정치를 가질 수 있을까?

1. 청와대 국민청원은 왜 만들어졌나?

민주주주 체제를 권위주의 또는 독재 체제와 구분해 주는 요소는 정부가 시민의 선호에 지속적으로 반응한다는 점이다. 민주적인 정부는 정당과 시민단체, 언론 등 다양한 경로를 통해 여론을 파악하고 자신의 정책에 대해 시민들이 부정적인 의견을 보일 때 적절한 설명을 내놓아야 하고, 시민이 요구하는 것이 무엇인지 파악하고 관련 이해당사자, 전문가 등과 심사숙고하여 시민의 요구에 부응하는 정책을 제시해야 한다. 민주주의는 어떻게 권력을 가진 정치인으로 하여금 시민의 소리에 귀를 기울이도록 만들까?

가장 기본적인 방법은 정치인의 커리어의 성공과 실패를 시민의 손으로 결정되게 만드는 것이다. 구체적으로 보면 민주주의는 권력을 가지고 싶어 하는 다수의 정치인이 자유롭게 경쟁하는 가운데 시민이 누구에게 정치권력을 줄 것인지 또는 주지 않을 것인지 결정할 수 있는 권한을 가짐으로써, 정치인이 시민의 요구에 부응하도록 만들 수 있다. 이것이 민주적 정치제도가 설계한 시민과 정치인의 기본적인 관계다. 이러한 관계가 확고히 수립되고 유지될 때 시민은 정치인을 자신들의 의지에 따라 움직이도록 통제하는 주권자가 된다. 그러나 위의 사례처럼 시민이 선거에서 대표자를 선출한다고 하더라도 이미 선출된 대표자가 시민의 요구에 적절히 반응하느냐는 별개의 문제인 것처럼 보인다.

정부가 시민의 요구에 대해 보이는 반응성이 낮은 수준인 데다, 심지어 정부가 시민의 목소리에 동등하게 반응하지 못하고 편향적으로 반응한다는 점은 현대 민주주의가 보여주는 가장 큰 문제 중 하나다. 최근 이러한 문제를 지적하며 현대 민주주의가 '불평등한 민주주의'로 추락했다는 설명이 정치학계에서 적지 않다. 그럼에도 분명 대의민주주의는 역사상 존재했던 어떤 정치체제보다 시민의 기본권을 충실히 보호하고 있는 우수한 체제이다. 또한 독재국가에서 종종 보게 되는 군부 쿠데타, 정부 수반 암살 등의 극단적이고 비합법적인 폭력 없이 정권을 교체하고 정치적·사회적 모순을 해결할 수 있는 안정적인 정치체제임도 분명하다. 그렇다고 해서 현대 민주주의가 완전히 만족스러운 모습을 보여주는 것은 아니다. 현대 대의민주주의는 민주주의의 이상을 충분히 실현하지 못하고 있는 것도 간과할 수 없는 사실이다.

대의민주주의가 위기에 빠졌다는 징후는 이미 오래전부터 나타났다. 서구의 선진 민주주의국가에서는 제도화된 정치 참여(투표, 정당 가입, 정치인과의 접촉 등)가 크게 쇠퇴했고, 제도적 참여의 채널이 되는 정당, 의회, 정치인에 대한 신뢰가 크게 하락했다. 반면 비제도적 정치 참여(시위 등)에 대한 참여도는 과거에 비해 증가하고 있으며 이러한 경향은 특히 정당, 선거와 같은 민주주의의 핵심 기제나 정부의 반응성에 대해 크게 실망한 사람들 사이에서 더 크게 나타난다. 이에 더불어 민주주의에 대한 만족감도 낮아지는 추세다. 이러한 제도적 참여의 쇠퇴는 결과적으로 대표와 시민을 긴밀하게 연결함으로써 인민 주권을 구현하는 대의민주주의의 근간을 흔들고 있다. 대표와 시민이 단절된 대의민주주의는 민주정보다 엘리트의 지배, 혹은 귀족정의 모습에 가까울 수밖에 없다.

이러한 문제를 더욱 심각하게 느끼도록 만드는 것은, 시민이 민주주의에 실망감을 느낄 뿐만 아니라 민주주의 체제를 유지해야 한다는 신념마저 점차 버리고 있다는 것이다. 최근 일련의 연구에 따르면 민주주의보다 권위주의적 지배(authoritarian rule)를 민주주의의 대안으로 선호하는 시민의 수가 점차 증가하는 추세에 있다고 한다. 게다가 대중의 분노와 혐오를 동원하고 대의기구를 무력화하려는 우파 포퓰리즘이 전 세계적으로 발흥하는 모습도 대의민주주의의 위기를 실감하게 만든다.

이러한 맥락 속에서 문재인 정부는 '국민이 물으면 정부가 답한다'는 캐치프레이즈(catchphrase)를 내세우며 청와대 홈페이지에 국민이 직접 청원할 수 있는 페이지를 열었다. 청와대 국민청원은 미국 백악관의 청원 시스템인 '위 더피플(We the People)'을 벤치마킹한 것으로, 일반 국민이 직접 대통령에게 청원을 제기할 수 있는 공간으로 만들어졌다. 문재인 대통령은 새 정부 출범 성과 대국민 보고에서 "국민이 선거 때 한 표 행사하는 간접민주주의로는 만족하지 못하고 있다. 우리 정치가 낙후되었다고 생각한다. 국민은 정당과 정책에 참여하는 직접민주주의를 요구하고 있다"라고 밝힌 바 있다. 문재인 대통령의 해당 발언에 비추어보면 청와대 국민청원은 정당과 선출된 국민의 대표로 구성된 의회를 중심으로 운영되는 대의민주주의가 시민의 요구에 대한 상시적인 응답성을 보여주지 못하는 한계를 극복하고, 국민이 직접 참여하는 창구를 통해 시민의 목소리에 신속하게 반응하는 정부를 만들기 위한 목적으로 개설되었다고 할 수 있을 것이다.

인터넷을 통한 빠른 정보 유통과 커뮤니케이션이 보편화된 현대 시민에게 정당과 의회를 통해 이루어지는 대의민주주의는 너무 느리게 느껴질 수 있다. 때로는 시민과 대의기구 사이에 큰 벽이 세워져 있다는 느낌을 받을 수도 있다. 이러한 현실에서 시민이 언제든 쉽게 정부에 청원할 수 있는 도구를 원하는 것은 이상한 일이 아니다. 청와대 국민청원 개설 이후 수많은 시민이 국민청원 게시판에 참여하고 있다. 그리고 어떤 사회적 문제에 대해 공론화가 필요하다고 느낄 때 국민청원 게시판을 적극적으로 활용하는 모습은 시민이 대의기구를 통한 참여보다 대의기구를 우회하여 정치에 참여할 수 있는 채널을 요구하고 있었다는 것을 보여준다.

그렇다면 청와대 국민청원은 개설 목적에 얼마나 잘 부합하고 있을까? 긍정적인 측면을 먼저 보자면 청와대 국민청원은 시민이 중요하게 생각하는 이슈를 언론을 통해 세간의 주목을 받게 만드는 데 기여한다. 청와대 국민청원에서 많은 동의를 얻는 청원문서는 기사화되어 여론을 환기한다. 우리 사회에서 중요한 문제로 다뤄야 할 문제는 대개 정치인, 언론, 전문가를 통해 정의되어 왔는데 이제는 청와대 국민청원이 나름대로 시민이 의제설정권을 행사하는 무대로 작동하는 것이다. 한 걸음 더 나아가 청와대 국민청원을 통해 이슈화된 사안이 실제 정책에 반영되는 경우도 있었다. 이른바 '윤창호 법'으로 알려진 '특정범죄 가중처벌 등에 관한 법률 개정안'이 빠르게 통과되는 데는 언론의 주목뿐만 아니라, 청와대 국민청원을 통한 국민 여론의 집중이 적지 않은 역할을 했다.

반면 부정적인 측면을 살펴보면, 일각에서는 청와대 국민청원이 정당이나 의회를 비롯한 대의기구를 우회한다는 비판이 제기된다. 즉, 청와대가 대의기구를 우회하여 국민을 직접 동원함으로써, 정당이나 의회와 같은 대의기구를 중심으로 한 책임 정부와는 거리가 먼 통치를 하고 있다는 비판이다. 게다가 청와대 국민청원에 제기되는 주요 청원문서의 내용을 살펴보았을 때 청와대 국민청원은 시민의 정책적 제안이 제기되는 공간이라기보다 온 국민의 분노가 표현되는 성토장에 불과하다는 비판도 있다. 예를 들면 특정 재판의 판결 결과에 반대하는 시민이 해당 재판의 주심을 맡았던 법관의 해임을 요구하는 등 청와대와 정부의 권한 밖에 있는 문제를 요구하거나, 재판 중인 강력범죄자의 엄벌을 촉구한다거나, 심지어는 국가대표 스포츠 경기에서 좋지 못한 플레이를 보인 선수를 처벌하라는 요구가 빗발치기도 한다. 이러한 청원 내용 자체가 문제라는 비판이라기보다, 과연 이러한 청원이 주가 되는 모습이 청와대 국민청원의 개설 취지에 부합하느냐는 것이다.

청와대 국민청원에 대한 각자의 관점과 관심사에 따라서 여러 주제를 두고 연구해 볼 수 있을 것이다. 여기서는 청와대 국민청원에 어떤 내용이 게시되고 있고, 어떤 내용이 청와대의 응답을 받을 가능성이 높은지 살펴보려고 한다. 이런 분석을 통해 청와대 국민청원이 실제로 어떻게 활용되는지, 본래 취지에 부합하는 방식으로 운영되는지, 만일 의도대로 운영되고 있지 못하다면 어떻게 개선할 수 있을지에 대한 아이디어를 생각해 볼 수 있을 것이다. 이에 우리는 최근 많이 활용되는 텍스트 분석 기법을 활용하여 청와대 국민청원을 분석한다.

2. 어떻게 분석했나?

청와대 국민청원에 어떤 내용을 담은 글이 올라오는지 알아보려면 게시된 모든 게시물을 읽고, 내용에 따라 분류하고 분석하면 된다. 전통적인 내용 분석 방법은, 글의 내용을 판단하는 규칙을 공유하는 인간 코더(평가자) 여럿이 글을 하나하나 읽어가면서 어떤 내용을 담고 있는 글인지, 글에 나타난 태도는 어떤지를 평가하는 것이다. 아마도 내용 분석은 코더들이 잘 훈련되어 있고 충분한 시간과 노력을 투자했다는 전제하에서 텍스트를 분석하는 가장 좋은 방법일 것이다. 아무리 인공지능 기술이 발전했다 하더라도 사람이 쓴 글의 미묘한 뉘앙스까지 정확히 읽어내려면 인간의 지능과 감성이 여전히 필요하기 때문이다.

그런데 우리가 분석하려고 하는 청와대 국민청원 게시판은 전통적인 내용 분석 방법을 그대로 적용하기 어렵다. 게시판에 업로드 된 글이 너무 많기 때문이다. 수십만 건의 글을 모두 읽고 평가하고, 평가자 간의 이견을 조정하는 과정을 거치려면 수많은 시간과 비용이 들 것이다. 게다가 게시물을 평가하는 내내 일관성을 유지해야 할 코더들의 정신이 수만 건, 수십만 건의 글을 읽는 내내 맑은 상태를 유지할 수 있을까? 아마도 불가능할 것이다. 인간은 글의 의미를 면밀하게 파악할 수 있는 뛰어난 능력을 갖고 있지만, 이런 막대한 양의 작업을 수행하기에는 너무 쉽게 피로해지는 육체의 한계를 벗어날 수 없다. 그러니 청와대 국민청원을 전통적 내용 분석 방법을 통해 분석하는 일은 아마도 불가능할 것이다.

그러나 대량의 데이터를 체계화하여 수집하고 분석하는 빅데이터 분석 기법은 이 방대한 작업을 가능하게 해준다. 물론 컴퓨터가 글을 기계적으로 분석하는 것이 인간 코더가 게시물 하나하나를 정성스레 읽어가며 분석하는 것만큼 정확하지는 않을 것이다. 컴퓨터는 비꼼과 풍자를 오가는 미묘한 글쓰기에 숨겨진 행간을 읽어내는 능력을 아직 갖고 있지 못하다. 그러나 앞서 말한 것처럼 숙련된 인간 코더들을 방대한 텍스트를 읽고 분류하고, 분석하게 하려면 엄청난 시간과 비용이 들어가기 때문에 어렵기도 하고 그 과정에서 인간 코더들이 또렷한 정신을 유지하면서 수십만 건의 게시물을 분석할 수 없다면, 오히려 피로해지지 않는 컴퓨터를 활용하는 것이 컴퓨터의 지능이 가진 약간의 결함에도 불구하고 더 나은 결과를 가져올 수도 있다.

분석을 위해 우리는 2017년 8월 19일부터 2018년 9월 30일까지 청와대 국민청원에 게시된 모든 게시물을 수집했다. 약 1년이 조금 넘는 기간 동안 이 게시판에 업로드 된 모든 글은 30여 만 건 가량이 된다. 이 조사가 실시된 것이 2018년 10월경이기 때문에 이 책을 독자들이 읽고 있을 시기를 생각하면 우리의 분석이 가장 최신의 청원글까지 모은 것은 아니라는 점이 아쉽다.

조사 기간 동안 청와대 국민청원 게시판에 게시된 모든 게시물의 내용, 제목, 동의수 등은 웹크롤링(web crawling) 기법을 통해 수집했다. 인터넷상의 게시물을 모으는 방법 중 가장 원시적인 방법이라면 아마도 각 게시물의 제목, 내용 등을 직접 복사한 후 워드프로세서나 스프레드시트 문서에 붙여 넣어 입력하는 방법일 것이다. 이 역시 인간의 힘으로 가능하기는 하지만 매우 비효율적인 노동집약적 작업이며, 막대한 단순 반복작업 과정에서 실수로 인한 오류가 발생할 가능성도 높다. 따라서 컴퓨터가 그런 작업을 하게 만든 것이 웹크롤링으로, 이 기법으로 웹 문서의 내용을 체계적으로 수집할 수 있다. 웹크롤링을 활용하면 포털 사이트의 뉴스, 뉴스 댓글, 커뮤니티 사이트의 게시물 등을 대량으로 수집할 수 있다.

웹크롤링을 통해 수집한 글은 토픽모델링(topic modeling)이라는 방법을 통해 분석했다. 간단히 말하면, 토픽모델링은 문서에 어떠한 주제(토픽)가 얼마만큼의 비중으로 들어 있는지 분석해 내는 것이다. 아주 정확한 비유는 아니지만, 토픽모델링에 대한 이해를 돕기 위한 직관적 사례를 들어보자면 다음과 같다. 사과 50%, 키위 20%, 당근 10%, 물 20%로 구성된 혼합 과일 주스가 있다고 했을 때, 토픽모델링은 이 주스를 마신 후 어떤 과일들이 재료로 사용되었고, 각 과일들의 비율은 어떻게 배합되었는지를 맞추는 작업이라고 이해할 수 있다. 즉, 토픽모델링을 통해 청와대 국민청원에 올라온 게시물들이 어떠한 주제를 가지고 있으며, 각각의 게시물에 어떤 주제가 얼마만큼의 비중으로 담겨 있는지 파악할 수 있다는 것이다.

3. 청와대 국민청원 게시판에는 어떤 내용이 올라오나?

우리는 분석한 게시물들의 동의수 분포를 먼저 살펴보았다. 〈그림 7-1〉은 수집된 전체 청원문서의 동의수 분포를 보여준다. 추천을 거의 받지 못한 게시물이 대다수다. 동의수 100회가 아주 달성하기 어려운 동의수는 아니라고 생각할지도 모르지만, 100회를 넘긴 게시물도 전체 게시물의 수에 비해 매우

〈그림 7-1〉 전체 청원문서의 동의수 분포

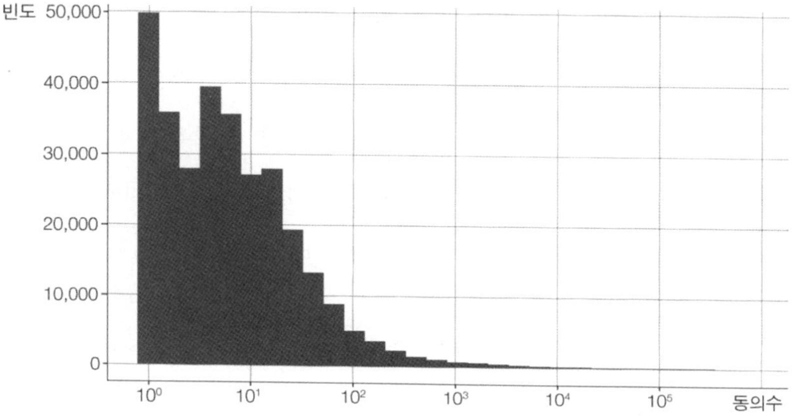

자료: 필자가 분석한 결과를 토대로 직접 작성.

극소수에 불과함을 알 수 있다. 청와대 국민청원에 제기되는 수많은 청원 중 어느 하나도 시민의 호응을 조금이나마 얻기가 매우 어려운 일임을 알 수 있다. 최근 청와대가 국민청원 사이트 운영 규정을 변경하면서 100명 이상이 사전 동의한 문서만 국민청원 게시판에 노출되도록 했는데 〈그림 7-1〉의 분포 결과를 통해 미루어보면 향후에는 청와대 국민청원 게시판에 노출되는 게시물 자체가 기존에 비해 매우 적어질 것이라고 예상해 볼 수 있다.

수집된 게시물의 내용은 토픽모델링을 통해 분석했다. 그 결과 수집된 전체 게시물의 내용으로부터 총 28개의 토픽이 추출되었다. 그런데 구조적 토픽모형은 문서에 존재하는 토픽을 분류하고 각 토픽별 최다 빈출 단어와 독점성 단어를 추출해 줄 뿐, 토픽의 명칭을 정해주지는 않는다.[1] 따라서 토픽

1 최다 빈출 단어는 다른 토픽과 비교했을 때 해당 토픽에서 단순 빈도 기준으로 가장 빈번하게 등장하는 단어들을 뜻한다. 독점성 단어는 다른 토픽에서는 잘 출현하지 않지만 해당 토픽에서 등장할 확률이 높은 단어를 의미한다. 최다 빈출 단어와 독점성 단어 모두 각

의 명칭은 저자들이 최다 빈출 단어와 독점성 단어를 살펴본 뒤 해당 단어들로부터 유추할 수 있는 토픽명을 임의적으로 명명했다. 예를 들면, 어떤 토픽의 최다 빈출 단어에 '북한', '평화', '미국', '전쟁'과 같은 단어가 포함되어 있고, 독점성 단어에는 '독도', '남한', '비핵화', '천안함'과 같은 단어가 들어 있다면, 그 단어들로부터 미루어 짐작해 보건대 아마도 외교나 안보와 관련된 토픽이 추출된 것이라고 추측할 수 있을 것이다. 예로 든 토픽처럼 비교적 그 주제가 뚜렷해 보이는 단어들이 나타난다면 여러 명이 같은 토픽을 보고 이름을 지어도 비슷하게 지을 것이다. 그런데 똑같은 최다 빈출 단어나 독점성 단어의 목록을 보고서도 토픽의 이름을 짓는 사람들마다 약간은 다른 인상을 느낄 수 있고 결과적으로 다른 토픽명을 지을 수도 있는 가능성이 있다. 즉, 토픽의 명칭은 저자의 주관이 크게 반영되어 있으며 다소 자의적일 수 있다는 점을 미리 일러둔다. 토픽명과 각 토픽별 최다 빈출 단어, 독점성 단어는 〈표 7-1〉에 제시되어 있다.

추출된 토픽들은 정치·경제·사회 문제를 주로 담고 있다. 하나씩 읽어보면 시사 프로그램에서 보도했을 법한 키워드들이 주로 보인다. 각 토픽의 최다 빈출 단어와 독점성 단어를 살펴보면 청와대 국민청원 게시판에는 우리 사회에서 시사적으로 그 나름대로 중요한 의미를 지니는 내용이 올라오고 있다는 것을 알 수 있다. 몇 가지 주요한 토픽을 살펴보면 청와대 국민청원 게시판에서 주로 어떠한 토픽이 어떠한 내용을 중심으로 다루어지는지 알 수 있다. 추출된 토픽 중 상당수의 토픽은 정부 정책과 관련된 내용을 담고 있다.

토픽의 특징을 잘 보여주는 단어들이라고 할 수 있을 것이다. 그러나 독점성 단어가 다른 토픽에서는 잘 나타나지 않지만 해당 토픽에서 등장할 확률이 높은 단어이기 때문에, 다른 토픽과 비교했을 때 나타나는 해당 토픽의 의미를 특징짓는 데 더 유용할 수 있다.

〈표 7-1〉 청와대 국민청원 게시판에서 추출된 토픽 목록

번호	토픽	최다 빈출 단어	독점성 단어
1	외교·안보	북한, 우리, 일본, 평화, 역사, 미국, 전쟁	독도, 남한, 비핵화, 북한, 천안함, 김영철, 폭침
2	대통령	대통령, 국민, 정부, 문재인, 정권, 청와대, 당신	문재인, 대통령, 촛불, 박근혜, 당신, 정권, 지지율
3	보육	아이, 교사, 어린이집, 부모, 학교, 시간, 선생님	어린이집, 보육교사, 보육, 교복, 유치원, 아동학대, 유아
4	조세·준조세	국민, 세금, 공무원, 연금, 국민연금, 폐지, 서민	연금, 국민연금, 누진세, 에어컨, 누진, 기세, 고갈
5	생활민원	지역, 주민, 서울, 시민, 지방, 계획, 개발	개인회생, 변제, 지역, 마을, 주민, 노선, 회생
6	성별 갈등	여성, 남성, 남자, 여자, 군대, 사회, 평등	여성가족부, 페미니즘, 페미니스트, 여성, 국방의무, 성차별, 남성
7	아파트	사업, 관리, 계약, 공사, 아파트, 진행, 업체	조합, 택배, 계약, 조합원공사, 건축, 입찰
8	국가정체성	대한민국, 나라, 국민, 국가, 우리, 사회, 우리나라	나라, 대한민국, 자유, 다운, 교회, 종교, 동성애
9	검찰 수사	사건, 조사, 수사, 검찰, 경찰, 비리, 검사	이재명, 특검, 드루킹, 진실, 조폭, 검찰, 김경수
10	갑질	사용, 판매, 불법, 대한항공, 나이, 청소년, 게임	대한항공, 생리대, 고객, 항공사, 한진, 조현민, 신분증
11	환경·에너지	미세먼지, 중국, 원전, 사용, 환경, 정부, 문제	미세먼지, 방사, 발전소, 발암물질, 원전, 태양광, 낚시
12	이웃분쟁·동물	동물, 흡연, 담배, 사람, 강아지, 반려동물, 학대	동물, 강아지, 반려견, 식용, 동물학대, 안락사, 층간소음
13	감성적 서술어	사람, 생각, 보고, 마음, 자기, 정도, 하나	얘기, 가요, 소리, 사람, 생각, 그때, 화가
14	부동산	주택, 부동산, 집값, 아파트, 서민, 정책, 투기	집값, 부동산, 폭등, 무주택, 보유세, 주택, 임대
15	정책 의견	정책, 문제, 제도, 정부, 국가, 현재, 경제	도입, 감소, 분야, 변화, 증가, 방식, 방향
16	사법 불신	판결, 판사, 재판, 헌법, 법률, 사법부, 법원	판사, 사법부, 판결, 대법원, 정형식, 재판, 사법
17	노동	근무, 최저임금, 회사, 근로자, 임금, 직원, 시간	근로자, 비정규직, 임금, 근로시간, 최저임금, 최저시급, 연차
18	장애인 복지	활동, 장애인, 단체, 사회, 시설,	장애인, 특수, 활동, 집회, 애인, 복지사,

번호	토픽	최다 빈출 단어	독점성 단어
		센터, 복지	장애
19	국회 비판	국회의원, 국민, 국회, 의원, 선거, 정치, 자유한국	국회의원, 국회, 선거, 세비, 특활비, 해산, 자유한국
20	스포츠	선수, 올림픽, 감독, 경기, 축구, 스포츠, 국가대표	선수, 축구, 국가대표, 빙상연맹, 노선영, 축구협회, 월드컵
21	범죄	처벌, 피해자, 범죄, 사건, 가해자, 피해, 폭행	가해자, 무고, 조두순, 몰카, 폭행, 무고죄, 미투운동
22	음주운전	사고, 차량, 경찰, 안전, 소방관, 발생, 음주운전	운전자, 음주운전, 차량, 주차, 운전, 차주, 소방
23	난민	난민, 외국인, 한국, 국민, 자국민, 우리나라, 이슬람	난민, 자국민, 이슬람, 제주도, 예멘, 무슬림, 체류
24	저출산	지원, 소득, 가정, 혜택, 결혼, 자녀, 아이	부부, 양육비, 난임, 한부모, 자녀, 이혼, 건강보험료
25	교육·입시	학생, 교육, 학교, 시험, 교사, 대학, 공부	영어, 수능, 수시, 사교육, 과목, 교육부, 학생
26	인터넷 이슈	청원, 기사, 언론, 내용, 방송, 뉴스, 사이트	일베, 네이버, 사이트, 게시, 링크, 방송, 언론사
27	의료	병원, 치료, 환자, 의료, 간호사, 수술	병원, 환자, 간호사, 의료사, 치과, 수술, 대학병원
28	금융·가상화폐	공매도, 주식, 투자, 기업, 거래, 가상화폐, 시장	공매도, 주식, 가상화폐, 증권, 거래소, 코인, 블록체인

자료: 필자 정리.

'외교·안보' 토픽의 독점성 단어를 살펴보면 외교·안보와 관련된 담론은 주로 '남한', '비핵화', '북한', '천안함', '김영철(북한 조선노동당 통일전선부장)'과 같이 북한과 관련된 문제가 중심적으로 제기되는 것으로 보인다. '외교·안보' 토픽의 최다 빈출 단어와 독점성 단어를 보면 한국의 외교에서 무엇이 중요한 주제인지를 대강 파악할 수 있다. 우선 나라 이름으로 보면, '남한', '북한', '미국', '일본'이 있고, 내용적인 측면에서는 '평화', '전쟁', '독도', '비핵화' 등이 있다. 이러한 단어를 보면 외교·안보 분야에서 국민이 가장 관심을 두고 있는 것은 북한 핵 문제와 일본과의 독도 문제라는 것을 유추할 수 있다. 독점성 단어에 나타난 '김영철'의 경우, 평창 동계올림픽 당시 한국에 방문하는 것을 두고 갑론을박이 있었는데 그때 당시의 여론이 반영된 것으로 생각할 수 있다.

'조세·준조세' 토픽은 세금이나 국민연금보험료 같은 조세와 준조세, 또는 공공서비스 비용과 관련된 내용을 포괄하는 토픽이다. 이 토픽의 독점성 단어에 '에어컨', '누진세' 등이 포함된 것으로 보아 여름철의 전기 사용료와 관련된 내용과, '국민연금', '고갈' 등이 포함된 것으로 보아 국민연금 개편 등의 의제와 관련된 내용이 주로 언급된 것으로 보인다. 또한 공무원 연금도 같이 언급되는데, 연금개혁 논의에서 특히 공무원 연금이 여론의 타깃이 되는 현실을 반영한 것으로 보인다. 그리고 '에어컨', '누진' 등의 단어들을 보면 2018년 여름을 떠올리게 한다. 그해 여름은 유독 더워서 가정에서 에어컨을 많이 가동했는데, 당시 전기요금 부담과 관련하여 많은 의견이 있었던 것을 기억할 수 있을 것이다.

이 외에도 '교육' 토픽의 경우 '수능', '수시'와 같은 대입에 관련된 단어가 독점성 단어로 존재하며, 해당 단어들을 고려해 보았을 때 대학입시제도에서 정시·수시 논쟁을 의미하는 것으로 보인다. 우리 사회에서 교육에 관련된 여론은 주로 입시 문제에 초점을 맞춰지고 있다는 것이 확인된다. 이 외에도 부동산 정책이나 아파트 건축에 관련된 토픽들도 추출되었다. '조합', '계약', '조합원공사', '입찰' 등의 단어가 추출된 것을 보면 아마도 아파트의 재건축이나 재개발에 관련된 이야기가 많이 올라온 것 같다. 또한 '층간소음', '애완동물' 등 이웃과의 분쟁 요소에 대한 내용도 별도의 토픽으로 존재한다. 생활에 밀접한 민원 이슈도 청와대 국민청원에 적지 않게 제기되는 것으로 보인다. 이러한 면을 보면, 청와대 국민청원은 국가 전체의 커다란 정치적·정책적 이슈뿐만 아니라 시민이 살면서 느끼는 크고 작은 문제들에 대한 호소나 제안들도 업로드 되는 공간으로 자리매김했다고 볼 수 있을 것이다.

정책에 관련된 토픽 외에 국민의 관심을 끌었던 사건·사고에 대한 청원과 관련된 토픽들도 추출되었다. 대표적으로 '범죄' 토픽은 강력 범죄 가해자와 그의 처벌에 대한 내용을 중심으로 하고 있다. 흥미로운 것은 '음주운전' 토픽의 경우 음주운전을 하는 행위가 범죄에 해당하지만 청와대 국민청원 게시판에 존재하는 토픽으로서는 '범죄' 토픽과 별도의 토픽으로 분류되었음을 알 수 있다. 그만큼 우리 사회에서 음주운전 문제를 다른 범죄와는 별개로 독립적인 위상을 가진 심각한 문제로 인식하고 있다는 것을 보여준다. 그리고 '스포츠' 토픽은 국가대표 팀에 관련된 내용이 주로 제기되며, '빙상연맹', '노선영', '축구협회'와 같은 독점성 단어들로 미루어보아 지난 동계 올림픽에서 여자 팀 추월 경기나 월드컵에 관련된 이슈가 해당 토픽에서 특징적인 단어로 나타나고 있다고 볼 수 있다. 실제로 평창 동계 올림픽 여자 팀 추월 경기에서 이른바 '왕따 주행' 의혹이 불거진 후 불타오른 국민의 여론이 반영된 것을 기억할 수 있다.

위에 자세히 소개한 토픽들 외에 해석에 주의가 필요한 토픽은 '감성적 서술' 토픽과 '정책 의견', '인터넷 이슈' 토픽이다. 우리가 독점성 단어와 최다 빈출 단어를 통해 토픽의 성격을 유추하기는 했지만 토픽의 명칭이 그리 잘 지지는 않은 것 같기에 조금 더 자세히 설명하도록 하겠다. '감성적 서술' 토픽의 경우 청원 내용과의 관련성보다는 청원문서의 작성 양식과 관련이 깊다. '감성적 서술' 토픽의 비중이 높은 게시물을 살펴보면 청원하는 내용에서의 공통점은 거의 나타나지 않지만 감성적 서술어를 적극적으로 활용하는 문서가 많았다. 따라서 '감성적 서술' 토픽은 특정한 내용적 함의가 없다고 보는 것이 타당할 것이다. '정책 의견' 토픽의 경우 대부분 정책에 관련된 내용을 나타내는 토픽이다. 그러나 어떤 정책인지는 명확하지 않다. '정책 의견'

토픽은 특정한 정책 부문과 연관된 토픽이라기보다 청원자가 특정한 제도의 도입을 주장하거나, 특정한 제도의 효과를 이야기하거나 정책이 나아가야 할 방향을 언급하는 것과 관련된다.

'인터넷 이슈' 토픽의 토픽 비중이 높은 게시물의 내용을 별도로 살펴보면, 청원문서 작성자가 자신이 청원하는 내용이 인터넷에서 이슈가 되고 있다는 점을 강조하며 여러 사이트나 관련된 하이퍼링크를 언급하는 표현이 많다. 물론 일부 게시물의 경우 '일베'나 '네이버'와 같은 특정 사이트에 관련된 내용(예컨대 일간베스트 폐지 청원과 네이버 댓글부대 수사 청원)을 담고 있는 경우도 있으나, '인터넷 이슈' 토픽은 청원자가 인터넷이나 언론과 관련하여 특정한 내용을 청원하기보다 해당 청원문서의 내용이 인터넷에서 활성화된 이슈임을 강조하는 토픽이라고 볼 수 있을 것이다.

4. 어떤 주제의 청원이 답변받을 가능성이 높은가?

국민이 청와대 국민청원에 제기하는 청원 중 어떠한 토픽의 비중이 높아질수록 청와대의 공식 답변을 얻을 확률이 유의미하게 증가할까? 이 질문에 대한 답을 찾아보기 위해 로지스틱 회귀분석을 시행했다. 어떤 토픽이 특정한 동의수를 달성하는 데 유의미한 영향력을 보인다는 것은, 한 게시물에서 어떤 토픽의 비중이 높아질수록 그 게시물이 답변을 얻을 확률이 높아진다는 것을 의미한다. 이 분석에서의 종속변수는 청원문서의 동의수가 5000회, 10만 회, 20만 회를 달성했는지의 여부다.

각 토픽 값이 응답 기준을 충족할 확률을 유의미하게 상승시켜주는지 확인하기 위해서는 응답 기준 충족에 영향을 미칠 수 있는 다른 요인도 고려해야 할 필요가 있다. 우선 우리의 분석에서 활용 가능한 통제변수는 문서의 길이(내용의 글자 수)와 외부링크(URL) 포함 여부가 있다. 이 외에 크롤링을 통해 수집한 데이터 중 투입 가능한 것은 게시된 시간, 댓글 수, 제목 글자 수 정도가 있는데, 댓글 수는 청와대 국민청원 게시판에서 청원문서에 동의할 경우 자동으로 달리기 때문에 사실상 동의수와 같아 의미가 없고, 나머지 제목 글자 수나 게시된 시간은 청원문서가 응답 기준을 충족할 가능성을 높이는 데 기여할 만한 이유가 명확하지 않아 포함하지 않았다. 반면 문서의 길이는 청원문서의 내용이 얼마나 많은지를 알려주고, 외부링크 포함 여부는 외부 자료, 기사를 인용한 사실을 알려주기 때문에 두 요인 모두 청원자가 청원문서를 얼마나 성의 있게 작성했는지 보여준다. 이 때문에 이 두 가지는 청원문서가 더 많은 동의를 받아내는 데 유의미한 영향력을 가질 수 있다고 보고, 분석 모형에 포함시켰다. 아래의 분석 결과에서 별도로 효과를 분리하여 시각화하지는 않았으나, 실제로 두 통제변수는 모든 분석에서 유의미하게 응답 기준 달성 확률을 높이는 데 영향을 미치고 있었다.

분석 결과는 세 그래프로 요약했다. 세 그래프는 각각 목표 동의수를 20만 회, 10만 회, 5000회로 했을 때의 분석 결과를 나타낸다. 그래프에서 X축은 게시물 내에서의 해당 토픽의 비중을 나타낸다. Y축은 게시물이 응답 기준을 충족할 확률을 의미한다. Y축은 퍼센트가 아니라 확률로 정의되기 때문에 최솟값은 0, 최댓값은 1이다. 즉, 만일 어떤 게시물이 응답을 받을 확률이 0.10이라면 10%의 확률로 응답을 받는다는 의미로 이해하면 된다. 로지스틱 회귀분석을 통해 토픽 비중의 변화에 따라 예측되는 응답 기준 돌파 확률을 분석한 것이므로 그림에는 실선과 음영 지역이 있다. 음영 지역은 95% 신뢰구간이고, 실선이 예측 확률의 값이다. 이러한 분석을 각 토픽에 대해 수차례 수행했으며, 결과는 〈그림 7-2〉부터 〈그림 7-4〉까지 나타나 있다. 그림에 적힌 토픽의 번호는 〈표 7-1〉에 나와 있는 토픽의 번호와 같으니 〈표 7-1〉을 참조하면서 보면 된다.

현행 기준인 20만 회의 동의수를 기준으로 했을 때 분석 결과를 살펴보면 범죄 관련 주제와 '인터넷 이슈' 토픽만이 20만 회의 응답 기준을 돌파할 확률을 유의미하게 높인다는 것을 확인할 수 있다. 즉, 범죄 관련 토픽이나 인터넷에서 이슈화된 사안에 관련된 토픽의 비중이 커질수록 청와대로부터 답변받을 가능성이 유의미하게 높아진다. 이러한 결과는 청와대 국민청원에서 응답 기준을 초과한 청원문서 중 상당수가 범죄자에 대한 강력한 처벌을 촉구하는 내용들로 이루어졌다는 것과 조응한다고 할 수 있다.[2] 또한 이미 인터넷에서 이슈화된 사안일수록 20만 회의 동의수 기준을 초과할 확률이 유의미하게 높은 것으로 나타났다. 많은 경우 청원 동의자를 획득하기 위해서 소셜미디어나 인터넷 커뮤니티 같은 인터넷 공간에 청원문서의 외부링크를 연결하여 청원 동의를 호소하는 방식을 사용하기 때문에 인터넷 공간에서 이슈화 된 사안이 응답 기준을 초과하기에 유리하다고 해석할 수 있을 것이다.

이 분석에서 밝혀진 중요한 사실은 20만 회의 동의수를 기준으로 했을 때, 청와대 응답 기준을 달성하여 공식 답변을 들을 수 있는 확률을 유의미하게 높여주는 토픽 중에서 정책에 관련된 내용은 거의 찾아볼 수 없다는 것이다. 예컨대 범죄나 흉악범과 관련된 내용이어서 국민의 공분을 사게 된 사안은 20만 회의 동의수를 얻는 데 도움이 되지만 그 외에 수많은 정부 정책 사안과 관련된 토픽 중 청와대의 공식 답변을 얻는 데 긍정적으로 기여하는 토픽은 발견되지 않는다. 공식 답변 기준을 동의수 10만 회로 하향조정했다고 가정

2 실제로 2019년 4월 시점에서 답변된 88개 청원 중 특정한 범죄 사건의 수사 촉구나 형벌 강화 등과 같은 내용이 상당수를 차지하고 있다.

〈그림 7-2〉 각 토픽의 비중에 따른 응답 기준 돌파 예측 확률(동의수 20만 기준)

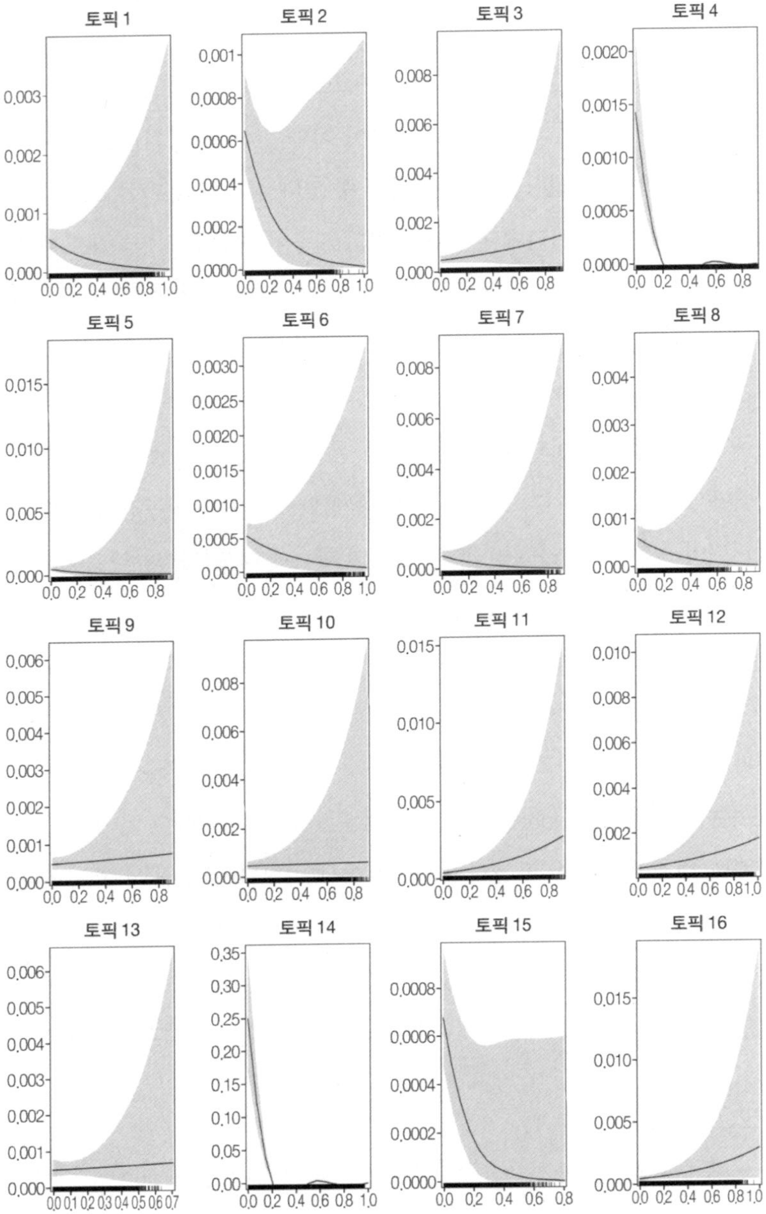

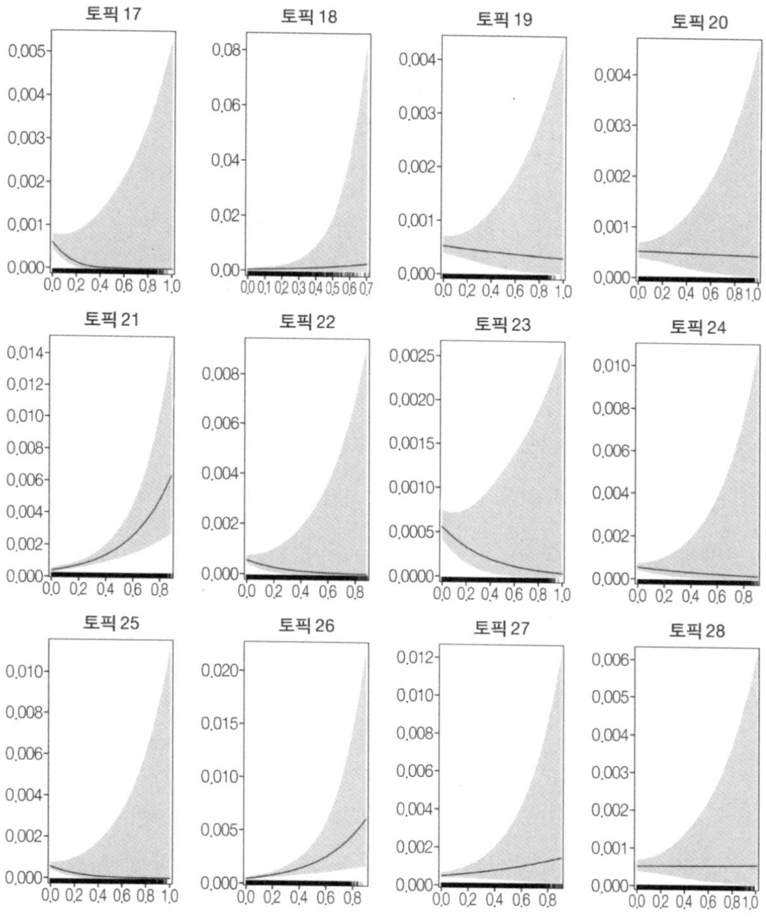

주: 각 토픽의 y축은 목표 인원 도달 확률, x축은 토픽 비중이다.
자료: 필자가 분석한 결과를 토대로 직접 작성.

한 분석의 결과도 응답 기준이 동의수 20만 회인 경우와 크게 다르지 않았다. 20만 회가 기준일 경우와 비교했을 때, 의료에 관련된 토픽만이 유의미한 영향력을 추가적으로 나타내는 것으로 나타났다.

그렇다면 응답 기준을 대폭 하향했을 경우 어떠한 변화가 나타나는가? 우리는 청원 동의자 수 5000명을 기준으로 한 분석을 시행했다. 5000회라는 동의수가 현행 기준인 20만 회에 비해 지나치게 낮다고 생각할 수 있으나 앞서 밝혔듯이 우리가 수집한 전체 청원문서에서 5000회 이상의 동의수를 얻은 청원은 1%의 비중밖에 차지하지 못했다.[3] 5000회를 응답 기준으로 가정하고 시행한 로지스틱 회귀분석의 결과를 보면 '보육', '생활민원', '환경·에너지' 등 정책과 관련된 다양한 토픽이 응답 기준을 충족할 확률을 유의미하게 상승시키는 것으로 나타난다. 반면 범죄 관련된 토픽은 응답 기준을 달성할 확률을 유의미하게 상승시키지는 못하는 것으로 나타난다. 강력 범죄 사건이 발생했을 때 유사한 내용을 가진 청원이 상당히 많이 제기되는데, 대다수의 청원은 매우 낮은 동의수를 얻고 특정한 청원문서에 동의가 집중되는 경향이 있기 때문에 이러한 결과가 나타난 것으로 보인다.

분석 결과를 종합해 보면, 청와대 국민청원이 정책 과정에 시민을 참여하게 만들고 정부 정책에 관한 시민의 요구가 정부로부터 응답을 받게 하기 위해서는 응답 기준을 대폭 하향할 필요가 있다고 볼 수 있다. 사실 현행 응답 기준인 동의수 20만 회는 청와대 국민청원이 벤치마킹한 위더피플의 응답 기준인 10만 회에 비하면 지나치게 높다. 특히 미국(약 3억 2000만 명)과 한국의 인구수(약 5100만 명) 차이를 고려하면 응답 기준이 과도하게 높다고 볼 수 있다. 물론 현행 기준인 20만 회를 충족한 청원이 약 80개를 넘기 때문에 전국민의 관심을 얻은 사안이라면 20만 회를 충족시키기 어렵지 않기에 문제

---

3 실제 분석에 투입한 청원문서는 분석 대상 기간 중 작성된 모든 청원문서에서 복제 문서(글의 제목과 내용이 동일하여 단순한 복제 게시물이라고 판단되는 문서들)와 동일한 수준의 동의수(평균 10회) 미만을 얻은 게시물을 제외한 나머지 문서임을 상기할 필요가 있다. 즉, 실제로 청와대 국민청원 게시판에 게시된 모든 게시물을 대상으로 했다면 동의수 5000회를 넘기는 문서의 비율은 1%에도 미치지 못할 것이다.

〈그림 7-3〉 각 토픽의 비중에 따른 응답 기준 돌파 예측 확률(동의수 10만 기준)

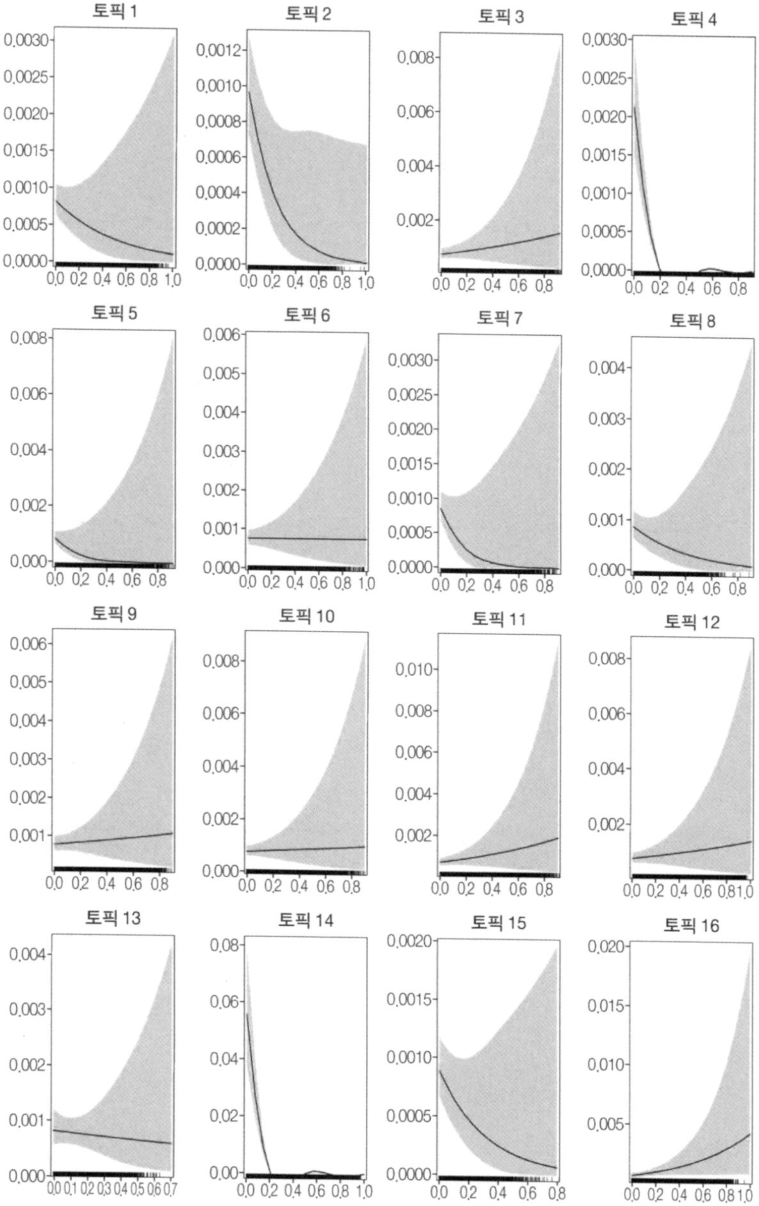

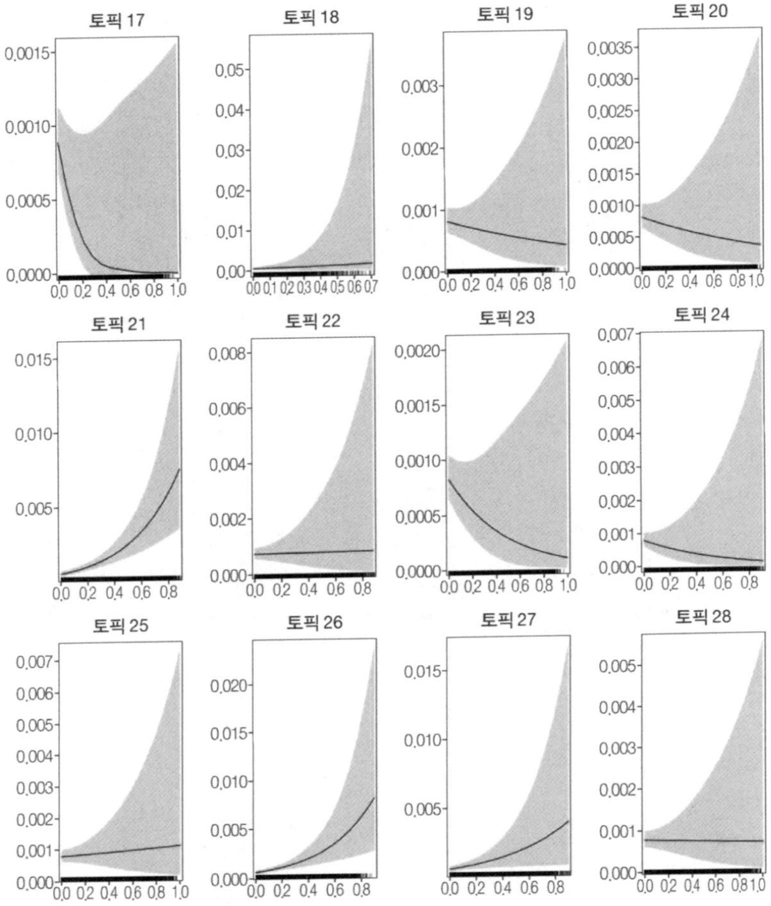

주: 각 토픽의 y축은 목표 인원 도달 확률, x축은 토픽 비중이다.
자료: 필자가 분석한 결과를 토대로 직접 작성.

가 없다고 볼 수도 있다.

그러나 응답 기준을 달성한 청원 중 상당수가 국민의 공분을 산 사건(강력 범죄, 국가대표 스포츠 관련 사건 등)이거나, 일부 소수 집단에 대한 증오에 기인하거나(난민 이슈 등), 특정한 사회집단의 동의를 광범위하게 동원할 수 있는

〈그림 7-4〉 각 토픽의 비중에 따른 응답 기준 돌파 예측 확률(동의수 5000 기준)

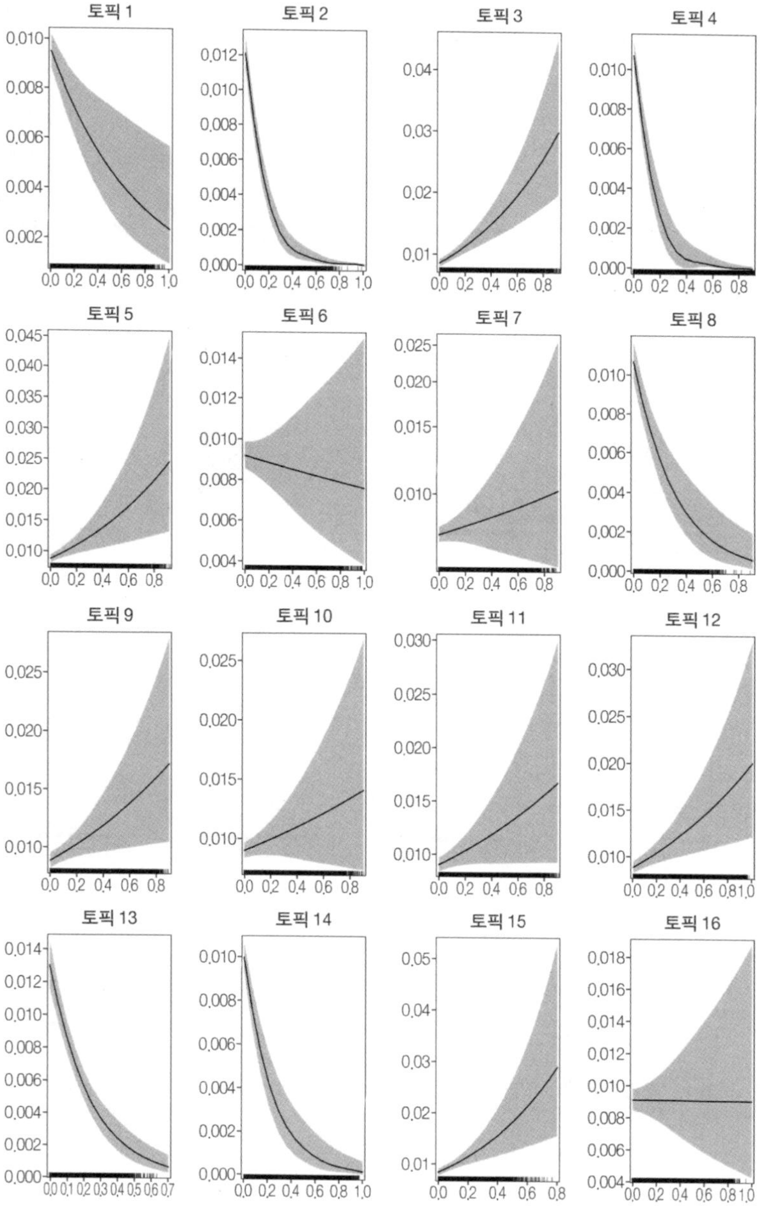

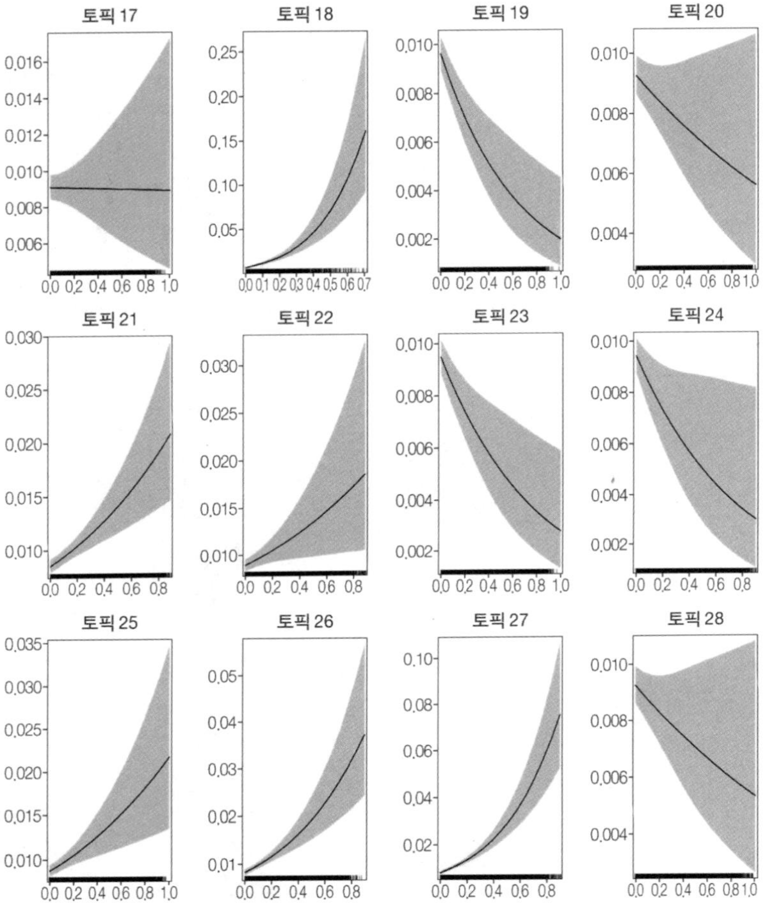

주: 각 토픽의 y축은 목표 인원 도달 확률, x축은 토픽 비중이다.
자료: 필자가 분석한 결과를 토대로 직접 작성.

경우에 집중되어 있다는 것은 현행 기준의 문제점을 잘 보여준다. 정책에 관한 청원의 경우 시민 모두가 특정한 정책에 관심이 집중되기는 어렵다는 점과 정부 정책이 모든 시민을 정책의 수혜자로 만들지 못하고 일부 시민의 경우 정책의 규제를 받게 되는 등 논쟁적 요소가 있다는 것을 고려해 보면 정부

정책에 관련된 사안으로 20만 회의 동의수를 얻기는 상당히 어렵다. 다시 말해 정책에 관련된 청원은 시민의 광범위한 동의를 이끌어내어 정부의 공식 답변을 청취하기는 매우 어려운 반면, 시민의 분노나 소수자 집단에 대한 다수 집단의 혐오가 동원될 수 있는 청원은 청와대의 응답을 받을 확률이 상대적으로 더 높다는 것이다.

결론적으로, 청와대 국민청원의 취지가 정부의 정책 결정 과정에 시민이 참여하게 하고 그들이 삶에서 겪는 어려움이 청원 게시판을 통해 정치 과정에 투입되면서 의회와 정부가 시민의 요구에 부응하도록 하기 위함이라면 응답 기준을 대폭 완화할 필요가 있다. 이 경우 청원에 대해 답변하는 데 지나치게 많은 청와대의 자원이 투입될 수 있다는 우려가 있을 수 있다. 그러나 응답하는 방식을 변경함으로써 이러한 우려를 불식시킬 수 있다. 응답 기준을 하향하게 되면 정부의 응답은 공개적 서면을 통한 답변으로 하고, 청원 답변의 주체를 청와대 수석비서관이 아닌 정부 부처에서 청원 내용과 유관한 업무를 책임지는 관료가 하는 방식으로 하되, 현행과 같은 영상 답변은 청원 동의수가 대단히 많은(예를 들자면 현행과 같은 20만 회) 경우에 한정적으로 시행하는 것이다. 이는 국정에 대해 책임을 지고 있는 내각이 청와대를 매개로 하여 시민의 요구를 실시간으로 청취하고 그들과 소통함으로써 국정에 대한 책임성과 신뢰성을 담보하는 데 기여할 것이다.

5. 청와대 국민청원 어떻게 개선해야 하나?

청와대 국민청원을 도입한 문재인 정부는 과거 노무현 전 대통령의 참여정부가 내세웠던 시민 참여의 가치를 계승하고 있다고 강조한다. 과거 제조업 중심의 산업사회 토대 위에 세워진 대의민주주의와 정당 정치는 정보통신 사회의 도래와 신흥 중산층의 등장으로 인해 새로운 도전을 맞이했다. 오늘날 상당수의 시민들이 기존 대의민주주의에 대한 불만족 내지 불신을 표출하고 있으며, 이러한 정서는 정치에 대한 냉소나 포퓰리즘으로 이어질 수도 있다. 따라서 대의민주주의의 전통적인 의사전달 통로(정당, 노동조합 등) 외에도 시민 참여의 통로를 늘리려는 시도가 필요하다는 점은 분명하다. 청와대 국민청원도 정부의 정책 결정 과정에 시민의 목소리를 담기 위한 시도로서 시작되었다. 국회가 제공하는 청원이 국회의원의 소개를 통해야 하는 등 과도한 요건들로 인해 유명무실하게 운영되는 반면, 청와대의 국민청원은 수많은 시민의 관심과 참여를 이끌어내면서 그 나름대로 성공한 것처럼 보인다. 그러나 다른 한편으로는 청와대 국민청원을 통해 오히려 공론장이 피폐해졌고 자칫 대의기구를 우회하는 구조적 포퓰리즘을 조장할 수도 있다는 지적도 제기된다. 또한 정보 격차의 문제와 책임성의 문제도 청와대 국민청원에 잠재된 문제로서 지목된다.

이 장은 청와대 국민청원이 본래의 개설 의도인 정책 과정에 대한 시민의 참여를 달성하기 위해서 어떠한 개선책이 필요한지를 살펴보았다. 이를 경험적으로 살펴보기 위해 청와대 국민청원 페이지에 업로드 된 청원문서를 웹크롤링 기법을 활용하여 수집한 뒤 토픽모델링을 통해 청원문서의 내용에 관한 자료를 생성했다. 우리는 토픽모델링을 통해 획득한 토픽 데이터를 통해 청와대 국민청원에는 매우 다양한 정책적 의제가 제시되고 있으며 다른 한편으로는 시민의 분노가 표출되기도 한다는 점을 확인할 수 있었다.

그리고 응답 기준에 따라서 어떠한 토픽이 정부의 응답을 받을 확률을 증가시키는지 탐색했다. 분석 결과, 현행 응답 기준인 20만 회의 동의수 하에서는 강력 범죄와 관련된 사안과 인터넷에서 이미 이슈화된 사안에 관련된 토픽들만이 응답받을 확률을 유의미하게 증가시키는 것으로 나타났다. 현행 기준의 절반 수준인 10만 회를 기준으로 했을 때에도 이러한 양상에 큰 변화는 발견되지 않았다. 달리 말하면 현행 기준에서는 국민의 공분을 사거나 인터넷 커뮤니티 여론을 동원할 수 있는 이슈가 아니라면 청와대의 답변을 얻기가 극도로 어렵다는 것이다. 그러나 응답 기준을 수집된 모든 청원문서 중 동의수 기준 상위 1%에 해당하는 5000회로 대폭 하향했을 경우 '보육', '환경·에너지', '검찰', '장애인 복지' 등 다양한 정책 영역에 관한 토픽이 청와대의 응답을 받을 확률을 유의미하게 증가시키는 것으로 나타났다. 즉, 청와대 국민청원이 본래의 취지와 같이 정부가 시민의 다양한 정책 제안을 청취하고, 시민이 자신들의 요구를 정부에 전달하여 정부로부터 응답을 받을 수 있는(그 응답이 긍정적이든 부정적이든) 공간으로서 활용되기 위해서는 응답 기준을 대폭 하향할 필요가 있다는 것이다. 물론 청와대 국민청원의 답변 기준이 반드시 5000회가 되어야 한다고 주장하는 것은 아니다. 5000회라는 기준은 분석을 위해 활용한 임의적인 기준에 불과하다. 다만 정치적으로 불평등한 상황 속에서 의제 설정 권력을 갖기 어려운 소수의 이해관계가 청와대 국민청원을 통해 드러날 수 있도록 현행 기준보다 대폭 하향해야 할 필요가 있다고 주장하고자 하는 것이다. 이렇게 된다면 대의민주주의 아래에서 충분히 대표되지 못하는 작은 목소리도 공론과 정치의 영역에서 다루어질 수 있을 것이다.

사실 청와대 국민청원에 대한 국민의 관심과 참여가 높은 것은 매우 고무적이다. 그러나 앞서 이야기했듯이 청와대 국민청원에 정책 제안들이 다수 제시됨에도 불구하고, 20만이라는 높은 기준으로 인해 실제 정부의 답변을 받게 되는 청원들은 시민들의 공분을 유도하는 자극적인 사건 위주이다. 이러한 현상을 볼 때 청와대 국민청원이 본래의 취지를 충분히 달성하고 있다고 보기는 어렵다. 청와대도 이러한 부분을 인식하고 최근 청와대 국민청원의 운영 방식을 개편했다. 청와대는 국민청원의 부정적인 요소를 줄이기 위해 부적절한 청원의 노출을 줄이고, 부적절한 청원에 대한 응답을 하지 않는 방식으로 대처했다. 어느 정도 필요한 대책이기는 하지만, 청와대 국민청원의 문제는 부적절한 청원이 많다는 것만이 아니다. 특히 정부의 정책에 관련된 수많은 시민의 값진 의견과 제안 중 상당수가 정부 기관으로부터 공식 답변을 받는 데 실패하고 있다는 것이 문제다. 즉, 청와대 국민청원 페이지에 존재하는 수많은 귀중한 의견을 놓쳐버리고, 정부의 권한으로 할 수 없는 일이나 정부가 직접 조치를 취하기에 적절하지 않거나 국민의 집단적 분노만이 가득한 목소리만을 건져 올리고 있다. 요컨대 현재의 청와대 국민청원은 정책 결정 과정에 시민이 실효적으로 영향을 미칠 수 있는 방식으로 운영되고 있지 못하다는 것이다. 결론적으로 청와대 국민청원의 응답 기준은 현재보다 훨씬 낮아져야 한다고 볼 수 있다. 물론 이 경우 청와대가 답변해야 할 청원문서의 수가 지나치게 많아질 수 있다. 그러나 대통령, 청와대 수석비서관, 장관 등이 동영상을 통해 답변하는 현재의 응답 방식보다 청원 내용과 유관한 정부 부처가 서면 형식으로 공개 답변을 한다면 현재보다 훨씬 많아지는 청원 답변을 감당할 수 있을 것이다.

찾아보기

지은이(수록순)

조화순

현재 연세대학교 정치외교학과 교수로 재직 중이다. 미국 노스웨스턴대학교에서 정치학 박사학위를 마치고 정보사회진흥원 책임연구원, 서울과학기술대학교 IT정책전문대학원 교수, 하버드대학교 방문 교수를 역임했다. 저서로 *Building Telecom Markets: Evolution of Governance in The Korean Mobile Telecommunication Markets*, 『집단지성의 정치경제: 네트워크 사회를 움직이는 힘』(공저), 『소셜네트워크와 정치변동』(공저), 『빅데이터로 보는 한국정치 트렌드』(공저), 『사회과학자가 보는 4차 산업혁명』(공저) 등이 있다.

이병재

현재 연세대학교 디지털사회과학센터 연구교수로 근무하며 미국 정치, 정치학 방법론, 민족분쟁론 등을 강의하고 있다. 연세대학교 정치외교학과 및 동 대학원 석사, 미국 워싱턴대학교(시애틀) 석사, 미국 텍사스대학교(오스틴)에서 정치학 박사학위를 받았다. 주요 연구 분야는 통계적 인과추론 및 빅데이터 분석, 전환기 정의(transitional justice), 미국 소수인종의 여론 및 투표행태 등이며, *Electoral Studies, Policy and Internet*, ≪한국정치학회보≫, ≪국제정치논총≫, ≪의정연구≫ 등에 다수의 연구 논문을 게재하였다.

김승연

연세대학교 정치학 석사학위를 받고 현재 경영 컨설턴트로 재직 중이다. 주요 관심 분야는 정치커뮤니케이션과 정치심리학이며, ≪한국정치학회보≫에 논문을 게재하였다.

송준모

현재 연세대학교 사회학과 박사과정에 재학 중이다. 관심 분야는 계산사회과학, 온라인 공간, 집합행동, 불평등이다. 주로 기계학습을 활용하여 비정형 자료를 다루는 연구를 수행하고 있다. ≪한국사회학≫, ≪한국정치학회보≫와 같은 학술지에 논문을 게재하였다.

강정한

서울대학교 수학과에서 학사, 사회학과에서 석사, 시카고대학교 사회학과에서 박사학위를 받았으며, 코넬대학교 연구원을 거쳐 2008년부터 연세대학교 사회학과 교수로 재직 중이다. 경제조직과 수리사회학을 전공했으며 데이터 경제의 바람직한 발전에 기여할 수 있는 학계와 시민사회의 역할에 관심이 많다. 저서로는 『카카오톡은 어떻게 공동체가 되었는가』(공저) 등이 있으며, 다수의 연구 논문을 ≪한국사회학≫, *Journal of Mathematical Sociology, Cyberpsychology, Behavior, and Social Networking, Sociological Methods and Research, Administrative Science Quarterly* 등의 학술지에 게재해 왔다.

박주용

미국 미시건대학교에서 물리학 박사학위를 받고 현재 KAIST 문화기술대학원 교수로 재직 중이다. 미국 국립학술원 논문상을 수상하였으며, 자연과학적 방법론을 활용하여 사회문화 현상을 연구하고 있다. 「네트워크의 통계역학(Statistical Mechanics of Networks)」, 「복잡계 네트워크에서 마디 특성의 분포(Distribution of Node Characteristics in Complex Networks)」 등의 국제 논문이 있다.

하상응

현재 서강대학교 정치외교학과 부교수로 재직 중이다. 미국 시카고대학교에서 정치학 박사학위를 취득하였고, 예일대학교 사회정책 연구소(Institution for Social and Policy Studies) 연구원 및 뉴욕 시립대학교(Brooklyn College of the City University of New York) 정치학과 조교수를 역임하였다. 주요 관심 분야는 정치심리학, 정치커뮤니케이션, 미국의 인종문제이다. *American Political Science Review*, *American Politics Research*, *Journal of Ethnic and Migration Studies*, *Political Psychology* 와 같은 학술지에 논문을 게재하였다. 현재 *PLOS One* 편집위원으로 활동 중이다.

김정연

연세대학교에서 정치학 박사학위를 받고 현재 연세대학교 디지털사회과학센터 연구교수로 재직 중이다. 한국정치과정, 정치커뮤니케이션, 텍스트 분석 방법론에 관한 연구에 관심이 있다. 저서로는 『빅데이터로 보는 한국정치 트렌드』(공저), 『사회과학자가 보는 4차 산업혁명』(공저) 등이 있다.

박민제

연세대학교 행정학과를 졸업했으며 2006년 12월부터 ≪한국경제신문≫에서 기자로 일했다 . 사회부, 산업부, 증권부를 거쳤으며 2011년 ≪중앙일보≫로 옮겨 탐사팀, 사회부에 있었다. 2013년엔 MB정부 4년 인사대해부 시리즈 기사로 제44회 한국기자상 기획보도 부문상을 받았다. 2019년부터 IT 기업을 취재하고 있다. 저서로는 『가족끼리 왜 이래』, 『우리는 미래를 만든다』(공저)가 있다.

김정민

KAIST 전산학과에서 학사학위, KAIST 문화기술대학원에서 박사학위를 마치고 현재 카카오모빌리티 모빌리티인텔리전스 연구소에서 연구원으로 재직 중이다. 교통량, 속도 예측 및 이동 데이터 기반의 사회적 의미를 연구하고 있다. 저서로는 『사이버 공간의 문화 코드』(공저)가 있다.

이원재

현재 KAIST 문화기술대학원 교수로 재직 중이다. 연세대학교 사회학과에서 학사와 석사를, 시카고 대학교 사회학과에서 소셜네트워크 분석과 사회교환이론에 기반한 경제현상 연구로 박사학위를 받았다. 이후 시카고대학교 경영대학원과 서울대학교 사회발전연구소에서 연구원으로 일했다. KAIST 문화기술대학원에서는 예술, 역사, 대중음악, 문학, SNS 데이터 분석을 통해 지위와 성과에 대한 사회학적 메커니즘을 연구하고 있다.

박영득
2016년에 한국외국어대학교에서 정치학 박사학위를 받고 연세대학교 디지털사회과학센터 연구교수를 거쳐 현재 포항공과대학교 인문사회학부 대우조교수로 재직 중이다. 연구 분야는 비교 정치, 한국 정치이며 주로 비교적 차원에서 정치행태와 정치문화, 정치커뮤니케이션을 연구하고 있다. 특히 불평등, 실업을 비롯한 경제적 요인과 정치행태, 정치적 인식 및 태도의 관계에 관심을 갖고 있다. *Political Quarterly*, *Issues and Studies*, ≪한국정치학회보≫, ≪21세기정치학회보≫ 등 다수의 학술지에 논문을 게재하였다.

한울아카데미 2214
데이터 시대의 사회과학
한국 사회 해법 찾기

엮은이 | 조화순
지은이 | 조화순·이병재·김승연·송준모·강정한·박주용·하상응·김정연·박민제·김정민·이원재·박영득
펴낸이 | 김종수
펴낸곳 | 한울엠플러스(주)
편　집 | 조인순

초판 1쇄 인쇄 | 2020년 3월 2일
초판 1쇄 발행 | 2020년 3월 5일

주소 | 10881 경기도 파주시 광인사길 153 한울시소빌딩 3층
전화 | 031-955-0655
팩스 | 031-955-0656
홈페이지 | www.hanulmplus.kr
등록번호 | 제406-2015-000143호

Printed in Korea.
ISBN 978-89-460-7214-5 93300 (양장)
978-89-460-6869-8 93300 (무선)

※ 책값은 겉표지에 표시되어 있습니다.
※ 이 책은 강의를 위한 학생용 교재를 따로 준비했습니다.
강의 교재로 사용하실 때에는 본사로 연락해 주시기 바랍니다.

사회과학자가 보는 4차 산업혁명

4차 산업혁명, 무엇을 준비하고 어떻게 대비할 것인가?
사회과학자의 시각으로 분석하고 논의하다

4차 산업혁명이라는 말은 요즘 우리가 자주 언급하는 화두 중 하나이다. 그런데 4차 산업혁명의 실체에 대해 우리는 얼마나 깊은 고민을 하고 있을까? 4차 산업혁명에 관한 과장되고 섣부른 예견들은 4차 산업혁명 시대를 준비하는 데 오히려 많은 문제를 부과할 것처럼 보인다. 이 책은 한국 사회의 화두인 4차 산업혁명을 사회과학자의 시각에서 분석하고 논의하고자 기획했다. 정치학자, 언론학자, 사회학자, 법학자로 구성된 저자들은 학문 분야별로 각기 다른 시각에서 4차 산업혁명의 주요 논제들을 정의하고 집필했다.

4차 산업혁명의 기술과 산업의 발전이 몰고 올 기회와 가능성에 대한 논의는 그 부작용을 예측하고 대비하는 정책적 논의 속에서 더욱 실행 가능해진다. 사회과학자들의 시각을 반영해 기술 변화의 기대와 우려의 간극을 메워나갈 수 있는 대책 혹은 대안을 마련하는 것이 중요하다.

이 책은 정부나 정치권이 슬로건으로 내세우는 4차 산업혁명이 아닌, '사회과학자가 어떻게 현실과 미래를 포착하고 해석해서 대안을 제시할 것인가' 하는 관점에서 의미 있는 시작일 것이다. 저자들은 각자의 연구 분야에서 4차 산업혁명에 대해 어떤 질문을 던질 수 있을지 고민하고, 다양한 시각으로 그 해답을 펼쳐 보인다.

엮은이
조화순

지은이
조화순
김성철
강재원
최항섭
박영득
심우민
조희정
김정연

2018년 6월 15일 발행
국판
264면

부정 적발 애널리틱스

조직 내 부정 위험 관리를 위한 데이터 과학 지침서

데이터 분석을 활용한
가장 완벽한 부정 적발 및 방지 가이드

조직 내 부정은 늘 존재하며, 이를 적절하게 관리하는 것은 매우 중요하다. 이 책은 조직 내 부정을 탐지하는 데 필요한 데이터를 활용하는 최신 부정 적발 및 예방 방법론을 풀이하고 있다. 부정행위 적발 데이터 애널리틱스의 기초부터 고급 패턴 인식 방법론, 최첨단 소셜 네트워크 분석 및 부정 조직 적발까지를 면밀히 안내한다. 보험 부정, 탈세, 신용카드 부정과 같은 다양한 실제 부정 사례를 통해 부정 적발의 실무적인 적용에 초점을 맞추었다. 통찰력 있는 이 안내서를 통해 부정 애널리틱스에 대해 그리고 부정과의 싸움에서 과거 데이터를 활용할 수 있는 비결에 대해 명확히 알 수 있을 것이다.

이 책은 기업 내 존재하는 수많은 '흔적'을 다양한 통계적 기법이나 각종 기술들을 활용하여 부정위험 관리를 할 수 있는 방안을 제시해 주고 있다. 최근의 기술적이고 예측적인 분석 및 소셜 네트워크 분석이 어떻게 과거의 데이터에서 부정 패턴을 학습하여 부정에 맞서 싸우는지를 이 책은 생생하게 보여준다. 기업은 정보의 홍수와 급변하는 경영환경 속에 직면해 있으며, 이러한 환경하에서 이 책에서 제시하는 통찰을 기반으로 기업에 맞는 부정위험 관리 방식을 새롭게 정립하고 제대로 구축 및 운영함으로써 업무의 변화를 도모하고자 한다.

지은이
바르트 바선스
페로니크 판 블라셀라르
바우터 베르베케

옮긴이
김성수
김정훈

2019년 7월 10일 발행
신국판
404면